霍布斯的
生平与学说

〔德〕斐迪南·滕尼斯 著

张巍卓 译

商务印书馆
创于1897 The Commercial Press

Ferdinand Tönnies

THOMAS HOBBES

LEBEN UND LEHRE

Friedrich Frommann Verlag

Stuttgart 1971

根据德国斯图加特弗里德里希·弗罗曼

出版社 1971 年版译出

第三版前言

　　本书的第二版与第三版之间相隔了 12 年。应当说这 12 年里的种种情形，充分地展现了我们的这位哲学家笔下人性的自然状态（Naturzustand）。他教导我们，自然状态持续地存在于国家之间，这种状态是普遍的，尽管它常常以潜在的战争形式出现；不过，它也会蜕变成一切国家同一切国家之间的公开战争，只有通过彼此间缔结表面化的（scheinbare）合约，公开的战争才能停歇。所谓"缔结合约"（Friedensschlüsse），实际上同霍布斯以及他的后继者所教导的自然法严重相悖。因为在他们看来，自然法是和平的最低条件，它预设了所有人形式上的平等，这些人能够订立契约，订立和平的契约（Friedensvertrag）自不在话下。然而缔结合约则意味着一位裁决者向犯罪者宣告他的判罚，只有裁决者有权决定是否向犯罪者施加刑罚。它根本不是契约，它无非是按照某种法律来对待臣服者，因而它和"契约"压根就不是一回事。① 尤其同"契约"毫无关系的是所谓"罪过招供"，它只不过意味着犯罪者被强迫，即如若拒绝招供，就会招致更沉重的刑罚。在这里，控告者本身也是裁决者，由他们施加的强迫根本上就是无理的要求，他们采取的暴力压制、刑讯逼供的手段，即使在历史上的野蛮

---

　　① 滕尼斯在这里区分了"缔结合约"（Friedensschlüsse）和"缔结契约"（Friedensvertrag），似乎针对的是第一次世界大战后协约国颁布的《凡尔赛条约》施加给德国的一系列惩罚，并不是霍布斯自然法意义上的平等者签订的契约，而是战胜者对战败者的裁决。若无特殊说明，本书注释皆为中译者注。

时代也闻所未闻。现时代剧烈动荡的局面，极其鲜明地凸显了自然法学说的意义。因此在我们这个时代，要是自然法学说能比目前更深入人心，要是本书作者能通过深入地、批判地研究自然法的经典理性形态，成功唤起公众对它的记忆，唤醒法学家们的良知，那么这一定极有价值。但不得不说，作者的希望（自然）落空了。自然法一如既往地不被理解，甚至招致蔑视。这在很大程度上归咎于当今欧洲可悲的堕落，无论是它的现实状况还是道德都陷入了崩溃的境地。

　　不过从学术的角度讲，对于霍布斯这位思想家的研究无疑在逐步推进，本书在此即报道了他的生平与作品。但总体来说，霍布斯研究仍然没有充分展开。在德国，狄尔泰部分地促进了对霍布斯的研究和理解。这位大师去世后，马克斯·福里塞森-科勒①遵循他的步伐，继承了他的事业。除此之外，布罗克道夫②的小文提出了新的判断霍布斯学说的观点，并为其基本认识提供了证明，虽然他在这个领域的论述还不那么丰富。莫泽尔的博士论文③花四章的篇幅，探讨了霍布斯的逻辑学说，他的研究建立在对这一学说局限性的认识基础之上。我在本书的下文还会提到这部最近的力作。

---

①　马克斯·福里塞森-科勒（Max Frischeisen-Köhler，1878—1923）：德国哲学家、心理学家、教育学家，狄尔泰弟子。

②　凯·冯·布罗克道夫男爵（Cay von Brockdorff，1874—1946）：德国哲学家、社会学家，滕尼斯的学生和研究助手，代表作包括《作为哲学家、教育学家与社会学家的霍布斯》（1919）等。

③　指汉斯·瓦尔特·莫泽尔（Hans Walter Moser）的《托马斯·霍布斯：逻辑问题及其认识论预设》（*Thomas Hobbes, seine logische Problematik und ihre erkenntnistheoretischen Voraussetzungen*，1923）。

理查德·霍尼希斯瓦尔德①教授为"个别描述里的哲学史"系列丛书(慕尼黑恩斯特·莱因哈德出版社)撰写了题为《霍布斯与国家哲学》的一卷。这本小书依次精练地介绍了霍布斯的方法论原则、逻辑学、自然哲学、心理学、教育学与伦理学,到了第 6 节才讨论国家学说(第 157—181 页)。该书第 7 节连着第 8 节,简要地叙述了"从文艺复兴到启蒙时代的国家哲学"。标题为"附录"的部分体现出他要在霍布斯之外,勾勒近代国家学说的一般脉络;但这样一来,他让人产生了错误的印象,以为霍布斯仅仅是"国家哲学家"。在我列举的"研究书目指南"里(这意味着我不会在此提及任何观点上有偏狭的论著),其他值得敬重的著作中值得一提的,乃是福里特约夫·布兰德特的书②,尽管这本书 1921 年就出版了,但我至今还未提及③。虽然它的价值并不低于理查德·霍尼希斯瓦尔德四篇独立的研究文章,更不用说那位年轻博士的 IX 论文了。不过从我自己的研究出发,上述两部探讨霍布斯学说体系的"文献"才是"精选之作"。(在直到 1907 年的文献列表④中,读者同样也看不到伽达弗的优秀论文《一位 17 世纪的英国公法

---

① 理查德·霍尼希斯瓦尔德(Richard Hönigswald, 1875—1947):奥地利哲学家、教育学家,1916 年起担任布雷斯劳大学哲学教授,后任慕尼黑大学哲学教授,二战期间因犹太人身份而迁居美国。

② 指《托马斯·霍布斯的机械论自然观》(*Thomas Hobbes' Mechanical Conception of Nature*, Kopenhagen, 1921)。福里特约夫·布兰德特(Frithjof Brandt, 1892—1968):丹麦哲学家,哥本哈根大学哲学教授。

③ 滕尼斯在这里的意思是,要把布兰德特的书和霍尼希斯瓦尔德的书、莫泽尔的书做比较。布兰德特的书的出版时间要早于其他二人,但滕尼斯在此并没有提到它。

④ 指本书第二版(1913)对直到 1907 年的霍布斯研究所做的梳理。

理论家》,图卢兹,1907①;我在 1912 年还强调性地提到了这篇
文章②。)

如果说我的研究对于理解这位马姆斯伯里(Malmesbury)的
哲学家③做出了贡献,那么这种贡献可归结为:针对流传下来的意
见提出了独一无二的批评。关于流传的意见,大家可从库诺·费
舍尔的闪耀之作《弗朗西斯·培根及其后继者》④里看得一清二
楚。约翰·爱德华·埃德曼把霍布斯纯粹当成"过渡时代"的法
哲学家,甚至将他归到"中世纪哲学家"类型里,这一看法无疑可
笑至极⑤,不过埃德曼关于哲学史的博学知识和他的错误分类是
毫不相干的。最近的哲学史编写者本诺·埃德曼⑥(如今他也已
逝世了)也没有改善我们的认识。所有其他晚近的近代哲学史研
究也因袭了前人的观点,认为霍布斯是培根的后继者。对此,霍

---

① René Gadave, *Un théoricien anglais du droit public au XVIIme siècle*,
Toulouse, 1907. 雷纳·伽达弗是法国图卢兹大学公法学教授,曾对图卢兹大学的
校史做过杰出的研究。

② 在修订完本书第三版并写完本版的前言之后,我注意到优美的小册子"弗
罗曼哲学手册"第 4 组第 2 册《霍布斯:人类的自然王国》。这本小书还附加了对《哲
学要素》(*Elementa philosophica*)第三部分一些主要章节的最新翻译,赫尔曼·施
马伦巴赫教授为此撰写了一篇极有见解的导论。——作者原注

③ 指霍布斯,霍布斯因生于英格兰维尔特郡的马姆斯伯里而得此名。

④ Kuno Fischer, *Francis Bacon und seine Nachfolger*, Heidelberg, 1856. 库
诺·费舍尔(Kuno Fischer,1824—1907):德国哲学史家、新康德主义哲学家,著名的
"回到康德"的口号就是由他提出来的,代表作包括《近代哲学史》等,这里提到的《弗
朗西斯·培根及其后继者》为《近代哲学史》系列的第十卷。滕尼斯 1872 年在耶拿
大学求学时,曾听过他的近代哲学史课程。

⑤ 这里指他的《近代哲学史》(*Geschichte der neueren Philosophie*,1834/
1840)。约翰·爱德华·埃德曼(Johann Eduard Erdmann,1805—1892):德国哲学
史家、宗教哲学家,黑格尔弟子。

⑥ 本诺·埃德曼(Benno Erdmann,1851—1921):德国哲学家、哲学史家,著
名的康德学者。

夫丁①准确地(尽管失之过度地)评价培根说:"人们常常将这个人描述为经验科学的奠基人,但他根本就不配享有摩西之名,没有看到应许之地。"(《近代哲学史》德文版第1卷,第201页)②实际 X 上,歌德凭着他的直觉已然认识到了这一点,他将培根视作16世纪思潮的一条支流,尽管培根的生命一直延续到下个世纪的前四分之一段时间。

库诺·费舍尔并不会受教条主义观点的愚弄,但凡任何一位了解和钦佩这位作家独断、自信精神的人,都不会对此感到惊讶。如果说在他逝世(1907)后,他的《近代哲学史》第10卷的第三版和第四版一同问世(海德堡,1923),那么人们本可以期待其中无根据的错误看法会被舍弃掉。但除了少许修正,新版的文本几乎毫无改动。也许费舍尔认为这是有充分理由的,他本人甚至把"弗朗西斯·培根及其后继者"的标题置于本卷的封面。如此一来,读者将愉悦地阅读这本书,视之为关于精神生活重大发展的真理。然而本卷的新编者冯·阿斯特教授(Prof. V. Aster)在其40页篇幅的"附录"里指出,有必要去质疑费舍尔提出的这一真理,他援引了爱弥尔·沃尔夫的一本著作(在此之前,我并不知道这本书)。③ 针对沃尔夫的批评,阿斯特敏锐地指出,与其说培根

---

① 哈拉尔德·霍夫丁(Harald Höffding, 1843—1931):滕尼斯的挚友,丹麦哲学家,早期受克尔凯郭尔哲学的影响,后来转变为一名实证主义哲学家。他对近代哲学史的解读、对实践心理学的研究在丹麦产生了重要影响。

② 同样,卡尔·佛兰德(Karl Vorländer)指出:"严格说来,英格兰大法官培根不应被视作近代科学还有近代哲学的奠基人,不过他至今还总被人们尤其他的英国同胞这样称呼。"(《哲学史》第1卷,第341页)

③ 似指爱弥尔·沃尔夫(Emil Wolff)的《弗朗西斯·培根及其思想来源》(*Francis Bacon und seine Quellen*)一书。

的"后继者"接受、吸收了培根的任何一种肯定的论述,不如说他们继承的是《新工具》(*Novum Organum*)的整体"精神"。这一精神经霍布斯、洛克、休谟的哲学而推进,为未来哲学的进一步发展创造了"氛围"。从这样的精神和氛围出发,许许多多可观的作品诞生了。透过阿斯特对费舍尔著作第 3 卷的评论,我们可以看到,他希望将自己置于对立面,尝试从费舍尔的意见里解放出来。为了这个目标,他付出了不少艰辛:

XI

　　"霍布斯是经验主义者……他运思的概念,他的演绎所立足的定理,统统源于可知觉到的外部世界的事实……一切概念与基本定理都来自经验,一切认识都是从事物的必然有效的原因中得出的关于事物的认识,这两个命题是霍布斯自始至终坚持的,从这个意义上讲,完全能说他是培根的学生。"①

　　至于这里涉及的错误的范围,我不可能在一篇前言里充分展开讨论。只需指明:在《新工具》的精神和《论物体》(*De Corpore*)的精神之间不只存在着显著的差异,前者根本没对后者产生什么持续的影响,毋宁说它们之间的差异恰恰蕴含着它们的对立。无论是从认识的本质还是从科学的本质来看,培根都是天真的:他认为人只需去观察和试验,就能掌握事实。如此一来,人如何从事实获知原因呢?

———————————

　　① 滕尼斯引用的是阿斯特的批评,不过在滕尼斯看来,阿斯特的批评尽管触及了真相,但并不彻底。所以以下一段的一开始,他要提到所谓"错误的范围"。

　　"在我看来,任何自然现象都在确定的条件下发生。因而我们要在既定的条件下去认识,哪些条件对于现象的发生起到了必要的、本质性的作用。如果没有这些条件,就不可能存在成为问题的现象。故而我们会问:我如何发现本质性的条件?答案是:只要我从既定的诸条件里减去那些非本质性的或偶然的条件,剩下的明显就是本质性的、真正的条件。"(库诺·费舍尔《培根与他的学派》第 4 版,第 123 页)

　　这里的方法论思维无非是一种收集工作,类似于法庭当局收集材料、树立法板、区分支持的证据和反对的证据、交由特权审级机关、根据类推法判决。[1] 一言以蔽之,即正确的归纳法,从个别的认识上升到普遍的认识。对霍布斯来说,个别的认识也就是知觉并不存在什么疑问。但在他看来,个别的认识上升到普遍的认识,要靠无声的思维。人类精神内在的、沉默的推理就是在做加减法,它有意识地、明确地遵循着数学和哲学的思维,按照几何学这一榜样推理。我们之所以认识、知道某一现象的原因,是因为我们自己制造了这一现象。比如当我们围绕一个定点,画出了一个圆圈,那么我们就会去计算:这样一个环绕而成的图形,其边界总是距定点的距离相等。首先测量一条半径,接着测量第二条、第三条、第四条直到所有半径。最后会发现,只要围绕某一定点以同样长度画出圆周,无论截取圆周的哪个部分,都可以得出"一切半径皆相等"的结论。[2] 因此我们认识到,对于按照这样的程序

---

　　① 滕尼斯在这里拿培根的大法官身份打比方。
　　② 这个例子对应于《论物体》第 1 章第 5 节。

得出的图形,从中心出发,一切终点都由相等的半径画出。针对培根,歌德也曾说道:

　　"谁要是察觉不到一件事常有千百种价值,它本身即包含无限;谁要是不能把握、尊敬我们所谓的原始现象(Urphänomen),他就任何时候都不可能提升自己和别人的满足感,增进利益。"①

　　歌德完全是从霍布斯的观点出发来说的。对霍布斯来说,几何学的图形即原始现象。正如我在《注释》(1880)一文②里指出的,霍布斯的思想发展到最后,就是把几何学视作可演证的科学。正因为我们将这种原始现象本身制造出来,所以我们认识它的原因。对霍布斯来说,可演证的科学乃完善的科学,乃第一位的科学。无论于他还是整个时代,所谓"经验主义同理性主义的争执"压根不存在,除非经验主义在这里等同于怀疑主义。而霍布斯正是在批评塞克斯都·恩披里科的怀疑论的基础上(E. VIII,第184页及以下)③,拯救了几何学的原则,把认识对象的制造纳入定义过程。从伽利略那里,霍布斯懂得了理性的力学④,即一种扩展了的几何学。通过将它的适用范围延伸到一个确定的边界,人们

---

　　① 出自歌德《颜色学历史材料》(*Materialien zur Geschichte der Farbenlehre*)第3部接近结尾处。——作者原注
　　② 指滕尼斯于1880年撰写的《霍布斯哲学注释》(*Anmerkungen über die Philosophie des Hobbes*),发表于《科学哲学季刊》(*Vierteljahrschrift für wissenschaftliche Philosophie*)第4卷,这里对应于第69页。
　　③ E指莫勒斯沃斯编订的《霍布斯英文著作集》(*The English Works of Thomas Hobbes*),下文按照这一简写规则处理。
　　④ 滕尼斯在此使用Mechanik,特指近代的机械论力学。

能使自然过程的必然性也即因果关系变成可先天演证的东西,理性 XIII
的力学知识给他的思想带来了革命性的转机。从这个意义上讲,霍
布斯一人决定了时代的趋势,他和笛卡尔、莱布尼茨一样是理性主
义者,而莱布尼茨也是这样来理解霍布斯的。与之相对,我们可能
提出这样一个问题:人靠纯粹理性是否也能认识超感性的真理?事
实上,这个问题和自然科学并不相关,它单纯是自然神学和形而上
学要回答的问题。培根要让自然神学与形而上学发挥科学的功用,
霍布斯则拒斥培根的做法。如果说康德将理性主义限定于经验的
对象,那么他奠基的无非是对霍布斯而言自明的东西,因为在后者
这里,哲学本身即等同于自然科学(以及自然法学说,霍布斯将它视
作自然科学的同一者),而不是因后来大师(按:指康德)的批判哲学
才有此意。无论在霍布斯还是在笛卡尔看来,灵魂学说(Seelenle-
hre)都是第二位的。对笛卡尔来说,现实存在着的灵魂是一种没有
形体的实体,它比一切其他实体更确定无疑地存在,但它指的仅仅
是人类的、思维着的灵魂。对霍布斯来说,灵魂学说总归是疑难问
题,在他眼中不但可能的(正如在他之后的洛克)而且事实上真实的
事情,乃是身体在感受、在思考。直到今天,这个问题都没有解决,
除非人们像斯宾诺莎那样,将身体和灵魂视作同一者。身心问题是
斯宾诺莎思考的头等问题,受他影响的莱布尼茨亦如此。但与此同
时,不论对霍布斯,还是对继起的这两位理性主义思想家来说,这个
问题的解决不能诉诸经验,只能诉诸思维。按照霍布斯的理解,思
维分解为命名、加法和减法,因而当他谈到显现本身(φαίνεϑϑαν)最
可惊叹(admirabilissimum)时,他自己就承认,思维又是不足的:

　　"也就是说,有些自然物体在其自身中具有几乎所有事物的样式(exemplaria),而另外一些物体则完全没有。这样一来,如果现象(Phänomene)是我们借以认识其他事物的原则,我们就必须承认感觉(Empfindung)就是我们借以认识那些原则的原则了,而且,我们的一切科学都是由感觉得来的。至于感觉的种种原因,我们不可能从感觉本身之外的任何其他现象开始来探究它们。"①

　　事实上,霍布斯在他关于笛卡尔沉思的反驳里,就已经对笛卡尔提出的这点表示了赞同。② 除此之外,当他做一个思想实验,即设想外部世界毁灭,但某人留存下来了,这人便能从自己的回忆里再造世界,他所指的也就不是别的什么意思。我们不应怀疑霍布斯受到了笛卡尔的影响,但他本人几乎没认识到这点,他对笛卡尔的形而上学的否定,遮蔽了这一意识。无论如何,他们间的一致对霍布斯来说微不足道,更不用说他们关于"可感性质的主观性"(die Subjektivität der wahrnehmbaren Qualitäten)这一点的相近看法。与此对照,他们也都认同对物理现象采取机械论

————————

　　① 《论物体》的英文版于拉丁文版出版后的第二年问世,在英文版里,此前的拉丁文长句被拆成了三句。第二句是:"So that if the appearances be the principles by which we know all other things, we must need acknowledge sense to be the principle by which we know those principles, and that all the knowledge we have is derived from it."英文版里的"我们就必须承认……"这句话就更明确地强调,有意识的"承认"经过了一番思想斗争。最后一句是:"And as for the causes of sense, we cannot begin our search of them from any other phenomenon than that of sense itself."——作者原注

　　② 指"第一个反驳",参见霍布斯:《第三组反驳:一个著名的英国哲学家作,和著者的答辩》,载《第一哲学沉思集》,庞景仁译,商务印书馆1986年版,第172页。

解释的原则。在机械论这里，霍布斯敏锐地看到了他所处时代的科学进步的本质。紧接着哥白尼的开创性学说，霍布斯最明确地将这一功劳归于伽利略的著作。"正如天文学（除天文观察之外）发端于尼古拉·哥白尼，而不会比这更为久远。伽利略第一个向我们打开了普遍的自然科学大门，使之成为运动本性的知识，以致没有一个物理学的时代能被认为高出他的时代。"①此后就是哈 XV 维②，这位"人体科学的发现者与论证者"。正像霍布斯在《论物体》的"作者献辞"里确凿指明的："在此前的物理学里，除了每个人自己做的实验和自然史外，没有任何确定的东西。要是这些权且称作确定的话，那么它们也不比政治史有更多的确定性。"然而他既不高看实验与自然史，又不推崇政治史：在文本里，他立即将神学从哲学中驱逐，因为神学是关乎天使与其他超感官存在者的学说。与此同时，他从哲学中排除了历史，无论自然史还是国家史皆如此。尽管历史对哲学至关重要，甚至不可缺少，他仍然义无反顾地排除历史，理由是"历史认识要么来自经验，要么源于权威（信仰），但它不是思维"。

如果说霍布斯的思想真的继承自培根，或者培根多少确定地影响了霍布斯，那么令我们疑惑不解的是：霍布斯为何尽可能地对此缄默不言呢？在他晚年的著作里，培根被提到过两次。一次出自《物理学问题》（*Problemata physica*，1662），其中，他"回忆

---

①　出自《论物体》的"作者献辞"。

②　这里指的是威廉·哈维（William Harvey），而不是约翰·哈维（John Harvey），我们在费舍尔最新版的《弗朗西斯·培根及其后继者》（第24页）里奇怪地读到了约翰·哈维这个名字。令人感到惊奇的是，"约翰"并没有堕落成（如威廉·哈维所说的）那位像王国大法官那般哲思者（按：指培根）的门徒。——作者原注

起自己在培根大法官的哪本书里读到的"探讨海岸对潮水涨落影响的文字，不过这一影响立马就被他否决了（L. IV，317；英文版的名称是《七个哲学问题》，英文版作为遗稿，于1682年出版，不过这一处完全不见了）；另一次出自《十日谈》（*Decameron*，出自 E. VII，112），在这里，他提到用杯中的水做的一次实验。这个实验非常"普通"，培根大法官是在自己的自然史一书①第3页谈到这一实验的。除此之外，霍布斯在另一部老年之作《数学之光》

XVI　（*Lux mathematica*，L. V，147）②里重复了他17年前的说法③：

　　　　"物理学，或者说运动的学说蕴含着一切自然现象的原因，它发端于哥白尼；我们已经取得了进步，尽管那些所谓致力于促进科学发展的人阻碍了这一进程，但是我们仍然在伽利略的指引下进步了。"

　　所以我十分倾向于相信，被霍布斯的对手们赞扬的这位大法官就是这里所说的"致力于促进科学发展的人"，他的残余观点仍然发挥着作用。"第一位论述运动并且有阅读价值的人是伽利略。"霍布斯在1660年的《考察》（Examinatio）一文中如是写道（L. V，84）。在伽利略之前，培根就已经探讨过运动，然而根据霍布斯的判断，培根的书没什么阅读价值。

────────────────

　　① 似指培根的《自然史与实验史》（*Historia naturalis et experimentalis*，1662）。

　　② L指莫勒斯沃斯编订的《霍布斯拉丁文著作集》（*Opera Latina*），下文按照这一简写规则处理。

　　③ 指《论物体》（1655）的"作者献辞"。

当霍布斯离开英国时(1640)，他很有可能完全没读过培根的哲学著作。在他返回故乡(1652)后，他读了培根的《木林集或自然史》(*Sylva Sylvarum sive Historia naturalis*)①一书，并写下大量笔记。在《数学之光》的"作者致辞"里，他回应了培根的著作，尽管从以上提及的两处文献②里我们看不出任何赞许培根的字句。

也许霍布斯从培根那里学到了一些方法论的表述，但这一影响毋宁是极其微弱的：霍布斯既没有从培根那里学到任何东西，也明显不想学任何东西。他完全有理由相信，他所秉持的新自然科学的世界观，以及从新自然科学的世界观中发展出的知识，都和培根勋爵格格不入。培根勋爵风趣十足的随笔、激动人心的创意和预言，对霍布斯的世界观毫无意义。③

因此，一旦我们去查阅历史文献，那种明确地将霍布斯的哲 XVII 学同培根勋爵的努力捆绑到一起的做法，就完全站不住脚，毋宁被抛入忘川。就像歌德所说的，培根谈了那么多东西，却压根毫无影响。

---

① 《木林集或自然史》初版于 1626 年，当年培根逝世。拉丁文标题中的 sylva 一词指"构建任何东西的材料"，sylva sylvarum 则指"汇编的汇编"。该书的书名与培根自然史的概念和目的完全一致，即提供建立新哲学的材料。

② 指《论物体》的"作者致辞"与《数学之光》的"作者致辞"。

③ 冯·布罗克道夫男爵先生曾充满善意地提醒我注意《学术的进展》(*Advancement of Learning*)第 2 卷的一处表述，在此，培根讨论词语含义的确定时，建议大家模仿数学家的智慧，也就是让定义先行。布罗克道夫认为，霍布斯毫无疑问会同意培根的这处判断。既然布罗克道夫认识到这点，我也就不提出反对意见了。不过本书初版问世于 1605 年，拉丁文版于 1623 年才问世，我们暂且假设这一处文字确实影响了霍布斯。但根据霍布斯本人的自述，他提到自己对数学的兴趣，始于读到欧几里得之时，那么培根的影响就必然要大大早于这个时候。当然，霍布斯对数学的兴趣，只是针对数学的方法，直到 40 岁时，他才对数学方法有所了解。（"此种方法的魅力并非在于那个定理，而更多在于细致研究推理的方式。"[delectatus method illius non tam ob theoremata illa, quam ob artem rotiocinandi diligentissime perlegit.]出自拉丁文著作集第 1 卷，XIV）——作者原注

至于讨论霍布斯的其他国外文献,在本书第二版和第三版的间隔期间,只有一本书对我有意义,它的分量也抵得上大量研究文献,这就是我提到过的丹麦学者福里特约夫·布兰德特博士(现在他是哥本哈根大学哲学系的正教授)的大作《托马斯·霍布斯的机械论自然观》(列文·蒙克斯伽德出版社,哥本哈根,1921年)。① 看看我的新版著作,再对比这位丹麦学者的论述,细心的读者就不难发现,无论我的正文还是注释,都受到了他聪明而勤奋的研究的影响。比方说我在注释 86 提到布兰德特的一处分析,他对由我首先发现的霍布斯的一篇短文(我取名为《第一原理短文》[*A Short Tract on First Principles*])展开了讨论,并就此尖锐地批评了福里塞森-科勒的看法,尽管言辞多少有些刻薄,但他的理由站得住脚。因为在科勒看来,霍布斯这篇最早的哲学论文表明,培根将听觉理解为一种介质传播(mediumistisch)过程的XVIII 观点影响了霍布斯;同时,布兰德特也质疑科勒讲清楚了光的放射原理。他承认(第 56 页),如果仅从表面上看,人们能从这一点推测霍布斯与培根相关,但实际上,他们也能从这一点推出霍布斯与培根之间的"天壤"之别:

> "培根的种相(Spezies)概念和霍布斯的种相概念完全不一样,前者谈论的只是'精神的种相',后者所说的却是物体的各部分。更有甚者,在培根这里,介质理论与种相理论之间并不存在着任何紧张。"

---

① 原书为丹麦语: *Den mekaniske Naturopfattelse hos Thomas Hobbes*, Köbenhavn: Levin & Munksgaards Forlag, MCMXXI.

对霍布斯来说,两者却陷入非此即彼的局面,即两物或者通过介质而产生关联,或者通过一方主动作用于相隔一定距离的另一方而产生关联。但培根始终把外在的感觉过程视为一种介质性的种相运动的过程:"按照霍布斯的看法,介质和种相是两个截然排斥的概念。"故而从外部说来,霍布斯与培根这一所谓的先行者之间也没什么关系:

"最后,也最重要的是,霍布斯提出了这样一个问题:性质是否天然地就包含着种相? 他的回答是否定的,然而培根对此持截然不同的判断,正像我们指出的,他坚信各种感觉性质的客观性。"

除此之外,还需补充指出的是,在库诺·费舍尔对这一时代的描述里,刚说到的这个问题并没起什么指引作用;与这个问题密切相关的、同目的论自然解释相对的机械论的决定性意义问题,也很少被他谈到;同样鲜有触及的,乃是第三个重要的问题,即在 17 世纪发挥着巨大转变作用的方法问题,人们愈发意识到,要用"更几何化"(more geometrico)的方式来演证真理。总而言之,当所谓的、本质上却虚假的理性主义同经验主义的对立越显现于台前,上述所有问题就越没入黑暗的幕后。关于其他国外的最近文献,我就不做任何报道了,因为这 12 年间并没有出现对我的研究有价值的作品。我遍览了 1912 年以来的《心灵》(*Mind*)杂 XIX志,却几乎没发现过马姆斯伯里的哲学家的名字。本书的第二版没有提到任何来自英国的研究。法国的情况同样如此,在法国,我的著作总是能引起很多关注，但从《哲学评论》《形而上学与道德学评论》等杂志那里，我也没有发现值得重视的文章，尤其1914年起，我和法国学界的联系自然被扯断了。[①] 我曾希望，能将我在本书第二版前言里提到的各位意大利作者的观点或研究纳入当前的新版，但种种有待详尽说明的情形，使我不可能实现这一计划。如果还有其他的机会，我期待能回到这个计划上来。在这里，我还必须留心，避免逾越自己为本书设定的边界。

1896年，本书的第一版曾作为"哲学的经典作家"丛书的第二卷出版，此后的第二版换了一家出版社（莱比锡契克菲尔德出版社），如今问世的新版则重回"哲学的经典作家"丛书系列。

基尔，1925年夏

斐迪南·滕尼斯

---

① 指第一次世界大战开始后，德法间的学术断交。

目　录

第一部　生平

第二部　学说

第一部　生平

第一章 青年与成熟期(1588—1628)

§1

【出身与童年】托马斯·霍布斯是与他同名的父亲的第二个儿子,在他出生时,老托马斯正担任查尔顿(Charlton)与韦斯特波特(Westport)教区的助理牧师之职。查尔顿与韦斯特波特靠近幽静的古老小城马姆斯伯里,处在威尔特郡(Wiltshire)北部,属西南地区的伯爵领地,距布里斯托城(Bristol)也不远。老托马斯类似维多利亚女王时代无知的传教士,除了照本宣科地读读祷告词和布道文,就什么也不会了,"他对学问毫无尊敬之心,因为他压根就认识不到学问的魅力"①。除此之外,老托马斯还是一位易怒的男人,而他的暴躁为他招致了灾难性的后果:有一次,他的一位同事在教堂门口激怒了他,他不由自主地将这位同事打翻在地,随后被迫逃走,最终在遥远的他乡直至终老。这对当时 12 岁左右的儿子来说,不啻为生命的重大转折点,因为从那时起,父亲的位置就由他的叔叔弗朗西斯·霍布斯取代了。弗朗西斯是马姆斯伯里一位富有的手套商人和市政官,因膝下无子,他十分喜

———————————

① 出自约翰·奥布里(John Aubrey)的《名人小传》(*Brief Lives Chiefly of Contemporaries*)里的"霍布斯"一节。

爱天赋极佳的侄子并用心地教养之。

　　小托马斯的母亲出身于一个农人家庭。所有关于她的记录都指出,因弥漫于整个英格兰的谣言,说西班牙的"无敌舰队"已逼近英格兰海岸,她受到惊吓而早产,在耶稣受难节的早晨(1588年4月5日)生下了我们的哲学家。后来,高龄时期的霍布斯在他的拉丁文诗体自传中写到,他的母亲生下了"双生子"——他和恐惧。[1]他认为他仇恨祖国的敌人的原因便归结于此,与此相对,他热爱和平、缪斯与舒适的环境(V. c. e. L. I, LXXXV)![1]

　　这位早熟的孩子4岁时便会读、写和计算,6岁时开始学习拉丁文和希腊文。一开始,他在隶属于乡村教会的学校里读书,随后(8岁时)转学到了附近的马姆斯伯里的学校,再后来去了韦斯特波特的一所学校,该校由一位名叫罗伯特·拉特默(Robert Latimer)的青年创建。拉特默很喜欢小托马斯,常常专门教他和其他几位有天赋的学生,直至夜里9点。拉特默的教育很成功,小托马斯还不到14岁,就用拉丁语抑扬格翻译了欧里庇得斯的《美狄亚》,并把它献给了自己的老师;不仅如此,他已为进入大学学习做好了充分的准备。尽管和其他孩子一样,小托马斯也经常沉迷于游戏,但他偏好冥思,甚至在他身上总显露出一种过早的忧郁气质。正像他年长的哥哥(后来跟他叔叔一样成了一位手套商人)描述的那样:"他(小托马斯)常常藏到一处角落里,默记一会儿课文。"他深黑色的头发令他的同学印象深刻,他们给他取了一个外号,叫"乌鸦"。

---

　　① V. c. e.指霍布斯的诗体自传(*Vita carmine expressa*),由莫勒斯沃斯收录于《霍布斯拉丁文著作集》第1卷,下文按照这一简写规则处理。

§2

【学生与家庭教师】在马格德伦学堂,霍布斯度过了五年的学生生涯(1603—1608),培育出了清教精神。(参见安东尼·伍德:《牛津的雅典人》,布里斯编,第1206栏①)他按照当时大学的通常习惯学习逻辑学和形而上学,对古代产生了兴趣,不过他学得并不轻松。此后,他则竭尽所能地从自己的头脑中驱逐它们。相较于沉思古代事物,霍布斯更爱流连于书籍装订室,观看地球和天空的卡片,这激活了他的思想。他在合适的时机通过考试(1607),获得了学士头衔(Baccalaureus artium),因而获得了开设讲解"任何一本逻辑学著作"课程的权利。他毕业时还不到20岁,这对他而言无疑是一个值得歆羡的人生开端。但随即,他的命运发生了转折。当时哈德威克的卡文迪什男爵(他于1613年成为德文郡的伯爵,为此,他以10 000英镑的价格,向急需财政收入的詹姆士一世的国库缴纳金钱)希望为自己的儿子聘请家庭教师。作为一位新时代的男人,卡文迪什更偏向于选择一位生气勃勃、青春焕发的小伙子,而非垂垂老矣、暴躁易怒的博士。至于我们的主人公霍布斯,他此时很可能因为缺乏继续从事研究的条件,故而希望谋求这个职位。马格德伦学堂的院长热情地将他推荐给了卡文迪什,如此一来,霍布斯就被接纳为这个高贵家族的一员。直到去世,他都同这个家族保持着紧密的联系。今天,德文郡的卡文迪什家族已经是公爵之家,家族的两个著名庄园——查茨沃斯(Chatsworth)与哈德威克(Hardwicke)仍然见证了过去

---

① Anthony Wood, *Athenae Oxon*, Bliss ed., col. 1206.

霍布斯同家族的情谊。① 不止如此,珍视哲学家的思想,历来是这一家族的传统。无论老卡文迪什,还是小卡文迪什,都十分喜爱霍布斯,他们高度评价霍布斯懂礼、勤勉、明朗。小卡文迪什和他同岁,刚同他认识就成了朋友。而霍布斯的这位学生,也给他打开了新生活的大门,相比于学习和研究,生活里更多的是消遣。在小卡文迪什面前,他扮演了侍者的角色,陪伴年轻的主人骑马打猎、捕鸟捉雀。在接下来的几年里,师徒二人几乎都在首都伦敦度过。因为年轻的男爵花起钱来大手大脚,常常陷入负债累累的境地,所以霍布斯总得自掏腰包,为他的学生做担保,这显然不是令人感到愉快的义务。但老卡文迪什必然坚信,霍布斯对他的孩子起到了有益的影响,故而他下决心让霍布斯陪伴小卡文迪什壮游(Grand Tour)②,游历欧洲大陆。这次旅行始于 1610 年,两人前往法国与意大利。当时,法国甚至整个欧洲都因亨利四世的遇刺事件③深受震动,这件事也给霍布斯的心灵烙上了深刻的印记。因为拉瓦莱克的所作所为,正像几年前发生在英格兰的火药阴谋(Pulverschwörung)④,很明显可归结到耶稣会的学说。当时还

① 滕尼斯曾于英国之行中访问德文郡公爵之家。

② Grand Tour 源自法语 Le Grand Tour,指文艺复兴时期后,欧洲贵族子弟进行的全欧洲旅行。壮游尤其盛行于英国,16 世纪末,英国贵族子弟在完成学业后,通常会与一位家庭教师或贴身男仆,渡过英吉利海峡,到巴黎、罗马、威尼斯、佛罗伦萨等欧陆城市游历。

③ 1610 年 5 月 13 日,亨利四世于巴黎遇刺,第二天身亡。凶手是一名狂热的天主教徒,名为弗朗索瓦·拉瓦莱克,他反对国王挑起对西班牙的战争。因为西班牙身为天主教的领头势力,在天主教世界拥有崇高的威望,这名教徒为了阻止法兰西王国与西班牙王国的战争,刺杀了亨利四世。

④ 火药阴谋(Gunpowder Plot)发生于 1605 年,一群亡命的英格兰乡下天主教徒试图炸掉英国国会大厦,试图杀害正在其中参与国会开幕典礼的英国国王詹姆士一世和新教贵族,但计划并未成功。

活着的西班牙耶稣会士苏亚雷斯①在牛津被公认为经院哲学的权威，在许多地方，弑君都被当成值得赞许的事情，苏格兰的加尔文教徒甚至激情洋溢地鼓吹这一点。允许弑君，这本身乃是源自经院哲学的国家学说的古老遗存。

在这段时期，我们的哲学家做了什么，基本上已无可知晓了。他为自己经这次游历学到了优越的文化而感到高兴，在意大利和法国的所见所闻令他深受启发，他熟悉了这两个国家的语言，以至于能够阅读和理解它们。这次旅行持续了三年之久，回来后，霍布斯待在他主人的圈子里，担任小卡文迪什的私人秘书。但与此同时，他也得以在充裕的闲暇时间里做自己感兴趣的事情。后来回顾这段时间，他称此为平生最迷人的时光，而且一再出现在美梦里(V. c. e. L. I, LXXXVIII)。经过欧洲的旅行，霍布斯也感到他所研读的哲学在国外备受冷落，甚至遭到当代学者们的无情嘲笑，不如在自己主人圈子里那般被尊重。因此霍布斯决定，完全摆脱当代学者的虚假智慧(Scheinweisheit)，让自己沉浸于古人的作品。在富裕的贵族之家，书自是不难寻得，霍布斯尤其喜爱古希腊和古罗马的诗人之作。他的研究主要围绕历史著作展开，当然，这和他主人的政治兴趣是分不开的。霍布斯确信，对于理解政治的理论，历史研究乃是必要的先决条件。他已然在自己身上感到作家的责任，因此，他着力于重拾几乎生疏了的拉丁语写作技能，并予以重新塑造。对此，他明明白白地意识到，自己所期待的拉丁文绝不要"艳丽的色彩"，而是要同思想相适应的、有

---

①　弗朗西斯科·苏亚雷斯(Francisco Suarez, 1548—1617)：西班牙耶稣会教士、哲学家和神学家，托马斯·阿奎那之后的经院哲学大家。

力的表达方式。

§3

【其他的联系】经过许多年的平静成长（对此我们无法知晓其详细内容），霍布斯已经成为一名成熟的学者，并同当时的诸位名人建立了联系。维鲁兰的培根大法官很喜欢和他聊天，请他来自己的皋阑城（Gorhambury）领地。事实上，培根本人常常将青年学者召集到身边，让他们来处理自己的文学事务。霍布斯和培根的交往，主要集中于从培根下台①的那一年（1621），直到1626年培根去世。霍布斯将培根的《随笔集》翻译成拉丁文——无论如何，至少他应该翻译了《论城市的伟大》一文。同时，当培根在他庄园的林荫道上散步沉思时，他习惯有人作陪，以随时在纸上记录他的想法。对此，他应当评论过，没有任何人能像霍布斯那样令他满意，因为霍布斯能又迅捷又准确地把握他的想法的精髓。相较之下，其他人记下的东西，他后来再看时往往理解不了，因为这些人本来就没有理解他当时的想法。霍布斯曾饶有兴致地回忆他们之间的交往，还对大法官几篇诙谐的文章做过评价，特别是《论古人的智慧》（从哈德威克档案馆的文献里找到的几封未出版的信件可证实之）。霍布斯不把培根归入哲学家的行列，相反，他认为自己走的是哲学家的道路，培根只能算是自然史家（E. IV，316与VII，112，皆援引过培根的《木林集或自然史》）。尽管霍布斯将自然史视作自然科学的必要前提，但他并不重视人为的实

---

① 1621年，培根被国会指控贪污受贿，被高级法庭判处罚金4万英镑，监禁于伦敦塔内，终生逐出宫廷，不得任议员和官职。虽然后来罚金和监禁皆被豁免，但培根却因此身败名裂，从此不再理政事，开始专心从事理论著述。

验,称"玩玩火的游戏无法得出什么真知"(E. VII, 117)。相反,霍布斯更偏爱"普通的、日常的经验"。他嘲笑培根主义者,如果这些人相信实验等同于自然科学,那么我们就可以说药剂师是最好的物理学家了(然而他并没有预料到,化学的发展多少要归功于药剂师)。霍布斯的哲学号称摒弃了历史的书写,那么在何种意义上,我们可以认为培根的思想影响了他呢? 对此,我们只能说:培根为英格兰的自由思想铺开了道路。然而相较于培根,当时大胆的自然宗教(Naturreligion)观念显然更直接地激发了霍布斯的思考,爱德华·赫伯特①骑士(随后他成为彻伯里男爵)在其《论真理》(De veritate,1624)一书里首先发展了自然神学的思想。我们之所以可以以下这样的断言,是因为赫伯特乃霍布斯的友人,同时,我们也有证据证明霍布斯对《论真理》的兴趣。(2)

§4

【修昔底德】在这些年里,霍布斯以极大的热情推进了他关于古典作家的研究。在"众位经典作家中",他提到了(V. c. e. 75ff)贺拉斯、维吉尔、荷马、欧里庇得斯、索福克勒斯、普劳图斯、阿里斯托芬以及许多史家。不过,他爱修昔底德甚于爱所有其他的史家:"(修昔底德)向我指明,民主制是多么愚蠢。"故而这些年,他全身心地致力于翻译这位伟大史家的作品②,希望将译书献给他的主人。到了1625年,小卡文迪什已继承老卡文迪什的爵

---

① 爱德华·赫伯特(Edward Herbert, 1583—1648):英国哲学家、诗人、历史学家、外交家,自然神学的开创者,第一任彻伯里男爵,代表作为《论真理》。
② 指《伯罗奔尼撒战争史》。

位。诗人本·琼森①和当时同样著名的苏格兰诗人罗伯特·艾顿先生(Sir Robert Ayton)都高度赞扬这部至今仍有生命力的译本,他们撰写了导言,盛赞译者的丰富学识和典雅的写作风格。然而当这部译稿交到出版社时,不幸的命运降临了,他的主人和朋友在熬过沉重的疾病一年后离世(1628),遗孀马上要整顿家里的产业。为了改善家庭财政,她把霍布斯解雇了。此后第二年,霍布斯的译本出版,他题词献给小卡文迪什还未成年的继承人。在这里,他为逝者树立起壮丽的纪念碑,其早年的写作风格得以淋漓尽致地呈现。同样,我们可以从中一窥作者青年期结束时的性格特征:

7

  "这本书并非要献给您,而是要献给您的父亲。因为我没有自由来按照自己的意愿选择将它献给谁,但我有义务说明,正是出于您父亲的善意,我才既有时间又有素材来完成这部译著。假如这样的义务不存在了,我就不知道应当将此献给谁了。由于这些年服侍我的主人,也就是您的父亲,我对他产生了深深的敬意。我知道,没有人像他那样真诚地、毫不虚荣地资助那些自由地从事自由学问的人。相比于在自己家里,人们更多地在他的家里感受到如在大学一般。他的研究最大限度地通达了学问本身,也就是那些伟大人物投入全部心力和时间来研究的历史与政治的知识;他使用这些知识,并非为了卖弄,而是为了指引自己的生活,为了公众的

---

  ① 本·琼森(Ben Jonson, 1572—1637):英国诗人、剧作家。

福祉。因为他出于这样的目的而学习,所以他通过自己的判断,领会并掌握知识,进而将此转化为智慧与行动,为自己的祖国服务。他以赤诚之心投入研究事业,如此的赤诚绝非来自党派意见或虚荣心。作为一位极有才能之人,当他面对困难重重却重要无比的事务时,无论这一事务关乎国家还是个人的生命,他都会提出冷静的建议,以清楚明白的方式表达他的想法。同时,也没有人能将他驱逐、排挤出正义的大道。至于上述美德,我不知道是否更多地归功于他严格地将此加诸自己身上,还是归功于他的宽宏大度,并不因此而强求他人。没有谁比他更懂人,他能一直同人亲善,正因为他并不看重财产,也不看重附属者的多寡,而只看重人本身:他待人全凭真诚,尽力呵护内心的纯洁,做事只求问心无愧(Nil conscire)。对于和他平等之人,他以平等的方式待之;对于地位比他低的人,他在敞开自己心扉的同时,不失同自己身份相适的气度,说话做事闪烁着高贵的光华。总而言之,从他的身上,人们可以感知到,所谓名望与忠诚,无非是同一种品质的不同表达方式而已,他以此对待社会(Gesellschaft)里的不同等级的人。此文正是为了纪念他,纪念他人品的价值,尽管相较于他的人格,本文只是无足轻重的祭品罢了。"[3]

　　虽然从这位遗子身上,霍布斯总能看到其父的影子,但他不愿向这个孩子推荐修昔底德的作品。[①] 因为修昔底德的血管里流 8

---

　　① 对比霍布斯的原文,滕尼斯的理解似乎有误。霍布斯的原文为:I could recommend the author unto you, not impertinently, for that he had in his veins the blood of kings. 他的意思是把这本书推荐给小卡文迪什之子,并非不恰当的行为。

淌着王室的血液，因为修昔底德的作品只适于教育贵族青年，引导他们去做伟大而重要的行动：

> "因为在历史里，高贵的行动与卑贱的行动总是清晰可辨、能明确区分出来的。但在当前的时代，它们总伪装起来，只有很少的人（而且他们必须对此小心翼翼）才不至于陷入错误的罗网。"

在前言《致读者》里，霍布斯称赞修昔底德作文传授道德或政治的教导，而且丝毫没有离题。在他看来，与其说修昔底德希望以此鼓动读者的心，不如说想让事件显白地呈现在读者眼前，感染他们的心灵，这些事件大多为这位政治史作家亲历。这一效果是如何产生的呢？根据普鲁塔克的说法，修昔底德成功地在他的听众中创造了视觉效果："因为他让读者亲临公民大会和元老院会议，见证公民们与元老们的争论；让他们亲临大街，观看暴乱；让他们来到旷野，置身激烈的战役。"这样一来，只要读者是一位明智之人，当他仿佛亲历事情本身时，就会从中汲取教诲，就能从行动者的动机和活动理由，推断其内心深处的秘密。事实上，霍布斯关于修昔底德的生平和作品的论述，包含着一处值得注意的地方。这位未来的道德哲学和政治哲学家已经形成了他后来的成熟观点，即他通过翻译修昔底德的作品，想要告诉公民们，古代雅典的民主制多么愚蠢，或者就像他在自传的诗篇里所写的，公民们要提防那些鼓吹民主的演说家。[4]

正因为同小卡文迪什这位年轻的庄园贵族的紧密联系，而且卡文迪什家族又是本国最高贵的家族之一，霍布斯已经有了参与政治生活的充分动机。我们找到了一封詹姆士一世王国时期的（未出版的）长信，是一位剑桥的朋友寄给霍布斯的(1622 年 12 月 10 日)。当时，国王不断地售卖封建领地，并且谋求为其子查理迎娶西班牙公主，为他的女婿提供更佳的条件①，可是他的计划统统流产了。寄信者写道："值得注意的是，当与西班牙通婚的计划为人知晓时，蔓延开来的流言都带着厌恶感。现在，我从几位善良的新教徒那儿听到的是他们希望这一计划落空。"他给霍布斯寄这封信，便是想听听霍布斯的看法：英格兰人的自尊心是否能承受西班牙人拒婚的丑闻？每一位善良的臣民是否都同样会为他的领主谋求利益？最后，爱与恨应当平衡，但英国人出于对封建领主的爱，更多地是憎恨西班牙人，觉得在领主们的帮助下，能回归他们自己的生活，英国人是否处在这样的困境里呢？寄信人盼望了解他的朋友（托马斯·霍布斯）的意见，来满足自己知晓政治新闻的渴念（毕竟那个时候还没有报纸！）。当然，他并不将此归结为好奇心，"正像您的信里所暗示的，知道许多事情对我们来说是不恰当的"，但是他又不希望自己对国家事务一无所知。他认为自己只要活在国家里，就有义务知道广大民众为着他们的领主和国家计划的胜利实现所做的事情。对此，他期待未来能从霍布斯这里获知政治新闻，无论它们是否已经由第 6 个人、第 7 个人乃至第 50 个人的嘴传递过来。遗憾的是，我们没能找到霍布斯

---

①　指詹姆士一世的女婿、帕拉丁选帝侯弗雷德里克谋求神圣罗马帝国皇位的事情。当时，一些新教叛乱者邀请弗雷德里克出任神圣罗马帝国皇帝，弗雷德里克接受了这个邀请。弗雷德里克对神圣罗马帝国所规划的伟大蓝图因 1620 年他在白山(White Mountain)之战的失败而破产。

对此信的答复，很可能其中既表明了他关于上述事情的良好认

10　识，也展现了他对同时代诸历史事件的精妙观察和深刻判断。我

们找到了后来的一封政治信件，乃是另一位朋友写给当时驻留日

内瓦的霍布斯（1629 年 9 月 8 日或 18 日）的，其中讨论了查理一

世解散议会后，为了打击"土地贵族党"（Land-Partei）而展开的逮

捕行动。①

---

①　1629 年，国会呈给查理一世一份《权利请愿书》，表达了人们对查理一世一
系列做法的不满，比如无故囚禁臣民、不经国会同意强行征税、纵容士兵强行住进民
宅等等。查理一世顽固地拒绝接受它，并下令解散国会，一直到 1640 年都没有再召
集国会。

第二章 壮年期与著作(1628—1660)

霍布斯生命的壮年期(1628—1660)可以分为三个阶段,第一阶段是从他被卡文迪什家解约(1628)直到长期国会的召开(1640年9月)。我们用"旅行与构思"来概括他在这一阶段的行迹。

第一节 旅行与构思

§1

【新的聘用】卡文迪什伯爵家辞退他们的秘书霍布斯后,许诺付给他 80 英镑的年金,确保他"无须为卡文迪什家族服务"。对此,霍布斯解释说,只要他生活适度,这些钱足以维持生计。尽管如此,霍布斯很快就赢得苏格兰贵族格维斯·克利夫顿先生(Sir Gervase Cliffton)的聘请,担任他儿子的指导老师,陪伴其旅行。他们在巴黎待了 18 个月,其实本来的计划是去意大利,但似乎因为法国和西班牙的王位继承战争而搁浅(霍布斯的信,收录于 E. VII,451)。

意想不到的是,1631 年初,老东家德文郡的女伯爵①再度聘

---

① 指上文提到的小卡文迪什的遗孀克里斯汀。

请霍布斯返回卡文迪什家,教导她年纪最长的孩子——13岁的德文希尔。尽管当初霍布斯离开卡文迪什家时并没有太多的留恋之情,但如今他也欣然接受了老东家的邀请,"其中一个最主要的原因是,她许诺这一职务不会妨碍他的研究"(出自霍布斯写于1639年的"Narrative of the Proceedings both Publique and Private Concerning the Inheritance of the Right Honourable Will: Earl of Devonshire etc."手稿,藏于哈德威克文献)。

12　　**§2**

【计划】如果研究一下霍布斯的修昔底德译本的前言,我们就会发现,他似乎已经有计划地塑造他关于权利(Recht)与正义(Gerechtigkeit)的思想了。以此为目标,很长一段时间以来,他始终致力于探讨人类本性。

当他研读道德学家和政治家的著作时,他注意到,这些著作不仅相互冲突,其自身也包含着种种矛盾。因而他得出这样的结论:它们的论述所立足的不是理性,而是激情(Affekt),是党派的情感。如此一来,霍布斯的理论抱负,乃是要不可动摇地得出权利的原则。换句话说,是要通过严格的推理,从人的本质推导出权利的原则。这使他的注意力聚焦到意志及其原因即感觉(Empfindung)上来,使他考虑知觉(Wahrnehmung)的问题。而这个问题,又把他引向了数学,使他更深入地考察整个自然科学的领域。事实上,在他的庇护人小卡文迪什去世前,他已经认识到这一点。他曾写到,某日在一次学者聚会里,当"什么是知觉"这个问题被某人以嘲笑的口吻提出时,竟无人知道该如何作答,这令他震惊，那些平日里高傲得睥睨众生的哲学家，居然不知道五官是什么：

> "从那时起，他常常思考知觉的起源，继而得出这样的思想：当有形的物体及其部分都静止时，或者各个物体做同样的运动时，物体之间的一切区别都不存在了，故而一切知觉也都不存在了，因此物体之为物体的原因，必须从各自间运动的区别来寻找。这一思想乃第一条基本原理。接下来，他为了认识运动的区别和运动的关系，就致力于研究几何学了。"

就在他同小克利夫顿旅行时，也就是 1629 年初（霍布斯 40 岁了），由于一次偶然的机会，他留意到欧几里得的《几何原理》。13 当时那本书摊开在桌上，眼前的那一页正好是"定理 47"，他读着这个命题，不禁喊出："上帝啊，这不可能。"于是他开始看对这个命题的证明，这个证明又引他去看另一个证明，这一证明他也看了，他就这么一直看下去，直到确证了命题的真实。不过在当时，霍布斯对数学研究的对象并没多大兴趣，在他看来，这离政治学和日常生活的事务太过遥远。但数学的方法令他印象深刻，他强烈希望掌握这一方法，如此一来，便仿佛得到了一件永不失灵的工具，以此发现问题、掌握真理、反驳谬误。他问自己：为什么在数学领域里，逻辑的思维总能硕果累累呢？因为真理同人的利益并不是背道而驰的。与此相对的情形是，如果某人不是要在线条、图形间做比较，而是要在人与人之间做比较，那么他不可避免

地会涉及他们的权利和偏见,一开始的想法只得作罢。"因为理
性总与人作对,所以人总与理性水火不容。"(《法的要素》"献辞")
反之,假如人抛开利益的蒙蔽,直面任务,那么他必然可以遵循数
学的方法,像研究几何学那样研究自然法。霍布斯感到他从事这
一研究的使命,只要立定基础(Fundamente),任何基于利益的考
虑就都不可能动摇之。所谓的"基础",即运动的学说,它植根于
数学本身。

§3

【结交纽卡斯尔家族—几何学与自然科学】1631 年初,霍布斯
返回了卡文迪什之家。在积极分享他的新观念的人中,值得一提
的是卡文迪什之家的近亲——一对贵族兄弟。其中之一是纽卡
斯尔伯爵威廉·卡文迪什,作为"最后一位骑士"名留青史;另一
位是查尔斯·卡文迪什先生,查尔斯体弱多病,但把所有的爱都
奉献给了数学与自然科学的研究事业,并且同欧洲的许多卓越学
者都建立了通信关系。在纽卡斯尔伯爵的庄园威尔贝克(Wel-
beck),霍布斯被奉为节日的座上宾,受到热情的款待与赞助。他
很可能于 1631 年(如果不是在驻留巴黎之前的话)为纽卡斯尔伯
爵威廉呈献了一篇名为《论光的本质》的简短论文,其中也涉及善
与恶的问题,以及关于统一体概念的讨论。在他看来,这些问题
对于政治理论而言极其重要,在这篇文章里,他用一些简明扼要
的命题表达了自己的看法。

　　假如不是更早的话,那么至少接下来的几年内,纽卡斯尔圈
子里的自由思想家们已经注意到伽利略的著作。因为在 1633 年

1月26日,当他从伦敦拜访威尔贝克之后,写下了这么一段文字:

> "我在伦敦的首要事务,就是寻找伽利略的《对话》[5]一书。我相信,这是一桩不错的交易,当我同阁下您①离别后,我就给自己立下目标,要为您购买这本书。不过,假使阁下您当时叮嘱我要买到这本书,那么结果就变得相当糟糕。这并非钱的缘故,而是因为从一开始,本书的发行量就十分稀少。除此之外,购买本书的人,并非您曾期许值得拥有本书的人。我听说,本书在意大利遭到没收,它对宗教产生的恶劣影响,甚于路德和加尔文的全部著作。没收者认为,本书将宗教和自然理性置于对立的两方。"(收录于1893年出版的 *Reports of the Historical MSS. Commission* 一书的信件)

§4

【教师—旅行】除此之外,我们的哲学家并未忽略自己的学生德文希尔,而是为他设计了严谨的教学计划,包括讲授亚里士多德的修辞学纲要,锤炼其拉丁语写作风格。但与此同时,霍布斯也期望他的学生坚持学习几何学和天文学原理。作为教师,霍布斯努力"遵循着教育的基本原则,培养他的学生成才,成为一名好的基督徒、好的臣民和好的儿子"(出自 Narrative 手稿)。在家度过三年后,霍布斯和他的学生一道开始了出国之旅,正像很久以 15

---

① 指纽卡斯尔伯爵威廉。

前,他和眼前这位学生的父亲、自己曾经的主人小卡文迪什游历法国和意大利,他们此行的目的地也是这两个国家。

这次旅行对于霍布斯哲学的发展,具有无与伦比的重要性。因为在他们首先驻留的城市——法国首都巴黎,由于哲学家对自然科学日渐浓厚的兴趣,他结识了圣方济各修会最小兄弟会(fratres minimi)①的修士、当时鼎鼎大名的学者马林·梅森②,并与之建立了密切的日常往来。梅森与霍布斯出生在同一年(1588),因其对《创世记》的评论③,被认作一名神学家(1623)。然而此后他逐渐涉足数学与物理学的研究领域,甚至成为巴黎学术圈的中心,笛卡尔与伽桑狄④这两位新哲学的领军人物,都是梅森圈子的成员。不止如此,国外的众多著名学者也加入梅森圈子。而梅森作为通信者和中间人,在诸学者间活动,同时,他也在致力于翻译伽利略的《对话》。研究伽利略,无疑和当时霍布斯已经展开的探究自然科学原则的计划息息相关(V. L. I, XIV)。1635年8月25日,霍布斯从巴黎启程前往威尼斯,他写信给纽卡斯尔伯爵,信中明确指出,他要用自然科学的原则来考察"灵魂的能力与激情"。故而首先要做的,乃是理性地谈论研究对象。自此,他

---

① 1436年,圣方济各创立"最小兄弟会",取此名是为了表示会士在天主的家庭只是一个无足轻重的小兄弟。

② 马林·梅森(Marin Mersenne,1588—1648):17世纪法国著名的数学家和修道士,其研究涉及声学、光学、力学、航海学和数学等多个学科,有"声学之父"的美称。同时,他和当时欧洲科学家们的关系极其紧密,他本人成了科学家交往的中心。

③ 指梅森的 *Quaestiones celeberrimae in Genesim* 一书。

④ 皮埃尔·伽桑狄(Pierre Gassend,1592—1655):法国科学家、数学家和哲学家。伊壁鸠鲁主义的现代复兴者,他宣传原子论思想,认为世界上的一切东西都是按一定次序结合起来的原子总和。在认识方面,他是感觉论者,肯定感觉是知识的唯一来源,在有生之年,他同笛卡尔进行了数次交锋。

日夜都在思考这个问题,他的行程从法国南部直至意大利,其间骑马、坐车、航海。他终于想清楚了,世界里只有一个实在者(Wirkliches),即事物之内各部分的运动,即便它又可以伪装成不同类型的事物(《自传》,第 XXXIX 行),他努力赢得的这一思想令他无比喜悦。

　　旅行途中,他在佛罗伦萨停留了相对较长的时间,其间他很可能经常去伽利略在贝罗斯加多山(Bellosguardo)上的别墅,拜访这位令他十分敬仰的大师。不难想象,因他们之间相似的思维和性格,长者伽利略和霍布斯缔结了友好的情谊。对此,有一种说法即伽利略首先向霍布斯提议,用几何学的方法来处理伦理学说(Sittenlehre),使之提升到数学的确定性。真实的情形很可能是,霍布斯向伽利略描述了他的研究计划,后者则坚定了他的想法。之后,霍布斯离开意大利,又停留在巴黎和梅森继续往来,并且向梅森透露了自己的所有计划和想法。而梅森应该也向其他朋友汇报了霍布斯的消息。从此时起,霍布斯开始自诩为哲学家(V. c. e. L. I, XC)。这一次,他在巴黎待了八个月,其间写了不少信,寄给纽卡斯尔伯爵的信中说到,他正殚精竭虑地致力于研究光学问题。除此之外,他还积极地同伯爵交流思想,这些信件展现了霍布斯对科学工作的热忱。在 1636 年 6 月 13 日或 23 日的信里,霍布斯提到了一些新书,其中有他在巴黎读到的,令他产生特殊兴趣的"塞尔登先生①的《海洋封闭论》"(参见第 36 页),还有彻伯里的赫伯特的《论真理》,他称本书乃一部杰出的著作("它

16

---

　　① 约翰·塞尔登(John Selden, 1584—1654):英国法学家、人文主义者。1635年,塞尔登出版《海洋封闭论》(*Mare Clausum seu De Dominio Maris*),对抗荷兰法学家格劳秀斯的海洋自由论,为英国君主占有英伦三岛周围海域的权利进行辩护。

是一个至高点")。此后,在 7 月 29 日和 8 月 8 日的信里,霍布斯向伯爵表示了同情,认为伯爵并没有获得理应受到的待遇,他这么说,显然出于政治的义愤:

> "但我的主人,谁要是冒险驰骋于海上,他就必须决心承受任何天气的风险。不过我更倾向于留在陆地,想必阁下您和我想的一样。因此在您给我写的信的末尾,当您许诺我说将把我的沉思汇编到一起时,我深感幸福,这不仅对我而言是一份荣誉,而且对我以及所有热衷于科学研究的人而言是幸福的事情,是我们可以想象的生命的真正幸福。"(巴黎,1636 年 8 月 8 日,M.S 文献)

他回到英格兰后,写信给纽卡斯尔,一想到不久之后就又能来威尔贝克,内心十分高兴:

> "虽然我的女主人和她的儿子乐意接受我的服务,从我这一方来说,甚至感到有义务把他们当作自己的家人,终生服侍之。但是我的最大兴趣仍然是投入研究,它超出了所有其他愿望。我没有想抛弃我的主人,我也不曾想象停止服务他。他也一样,觉得没有人能比我更好地照顾他。不过我无法拒绝继续从事研究,而在我看来,没有任何地方能像威尔贝克那般适合自己,只要阁下您不把我挡在门外,不因为我在此驻留而厌烦。"(拜弗利特,1636 年 10 月 16 日,M.S 文献)

尽管如此,直到第二年(1637)初,霍布斯才常驻其显赫的资助人的圈子里。[6]至于如何评判霍布斯与笛卡尔的关系,我们需要注意,霍布斯在笛卡尔《谈谈方法》(*Essais*,1937)出版之前,就已经热烈地投入光学研究[7],霍布斯很可能是通过梅森对笛卡尔有所了解。

除了对新的自然哲学的狂热兴趣,这一时期的政治事务也持续地攥住他以及他高贵的赞助人和朋友的心,让他们无法安宁。

§5

【一件不愉快的家事】随着海外旅行的结束,霍布斯的家庭教师的职务也完结了。尽管此时,哲学家已经成为年轻的德文希尔值得信赖的朋友和导师,一件不愉快的家事证明了哲学家的忠诚,但无法阻止他已经成年的学生同其母亲的决裂。德文希尔自觉因其母亲的监护,自身权利受到了很大的伤害。正像之前他的父亲(小卡文迪什)凭议会文书(Parlementsakte)掌握了对其子财产的支配权,以此清偿自己的债务,德文希尔当初的利益就已严重受损。在身边没有顾问的情形下(霍布斯那时正待在威尔贝克),德文希尔签署了免除其母权利的文件,但事实上,他对文件的内容不甚理解。果然,不久德文希尔就开始怀疑自己的行为,然后求助老师霍布斯,向其倾诉自己的处境和想法。他希望离开家,并启动诉讼程序,控告他的母亲。1639 年 4 月 12 日,霍布斯就事态的发展,起草了一份法律文书(出自 Narrative 手稿),由此,这件事背后的不公统统清楚地显露出来。但他仍然劝告母子双方走向和平,下面的话证明了他的想法:

18

"我，托马斯·霍布斯，曾建议他并且现在仍建议他和母亲和解，今后仍住在家里，不再对母亲展开诉讼。而我，托马斯·霍布斯，对于介入这一事件，既没有获得什么报酬，也不要求什么报酬，更不期待什么报酬。我只要求一份证明，即我曾是这个家庭里一位忠心耿耿的教师。如此一来，我就有充分的理据，来对抗未来可能针对我的攻击言论。"

在霍布斯尚同卡文迪什家族保持亲密联系时，他曾在家族城堡所在的高峰饱览山景，写下了一首拉丁文的六音部诗《高峰奇观》(*De Mirabilibus Pecci*)，这首诗大体成于 1626—1628 年。后来，在他离开英格兰期间(1636)，他的仰慕者将这首诗印制出版，此后本诗又被翻译成了英文(*The Wonders of the Peak*)。

§6

【政治事件—《法的要素》】在这些年里，霍布斯遵从自己的兴致，全身心地投入科学研究。肯尼姆·迪格比先生(Sir Kenelm Digby)①就是他最亲密的朋友之一，迪格比本人也是一位哲学家，不过同霍布斯走的道路截然不同。从迪格比写的信里，我们知道，霍布斯在 1636 年已经开始从事逻辑学研究了。1637 年 10 月，霍布斯从迪格比那里收到了笛卡尔刚出版的著作(《谈谈方法》，其中收录了折光学部分)。与此同时，他与梅森的紧密联系，完美地体现在他们之间的通信里(可惜这些信件都遗失了)。如今，霍布斯已经规划好了他的哲学体系，一共由三个部分组成，分

---

① 肯尼姆·迪格比(Kenelm Digby, 1603—1665)：英国占星家、外交家、国务人士。

别是"论物体"(De Corpore)、"论人"(De Homine)、"论公民"(De Cive)。他同时研究这三个部分,其中,知觉的理论也即光学问题,首先作为他思考的中心,而知觉理论的实质又是运动学说,不过目前他关于这一部分的研究相对最不成熟。与之相反,他关于道德和政治人的观点已经成熟,就其基本特征而言,它不依赖于上述体系性的规划,且最容易完成。可以说,这是一部完全独立的作品,纽卡斯尔伯爵催促霍布斯尽快写完出版,当然,他之所以如此,是有其政治目的的。当时,苏格兰的暴乱已经发生①,国家与教会、国王与贵族的冲突日益升级,整个世界都陷入巨大的紧张。毋庸置疑,这些事件打破了我们的哲学家的安宁。

1638年,纽卡斯尔伯爵被任命为威尔士王子的总管,进入国王的幕僚圈,斯特拉福德伯爵②是他的朋友。不过,正像霍布斯理解的那样,如果遵循绝对君主制的逻辑来推理,那么并不存在多少无条件地支持"特权"的人。霍布斯本人后来写道[8]:

> "英格兰议会里的绝大多数领主还有绅士,显然都更倾向于君主制,而非民主制。但要听从君主的绝对权力,这是他们无法忍受的。因此在议会召开期间,他们要缩减国王的绝对权力,将它转换到所谓混合君主制的水平上。也就是

---

① 1637年7月,查理一世强令苏格兰接受英国国教的主教制、礼拜仪式与公祷书,目的是把专制统治推行到苏格兰,引起苏格兰人民的愤怒。1638年,苏格兰的贵族和资产阶级发动了反英战争,并于1639年攻入英格兰北部,击溃英军,成为英国内战的导火索。

② 斯特拉福德伯爵(Graf Strafford),原名托马斯·温特沃斯(Thomas Wentworth),1633年任爱尔兰副总督。1639年率军平息苏格兰人起义,升任代理总督,捍卫君主专制制度。1639年被封为伯爵,1640年11月被国会指控企图利用爱尔兰军队反对英格兰,犯叛国罪,次年5月被处死。

　　说，将绝对的主权在国王、贵族议院和下议院之间瓜分。"

20　　　　斯特拉福德伯爵秉持的政治原则完全同议会对立，但霍布斯不甚敬重伯爵的立场。因为在他看来，斯特拉福德乃是一个热衷于功名利禄者，本性和商人无异。无疑，霍布斯当时和斯特拉福德有个人往来。

　　尽管如此，霍布斯认为对国王的利益伤害最大的是议会的中间派（Gemässigten），他们的理想是要建立混合君主制，或者用我们的话来说，建立立宪君主制。但这样一来，国家便无异于多头统治（Mixarchie），"在现实里就成了纯粹的无政府状态"（《比希莫特》，第116页）。霍布斯同议会派的政治领袖皮姆①和汉普顿②都认识，也结识了和宫廷亲近的领主们。同时，他和本·琼森、塞尔登、瓦勒③以及其他精神上相近的人士一道，都属于大图（Tue）的圈子。大图乃是当时（1635年左右）法克兰子爵卢修斯·凯里④的庄园，它距牛津郡不远，风光优美，霍布斯等人常在此聚会。法克兰子爵后来成了保王党的领袖，他是一位索齐尼派人士（Socinianer）⑤，坚持唯一神论。大图圈子里的大多数人，在宗教这个

① 约翰·皮姆（John Pym, 1583—1643）：英格兰政治家，议会派领袖。
② 约翰·汉普顿（John Hampden, 1594—1643）：英格兰政治家，议会派领袖。
③ 埃德蒙·瓦勒（Edmund Waller, 1606—1687）：英格兰诗人、政治家，议会派人士。
④ 卢修斯·凯里（Lucius Carey, 1610—1643）：英格兰贵族，他在长期国会刚刚召开时是国王的反对者，但最后又站在了国王一边，后在为国王作战时捐躯。
⑤ 索齐尼派是16世纪基督教神学"唯一神论"传统的一脉。由意大利宗教改革家莱利乌斯·索齐努斯（Laelius Socinus）和福斯图斯·索齐努斯（Faustus Socinus）叔侄二人倡导。该派拒绝天主教的三位一体论和基督具有神人两性的正统教义，认为耶稣基督只不过是一个从属于上帝的人，而不是上帝，故而主张用理智来解释超自然的启示，认为凡理智不能解释的，如上帝预定一切、人人皆有原罪、耶稣死于十字架而赎人罪和不信者将受永罚等，都应一概弃绝。

问题上同子爵观点相似,他们常常聚在一起就此展开争论。齐林沃斯①是子爵的一位特殊门客,他在这段时间写出了《新教徒的宗教》(*Religion of the Protestants*,1637)一书。霍布斯十分重视这本书,他曾对奥布里说,齐林沃斯就像一位灵活的剑客,能刺倒他面前的敌人,但又常常从背后捅伤自己人(参见奥布里:《名人小传》,第173、310页;参见狄尔泰:《全集》第2卷,第104页)。纽卡斯尔伯爵很可能想为当时悬而未决的议会投下一颗重弹,因而敦促他的朋友对自然法和国家法的原则展开系统讨论,并尽快呈交这部作品。霍布斯写道(E. IV. 414):

    "随着1640年4月议会召开,后又在5月解散(即'短期议会'),国王的权力所及之处,尤其是关系到王国的和平与阁下的人身安全之必要保障的地方,统统遭到否定。因此霍布斯用英文写了一篇短论,在其中他提出并证明了所谓权力(Macht)与法(Recht)都不可分割地从属于主权,而主权又在国王之中。当时的议会派并不否认这一点,但他们不理解法权不可分割,也似乎压根就不想去理解。虽然这篇短论没有公开印刷出版,但很多人手里都留有副本。最终,阁下并没瓦解议会的力量,所以本文作者就面临着生命危险。他是第一位站出来为国王辩护的人,也是少有的不抱任何意图,不从自己的特殊利益来谈论义务、谈论自然法原则的人。无论从哪个方面来说,他都是彻底的王党。"(这段文字乃是他针

21

---

    ① 威廉·齐林沃斯(William Chillingworth,1602—1644):英格兰神学家,坎特伯雷大主教约翰·劳德的教子,内战期间成为国会军队的俘虏并且牺牲,代表作为《新教徒的宗教》。

对质疑而写。①)

哲学家的第一部独立著作题献给了纽卡斯尔伯爵,题献时间
是 1640 年 5 月 9 日,著作标题为《自然法与国家法原理》②。这本
书的上半部分讨论作为自然人的人,下半部分则讨论作为政治体
的人,以及法律的本质和类型。至于本书给他人留下了怎样的印
象,我们已无从考证,但毋庸置疑,只要人们知道它,就一定会说
起它。例如教士曼维灵③就像后来的霍布斯那般说道,"他(霍布
斯)的学说"所教导的(1628),乃是只有国王的意志才能凝聚臣
民的良知。但如今,国王却被议会追究责任,被严厉地惩罚。霍
布斯此时有理由担心自己将遭遇和国王相似的命运。这一年
(1640)的 7 月,纽卡斯尔辞去了宫廷职务,这意味着唯一能有效
庇护霍布斯的身份丧失了。让我们再次跟随霍布斯的描述,看
看他当时的处境:11 月,"新的一届议会召开了,其中的绝大多
数都是因为和国王的利益对立而被选出的。从一开始,他们就
激烈地针对那些为国王的任何权力辩护的作者和宣传者,甚至
企图夺取国王的权力。同时,他们支持那些被国王贬斥为暴乱
的煽动者。霍布斯不知议会人士将如何对待他,因此选择逃到
法国,而他又是第一位逃亡者……"(E. IV. 414)

---

① 这段文字出自霍布斯晚年撰写的"Consideration upon the Reputation,
Loyalty,Manners and Religion"(1679)。

② 英文名为 *The Elements of Law: Natural and Politic*,这本书是由我编订
的。——作者原注

③ 罗格·曼维灵(Roger Manwaring, 1582—1653):英格兰教士,极端保王党
人士。

《比希莫特》里与此对应的段落(第 36 页)也清楚地显示:"国王不再能保护为他权利辩护的人。"无疑,霍布斯当时已经料想到自己的结局,这可从他未来强调的格言推出,即个人安全无法保证的时刻,任何义务的纽带就都松开了。

于是,霍布斯孑然一身地离开祖国,去邻国法国求得宁静、安全的停留之所。那时法国处在黎塞留的精明统治下,艺术与科学的发展蒸蒸日上,成果汇聚于首都巴黎,它乃是当时世界文化的最高峰。这样说来,相比刚离开的故乡,巴黎必然更吸引着霍布斯。此时,他已经成为一名具有世界眼光的人,不仅因为他同英国贵族里的精英保持着密切交往的关系,而且更多地因为他的游历经验,这在当时对于像他这样一位出身并不显贵的人士而言是罕见的。由此一来,他的自然科学思想和政治思想都得到强有力的促进。在这段时期,他研究了威尼斯的贵族制宪法,对此,他后来不止一次地提到过,同时他将伽利略或卡斯特里①的一篇文章翻译成了英文。自然科学思想和政治思想这两股潮流,相依相伴地存在于霍布斯的精神世界里,在他的人性和意志观中汇合了。他认识到自然王国和文化王国必然会结合到一起,他的心灵里越发滋生起希望,以认识和科学形塑生活、改造生活。在 23 巴黎,他遇见了笛卡尔、伽桑狄和其他几位引领时代的自由思想家。

---

① 贝内德托·卡斯特里(Benedetto Castelli, 1578—1643):意大利数学家、物理学家,伽利略学说的信奉者。

第二节　在巴黎的研究活动(1640—1651)

§1

【梅森与笛卡尔—《论公民》】1640 年底的这段时期,既标志着霍布斯的人生进入了新的阶段,也是英国政治危机的转折点。从此时起,直到返回祖国,霍布斯经历了不寻常的 11 年。这 11 年,他几乎完全居住在巴黎,逗留在巴黎的科学圈子里。梅森始终是这个圈子的中心,一直到他 1648 年去世。霍布斯 84 岁时,创作了诗体自传,如此赞美梅森:"我的忠实的朋友是一位博学、睿智、格外优秀的男人,相比学校的课堂,他更爱在自己的斗室里劳作。"接着,他怀着澎湃的情绪补充说:"因为教授们的野心勃勃膨胀。"(professorum omnes ambitione tument.)(V. c. e. L. I, XCI)除了伽桑狄(他在 1645 年成为巴黎大学的教授),当时许多重要的、能在后世科学史上留名的学者汇聚于修道院的斗室,环绕着他们的斗室墙壁上的图画不再是圣像,而是圆形和方形。来到巴黎的第一时间,霍布斯就因梅森的中介活动,卷入了一场同笛卡尔的争论,这一争论涉及笛卡尔的光学。当然,争论方不止霍布斯与笛卡尔,还有那些保存着笛卡尔《沉思集》的学者们,他们向笛卡尔提出了种种异议,但没有人成功地说服这位骄傲的隐士,赢得他的尊敬。除此之外,霍布斯也感受到了朋友们对自己的期待,他们一直焦急地等候着他曾公开许诺的哲学体系的问世。为了朋友,霍布斯觉得至少要写点什么,故而对自己已完成的英文作品①中的大部分重做修订和加工,出版了一部拉丁文著作即《哲学要素第三部:论公民》。也就是说,他计划里的哲学体系的最后一部率先问世。该书于 1642 年在巴黎匿名出版,且采用了手稿印刷的形式("令人印象深刻"[*privatim impressa*])[9],首版发行量很少。但它后来广泛地传播开来,让霍布斯 24 的名字深深地铭刻在世界文学的史册上。自该书出版始,霍布斯立刻收获来自四面八方的赞美,即便笛卡尔(一部分人认为该书的作者是他)也不得不对该书表达肯定的意见。然而随后一个棘手的问题产生了:由于首版量太少,该书太难获得。当时一位从事哲学研究的医生索比埃尔②(后来他为伽桑狄的著作集撰写了一篇传记导言)成功地取得霍布斯的许可,拿着《论公民》的手稿,联系荷兰的出版社,发行该书的新版。新版面世时,伽桑狄和梅森都致以热情的祝愿,恭贺该书收录于爱思维尔丛书(Elzevirbändchen)③。伽桑狄给索比埃尔写信道:"我不认识能比他(按:指霍布斯)讨论问题更深刻的作者了,没有人能像他那样在做哲学思考的时候摆脱先入之见了。噢,要是你能把他写下的其他东西拿到手就好了。"

梅森在他写给索比埃尔的信的结尾,不乏幽默地说:

"我听闻,学识渊博的索比埃尔,你带着无与伦比的霍布

---

①　指上文提到的《自然法与国家法原理》(1640)。

②　塞缪尔·索比埃尔(Samuel Sobiere,1615—1670):法国物理学家、哲学家、翻译家,在霍布斯和伽桑狄的著作推广上发挥了重要的作用。

③　爱思维尔出版社是荷兰的一家著名的学术出版集团,创立于 1580 年,最初是荷兰的爱思维尔家族的企业。

斯先生所撰写的优异之作《论公民》。也就是说,你随身带着一件伟大的文学财宝以及你自己到达海牙,由此能增加新的思想,克服许多难题,开辟一条平坦的科学道路。在你的争取下,海牙的这家优异的出版社给这部珍贵的文本配上宝石装帧,使之问世,但不久以后,想必我们对本书的热情也会渐渐消退。尽管如此,你还是要尽力敦促我们的作者,不要一而再地重新想要把他脑海中的完整哲学体系付诸笔墨,因为这会给我们带来致命的障碍,他说到最后,不过告诫我们尊重国王的权威,这样才能摆脱当前的不利境况。"

后来,在 1654 年,这部受上述两位学者赞誉的神圣的正统之书(他们的推荐信被出版商一同纳入出版范围,并在未经他们同意的前提下就印制了),被罗马教廷列入禁书目录(index librorum prohibitorum)。1644 年,梅森在其物理学著作中,用若干章节论述了知觉理论和光学理论,这使霍布斯现有的全部拉丁文著作为人所知。

25

《论公民》的发行持续了很长的时间。由于索比埃尔根据出版商的要求,去收集学者们的意见,因而霍布斯从一开始就相信,自己将面临越来越多的困难。他写信给索比埃尔说[10]:

"阻碍本书发行的,首先是大学里的那些先生们。他们如果知道本书即将问世,就一定会想尽办法阻止,因为他们占有大学的领导地位,就变得狂妄自大。故而当他们靠着某种教条获得教授职位,就不会再去看那些此前不曾看到的学说。所以您务必小心翼翼地行动,除非您能确定某种结论,不然别去寻求什么证明吧。假如本书的发行确实受到阻碍,那么出版商就不会允许读者根据自己的判断,去质疑本书的价值。您必须提防那些为了贬低某些东西,而去抬高另一些东西的人,因为他们都是好为人师者,他们不想公开称赞我,而只在私下里表示赞赏,并且觉得我该为此感激不尽。此外,如果笛卡尔先生注意或猜到我的作品(无论是现在的这本还是其他著作)行将付梓,那么我敢完全肯定,他会想尽办法阻挠,请您相信我所说的,因为我知道得很清楚。"[11]

霍布斯一开始是希望把这本小册子取名为《哲学基本原理》第 3 部,但根据出版商爱思维尔的愿望,这个标题最终省去了。当时(1646 年 6 月 1 日,编号 2),霍布斯甚至想在一年之内,让他的哲学原理的第一部分(《论物体》)面世,他写道:"我这么长时间的耽搁,部分地归咎于我的懒惰,但绝大部分的原因,是我总无法轻易地满足于我当下的观点。因为我希望提出我的道德学说,也努力地在形而上学与物理学领域有所作为,绝不给我的敌手留下任何反对的空间。"同样,对于他的光学研究("我已经呈交给纽卡斯尔侯爵"),他想"尽可能迅速地出版拉丁文的文本"。[12]

§2

【《论物体》的最初稿本】这段时期,霍布斯不断在推进其哲学体系前两个部分的准备性研究。梅森(霍布斯逗趣地称他为"可爱的窃贼"[le bon larron])一直都没有放弃催促他完成其哲学计划，而且很快地就知道（1644 年以前）他写完了一篇稿子，名为《论运动、空间与时间》，霍布斯当时应该是想把它当作《论物体》的第一部分。根据梅森的证明，这篇稿子至少包含了 28 章，以此为基础，福里特约夫·布兰德特（F. Brandt）进一步推断说，这篇稿子很可能是《论物体》的完整底稿，也就是我们后来看到的共 30 章的《论物体》全书。[13] 那么为什么霍布斯不出版这篇手稿呢？也许他希望更深入地研究作为有机体的生命体，为形成他关于人性的观点做好前期准备工作。对此，我只需指出，威廉·配第[①]在 1648 年来到巴黎，霍布斯同他一起研读了维塞利乌斯[②]的解剖学。正因为对人体的研究工作没有结束，故而霍布斯延迟了《论物体》的发表。然而正像我们后来看到的，《论物体》一书探讨了动物的感觉与运动，探讨了宇宙与星球，探讨了一切物理现象，以至于最后探讨了重力，但并没有涉及生命及其起源问题。即便霍布斯大力赞扬哈维，称自己致力于向哈维的研究靠近，事实仍然如此。在《论物体》的"作者献辞"里，霍布斯提到了动物生育、血液流动的现象，还明确地称赞医生们（他称他们为真正的自然研究者）的智慧与辛勤劳动："首先是我们来自伦敦的、值得尊敬的科学家同侪"，"他们在很短的时间内卓越地推进了这一领域的研究"。如果说霍布斯最终没有在《论物体》里讨论生理学问题，那么我们的猜想并非没有根据，即他希望去谈生理学，但他发现，这一领域的研究还没有充分地发展起来，还无法解决他的机械论自

---

① 威廉·配第（William Petty, 1623—1687）：英国古典经济学家，代表作有《赋税论》（1662）、《政治算术》（1672）等。

② 安德烈亚斯·维塞利乌斯（Andreas Vesalius, 1514—1564）：比利时医生、解剖学家，近代人体解剖学之父，代表作为《论人体的构造》（1543）。

然哲学问题。

§3

【英国内战—王子的老师】《论公民》的出版受到阻滞，新的扰乱又起，打乱了霍布斯的计划。这些年，在他的祖国，反对国王的浪潮造成了巨大的灾难。霍布斯隔着一定距离，得以批判地、无偏见地观察和评论事态的发展。他足够清楚地看到，罪责与过失应归咎于党派。他在 1641 年 8 月 2 日写给自己年轻的主人的一封信（收录于 E. XI 结尾处的自传信件）里说道：

"我已经看了诺丁汉郡反对主教制度的请愿书，人们列举了教会人员犯下的数不胜数的过错，这既无可否认，也无可饶恕。但这些过错是否源于主教制度本身呢？并没有明显的证据证明这一点。然而一旦教会人员的贪婪和傲慢的行为让人们厌倦这种制度，我就看不出有什么理由来反对人们提出的新制度（即一种议会式的教会体制）。这样一来，如果说应当让许多平信徒做代表决定教会的事务，就会使一部分人不满，那么我认为少数教士就将最大可能地改变这一局面，想办法在他们自己手中瓜分主教的权威（这就是长老制）。在我看来，教士的职责与其说在于统治，不如说在于服务（Minister ought to minister），至少所有教会体制都必须隶属于国家和世俗权威，如若不然，教会的统一就不可能实现。阁下您可能觉得我的观点只不过是一种哲学的怪论，但我对此确信无疑，历史的经验教给我们许多。最近一段时期发生

28

　　在教会与国家之间的名位之争(Rangstreit)，在我们这里，比
在世界的任何其他地方，爆发得都更剧烈，可以说，它是一切
基督教国家内战的起因。"

　　这样情真意切的表达，这样关于当前事态的评论措辞，同时
向我们传达出，教会问题如何深深地扎根在他的心态和思想世界
里。我们看到，《法的要素》仅仅将教会问题处理为一种政治的难
题，但到了《论公民》里，霍布斯已经开辟了一个完整的部分来讨
论教会问题。这就是为了表达他的一个基本判断，即"上帝之国"
意味着它依傍于(neben)政治体并且存在于政治体之中(in)，在此
基础上，它才可以自我辩护。在《论公民》的第一版与第二版之间
(1642—1647)的几年里，局势越来越明显，民主派的清教主义成
了最强大的、战无不胜的叛乱力量。马斯顿荒原大屠杀(1644)①
和纳斯比大屠杀(1645)②毁灭了国王的军队，克伦威尔成了胜利
者，此后是克伦威尔和议会的竞争(1647)，王党的领袖们纷纷逃
亡到国外。

　　纽卡斯尔伯爵和鲁珀特亲王③一道，在马斯顿荒原战役中失
利。此后，伯爵先是在汉堡待了六个月，紧接着又来到巴黎

---

　　① 马斯顿荒原战役是英国内战期间国会军同国王军之间的一次战役。1644
年7月2日，克伦威尔率部在此击溃鲁珀特亲王军队的左翼，并猛攻王军的中路。
王军损失惨重，死亡三四千人。这次战役是国会军从失败走向胜利的转折点。

　　② 纳斯比战役是英国内战期间国会军同封建王党军队之间的一次决战。纳
斯比战役粉碎了王军的主力，基本上结束了第一次内战，是一次具有决定性意义的
战役。

　　③ 鲁珀特亲王(Prince Rupert of the Rhine, 1619—1682)：英国内战时期最有
才华的保王派指挥官，胆略过人，在战争初期取得过多次胜利，但他的军队最终在马
斯顿荒原一役中被国会军击溃。

(1645)。一年后,年轻的威尔士王子、未来的查理二世带领一大拨随从来此,他的忠实追随者们聚集在他在圣日耳曼的临时庄园里。因为霍布斯以私人手稿印刷的形式匿名出版了《论公民》,而且他的若干论述光学和心理学基础的篇章已经梅森之手传遍整个学术圈,所以作为哲学家的霍布斯已广为人知,他也常被邀请来王子的庄园做客。从一封由查尔斯·卡文迪什写给约阿希姆·雍吉①的信里,我们看到,自从查尔斯结束了他的汉堡流放迁居巴黎,越来越多的"骑士们"聚集到了一起。而霍布斯已经在1645年完成了他论述运动、空间与时间的篇章,这是他思想的核心部分,奠定了"第一哲学"(Philosophia prima)的基础(这一部分见于《论物体》第 VII 章)。⁽¹⁴⁾如今,霍布斯更希望在宁静的氛围里投入自己的研究工作,因而决定离开巴黎。正好此时一位名叫凡尔都②的年轻贵族,邀请他到自己位于隆格多克(Languedoc)的蒙托邦庄园居住。此后的岁月里,凡尔都一直是霍布斯热烈的倾慕者,而霍布斯也欣然接受了凡尔都的邀请,他把自己的旅行箱都提前寄到了隆格多克。然而这时(1646 年秋天),他收到了一封申请,求知欲旺盛的威尔士王子想聘请他为自己的数学老师。王子之所以会找到他,很可能是(尽管间接地)听从了纽卡斯尔伯爵的建议,而纽卡斯尔伯爵很希望这位博学的友人能留在身边。⁽¹⁵⁾霍布斯没有推辞,但这样一来,他的科学研究进程自然会受到一定损害。索比埃尔致信他时写道:"这对您的祖国而言是大幸啊!

---

① 约阿希姆·雍吉(Joachim Jungius,1587—1657):德意志数学家、逻辑学家、科学家,代表作是《汉堡逻辑》(*Logica Hamburgensis*,1638)。

② 弗朗索瓦·德·凡尔都(Francois du Verdus,1621—1675):法国贵族,数学家,霍布斯《哲学原理》的法文译者。

一位君王留下来了,在您的教导下,他将变得多么有学养,多么智慧啊!"(I. c. p. 70)但这旋即招来我们这位哲学家的强烈异议。霍布斯对索比埃尔的恭贺表示了感谢[16],他接着说:

> "但请您注意,您还没有看到比眼前这件事更重要的事实,即我教的是数学,而非政治学。我已经问世的作品《论公民》涵盖了我的政治学说,然而对于王子的年岁来说,这本书不被允许讲授,况且批评者在王子面前极力轻贱本书,阻碍了他接受我的教诲。"

索比埃尔是一个对高贵等级光环有着强烈感知力的人,他也完全不因夸耀的论调而惭愧。尽管霍布斯提出了警告,然而在《论公民》再版之时,他仍然坚持在我们的哲学家的画像下标注"威尔士王子的教师",并把样书寄给哲学家。霍布斯很可能震惊于他朋友的行径,因而表达了不满之情。[17]他的回复既详尽又精致,在我们看来甚至富丽堂皇(verschwenderisch),他讲述了拒绝给自己的画像如此标注的理由。最首要的乃是因忠诚产生的忧虑,他认为,如果将自己的名字和王子的名字结合在一起,很可能会伤害王室的尊严,他们在英国的敌人将迫不及待地拿起武器,他们将这样说:"看看人们所期许的这位未来的国王是怎样的吧,他公开地接受了一种几乎同所有人的观念相悖的政治学说。"

然而,如果我们通观这封回信的叙述口吻和全部内容,那么就会看到,所谓"因忠诚产生的忧虑",不可能对我们的作者的内心起到多少作用。实际上,他已经接受了议会派大获全胜的事实,甚至宣称革命者是那些"现在控制了英国事务的人"。霍布斯是一位世界公民(Weltbürger),而不像加图(Cato)那样热爱已经被征服的东西。在这封致友人的私密信件里,他足够坦诚地道出了自己的真实意图。正因为流亡的宫廷中有不少是他的敌人,所以他只是用"忧虑"这样的说辞,充作一种合理的借口,来指责自己的虚荣,说明自己的危险。不止如此,他还没有做好摆脱僧侣们的充分准备。不过,他避免公开地同王子扯上关系,背后最重要的理由,最终还是浮出了水面,那就是他不愿因此阻断返回英国的道路:

> "我为什么不应回去呢(他以最直接的口吻说道)?如果我的祖国以任何一种方式实现了安宁,那么我看不出有什么理由能阻拦我回去。我不是威尔士王子的教师,也完全没有从属于他的家庭,这就是我不希望冠以上述称谓的第三个理由。"

然而,他期待的是何种安宁的局面呢?通过整体地审视霍布斯在这段时间写下的信件,我们就能清楚地注意到:早在1647年,这位政治思想家便已冷静地站在了王党的对立面。我们甚至倾向于相信,从其严谨的学说看来,他的心灵里向来就包含着一种强烈的民主主义因素。尽管由于种种原因,他要同诸位辩护者与改革者抗辩,在他看来,这些人关于国家与法权的思想完全是不清楚的、错误的,他们绝不屈服于国王与主教。

§4

【在纽卡斯尔之家的争论】同聪明却又轻浮的王子的私人往

来,让霍布斯很快地习惯了自己的祖国已转变成共和制政体这一想法。作为流亡者的党羽,教士们为王子的社交圈奠定了基调,从他们的眼光看来,《论公民》的作者不值得信任,而这帮教士的态度,于霍布斯而言根本不值一提。他真正难以割舍的是他同世俗贵族的多方面联系,命运将他们结合在了一起。其中,和他最亲近的无疑是他的老东家——(现在的)纽卡斯尔侯爵,同侯爵的密切交往,让他挂念故乡的急切心情有所平复。侯爵喜欢让当时所有的重要人物汇聚于自己身边,鼓励他们展开辩论。霍布斯同布兰哈尔主教①关于自由意志问题的激烈争执(1646)就是侯爵之家里的第一次大辩论。除此之外,在 1648 年的夏天,笛卡尔此生最后一次来到巴黎,同他的优秀对手伽桑狄及霍布斯会面了。诗人爱德蒙·瓦勒是纽卡斯尔之家的第四位宾客,也是霍布斯的热烈崇拜者。他记叙了笛卡尔同伽桑狄、霍布斯的会面,不过很可惜,他只提到会见这件事,并没有详细说明会见的经过。在此之前,当笛卡尔早先拜访巴黎时(1645),霍布斯有意避免同他见面。[18]关于侯爵庄园里的诸多谈话,我们可以从侯爵的生平事迹汇编里看到,他的第二位夫人——勇敢而聪慧的玛格丽特②曾记载并整理了侯爵的生平事迹(她去世后留下了大量的诗歌、戏剧和哲学集子,以及各种虚构和真实的信件),呈现出一个鲜活的人格图景。她曾记叙说[19]:

---

① 约翰·布兰哈尔(John Bramhall, 1594—1663):阿尔玛大主教,英国圣公会神学家和护教者。

② 玛格丽特·卡文迪什(Margarethe Cavendish, 1623—1673):纽卡斯尔侯爵的第二任妻子,她喜欢穿奇特的衣服,表达新奇的观点,绰号"疯狂的玛奇"。

"在我的丈夫因流放而寓居巴黎之时,有一次他和几位朋友交谈,其中就有博闻广识的哲学家霍布斯。一开始,他们探讨的问题是:人是否可能用一些手段,让自己像鸟儿一般飞翔? 聚会里的人们各自给出了看法,他们大多认为,如果使用人造翅膀,那么这样的理想很有可能实现。但是在我的丈夫看来,这完全无法实现。为此,他提出了如下理由:'人的胳膊安置在肩膀里的方式,和鸟的翅膀的原理压根不一样,故而不可能如鸟儿振翅翱翔。因为人的胳膊连接肩膀的部分是向内固定在人体里的,同鸟的翅膀固定的方式相反,所以他无法像鸟摆动翅膀那样,挥舞着胳膊,使自己飞起来。'霍布斯非常欣赏这一论据,他充满善意地在自己的一本书里使用了它,假如我没记错的话,这本书就是《利维坦》。还有一次,他们讨论的话题是女巫,霍布斯先生说:'虽然理性地说来,我并不相信女巫存在,但我完全不能满足于认为其根本不存在,因为当我们仔细地审问她们时,她们通常就把自己认作女巫。'对此,我的丈夫答复说:'我并不太关心女巫存在与否,在我看来,认定女巫及其痛苦这一事实,乃出乎一种错误的信仰,即相信她们和魔鬼订立了一份契约,她们为魔鬼服务而求得某种报答。她们受魔鬼统治,从魔鬼手中获得力量。这就是她们崇拜与敬慕的宗教,她们对此抱有一种坚定的、无法动摇的信仰。假如合乎她们愿望的事情发生了,她们就相信这是由于魔鬼听到了她们的祈祷与请求,因而向魔鬼表达感激之情;但如果违背她们的祈求与愿望的事情发生的话,她们就会极度不安和恐惧,也许开始辱骂魔鬼,宣称自己不再服务它,也许会乞求魔鬼原谅自己的过失。
(我的丈夫也讲到)她们形成了这样的观念,即把梦当成了真
实的外在行动。比如说,当她们梦见自己在空中飞翔或者从
烟囱里蹦出来,或者自己变换为不同的形象时,她们就认为
现实真就如此。这种低劣的思想使她们致力于用仪式来祈
求、崇拜魔鬼,就像崇拜自己的上帝一样,她们准备着为魔鬼
而生,为魔鬼而死。'这就是我的丈夫在谈到女巫时的看法。
霍布斯先生对此深表赞同,他也在上面提到的书里采纳了这
一说法。"

我们看到,霍布斯后来在《利维坦》(E. III. 9)里提到了女巫的
例子,这个例子又在《论人》(第 14 章第 12 节)重现,他直截了当
地指出:

"很多人臆想女巫想要伤害他人,给他人施加罪恶,但这并
不是真的。如果她们希望施加于人的罪恶在现实里应验了,那
么她们就会说服自己,这乃是魔鬼根据它的命令产生的作用,
有时她们承认,她们自己当为此负责。她们梦见自己看到了魔
鬼,和魔鬼订立了契约……就此而言,她们因自己要去伤害他
人的意志并且施行卑鄙的魔鬼崇拜,而应当受到惩罚。"

纽卡斯尔侯爵是否在早先同我们的哲学家的交往过程中形
成了这样的思想? 无论如何,只要我们正确地理解了上述记载,
就会从中发现一个最勇敢的自由心灵,我们甚至会好奇,侯爵是

如何从贵族圈子里成长起来的。[(20)] 除了纽卡斯尔侯爵，霍布斯在当时亲密交往的朋友还有桂冠诗人（Poeta laureatus）威廉·戴夫南特先生[①]。戴夫南特每天都让霍布斯帮忙评判、校正他的英雄诗《宫迪伯特》（*Gondibert*），后来，诗人在前言里将这本书题献给了霍布斯。而霍布斯针对诗人的献辞写了一封详细的、优美的回信，他在其中谈到了自己对诗学的本质和用处的看法。从行文风格来说，这封信是霍布斯所有作品中最上乘的文字之一（E. IV. 441-458）。同属于霍布斯的敬仰者的，还有年轻的配第，他乃霍布斯在威尔特郡的"同乡"，他从英格兰向霍布斯带来了问候。正像我们已经介绍过的，霍布斯和配第曾一起研读了维塞利乌斯的解剖学，他在当时也开设过一门化学课程。按照我的猜想，他那时同时在做《论物体》和《论人》的研究准备工作，对此，可以提供证明的是，他几乎从来没有拒绝过朋友们施加的压力，因而至少完成了未来两部书的最初部分。与此同时，霍布斯做了一些和这两部书完全无关的自然科学研究，此外也在思考国家学说。

§5

【疾病与《论物体》的写作】王子的学习兴趣想必不是那么热烈。就在霍布斯担任王子的教师不久后，卡文迪什[②]于 1646 年 10 月 12 日写信给佩尔[③]说："霍布斯偶尔地给我们的王子上一上数学课程，但我相信，他有大把的自由时间来推进自己的哲学研

---

①　威廉·戴夫南特（William Davenant, 1606—1668）：英国诗人、剧作家，于 1638 年继本·琼森之后成为桂冠诗人。

②　指纽卡斯尔侯爵的弟弟查尔斯·卡文迪什。

③　约翰·佩尔（John Pell, 1611—1685）：英国数学家、政治活动家。

究。"1648年春天，王子前往荷兰，就在前一年，寓居于圣日耳曼庄园的霍布斯感染了一场重度风寒，处在生死垂危的境地。从8月中旬开始，疾病一直持续了10周之久，紧接着是一段漫长的康复期。关于我们的主人公在这段时间里的轶事，一些有趣的记录保留了下来。他的朋友们劝说病中的他重新投入唯一能行拯救的教会的怀抱，有人告诉他，梅森神父将来到他身边，为他行皈依之礼，但霍布斯大声呼喊说："梅森不会来的，如果他来了，我就会不停地拿他打趣，最后很可能我让他皈依了。"（出自第戎议会参事兰丁的手稿，手稿的内容见于乔尼对培尔《历史与批判词典》一书的增补。[①]）按照另外一份材料的记载，梅森神父过来看望他，和他谈论教会的权力，豁免他的罪，可是病人打断神父说："我善良的神父啊，很长一段时间以来，我就已经同自己达成了协定。现在争论这个问题就太过无聊了，不如您跟我讲讲：您最后一次见到伽桑狄是在什么时候呢？"梅森神父当即同意了霍布斯的提议，他认识到这两位伽利略的崇拜者应当彼此了解（V. L. I, XVI）。两年前，伽桑狄已经担任巴黎皇家科学院（Collège royal）的数学教授，属于霍布斯最紧密圈子中的一员。霍布斯很喜欢伽桑狄，他曾说过，在他的眼中，伽桑狄拥有最温柔的（sweetest-natured）心灵。[(21)] 保存下来的多封通信显示，无论霍布斯的圈子内外，在荷兰、丹麦、英格兰、法国，整个学术界都焦急地期待着《论物体》的出版。霍布斯在1647年11月27日的信（I. c. p. 207）里写道：假如这期间他没有染病，那么他现在就能完成《论物体》，同样，索比

35

　　① 指 Philippe-Louis Joly, *Remarques Critiques Sur Le Dictionnaire De Bayle* (1748)。

埃尔所期望的，于明年圣灵降临节前后拿到本书手稿的心愿亦能实现。因此，霍布斯仍然有意在荷兰出版《论物体》。但到了1649年，他在6月14日的信（I. c. p. 208）里再次写道：对于各个定理的证明，仍然有待他投入大量的精力来检验。这段时期，索比埃尔和其他朋友一样，着力于向更广泛的圈子推介《论公民》，他撰写了一部法文译本，于1649年将其献给丹麦的乌尔费尔德伯爵（Graf Ulfeld），乌尔费尔德伯爵乃是丹麦国王克里斯蒂安四世（Christian IV）的女婿。[22]

§6

【处决国王—准备返乡】1649年1月，英国国王查理一世被斩首，所谓"残缺议会"（Rumpfparlament）①攫取了国家权力，宣布成立共和国。这一年9月，霍布斯致信伽桑狄，此时的伽桑狄正从一场严重的肺炎里渐渐康复过来，在法国南部的故乡疗养。霍布斯写道："对于我这个岁数来说，我仍然有一个良好的健康状态。我照料着自己，寻求有利的条件返回英国。"

霍布斯的言辞意味着，他对自己的现状并不完全满意，因为他一再中断、推延哲学体系的创作进程。但是现在他准备返乡，怀揣着这一想法，他开始写作《利维坦》。

---

①　残缺议会指1648年12月6日托马斯·普莱德率军将反对审判查理一世的议员驱逐以后的英国议会。1649年1月30日，查理一世被处死。此后，下议院宣布自己为人民的代表。2月6日下议院宣布废除上议院，次日宣布废除君主制，2月14日宣布成立国务会议为国家政府，奥利弗·克伦威尔出任首任国务会议主席。5月19日，英国宣布成为共和国。在共和国时期，残缺议会在宗教、法律、金融等方面通过了一系列的法令。但在1653年，由于议会拒绝自我解散，奥利弗·克伦威尔终于失去了耐心，于4月20日突然宣布解散议会，此后又自任护国公，建立了独裁政权。

到目前为止,霍布斯的政治理论同现实的政治实践并无直接关系。尽管他第一篇政治论文《法的要素》着力于伸张王权,而且他希望由自己确证的学说能被运用于现实:"假如每个人在看待法与政治的时候,都能接受这里所说的观点,那么这将为政治体带来无与伦比的益处。"(《法的要素》"献辞")但他又很清楚,当时没有任何党派会接受他的观点,他只能让"人自行其是,处在怀疑与争吵之中"(《法的要素》,I.1.2)。仅宗教的绝对主义(konfessionelle Absolutismus)有理论的市场,在霍布斯看来,这一观点背后包含着对国家而言最危险的、最不可忍受的敌人——教会。他很清楚,自己的观点同那些认为国王拥有上帝权利的学说背道而驰,两者间存在着极深的裂痕,这部最初的作品并没有被广大的公众看到(直到 1650 年,他才将该书拆分出两篇论文,以残缺的、部分模糊不清的文本形式公开发表①)。《论公民》的命运与之不同,它从荷兰通达了世界,又因它是拉丁文版本,故而为整个学者共和国(Gelehrtenrepublik)②接纳。尽管我们从 1641 年版的"献辞"里仍然能看到《法的要素》一书的回响,即他对王权的支持,但这本书的真正内容则是对道德与自然法的奠基。因此在 1646 年版的"前言"(致读者的前言)里,要预先为《论公民》的主旨做一番澄清,避免让人觉得他的理论是要说公民应该更多地服从君主制国家,而非贵族制或民主制国家,即使他用了十章的篇幅,用了相

①   指霍布斯在 1650 年发表的《论人性》(*Human Nature*)和《论政治体》(*De Corpore Politico*)。

②   "学者共和国"是滕尼斯的特有概念,关于"学者共和国"以及对其中的通用语(拉丁语)的说明,参见 Ferdinand Tönnies, *Philosophische Terminologie in Psycholoische-Soziologischer Ansicht*, Leipzig: Verlag von Theodor Thomas, 1906。

36

当多的论据来说明君主制是更佳的国家形式（他承认，该书并没有证明这一点，只是给出了一个或然性的判断），他还是要一而再再而三地明确指出，无论哪种国家政体，都必须被授予最高的、同等的权力。

霍布斯做出这样尖锐的判断，很可能不光考虑到了自己祖国的共和主义者，也考虑到了荷兰的读者。当时，荷兰正迅猛发展，商业兴旺，科学、艺术高度繁荣，宗教自由，吸引了所有思想家的目光。共和制似乎成了解决一切难题的良药，尤其拿这一模式同君主制国家的现状做比较，就能很清楚看出它的优势，君主制国家饱经宗教战争的摧残，故而相对共和制，君主制更是不利的。如今，英国已转型成为共和制国家。对它而言，同荷兰的竞争，在克伦威尔的统治时代已发酵成当务之急的决断，作为政治思想家的霍布斯早已对此了然于心、充满兴致。如今保留下来的信件证明，他那时多么聚精会神地阅读着塞尔登的《海洋封闭论》（*Mare Clausum*）(23)，看塞尔登如何为英国对北海的主权辩护。1648 年，经《明斯特和约》，荷兰受到了国际的承认。① 霍布斯意识到，英国与荷兰处在势均力敌的位置，英国应该像荷兰那样变成科学思想汇聚的自由处所（Freistätte）。他感到自己受到召唤，他致力于思索的政治学说必须在自己的祖国，在这片自然的土壤里扎下根来。新的英国必然被塑造成一个完全理性的、世俗的、由市民组成的国家，为此他要去扫灭古老的有机论谬误；新的英国必然被提升为一个科学之光普照的国度，因而他要去摧毁黑

---

① 《明斯特和约》签订于 1648 年，西班牙国王菲利普四世正式承认荷兰为主权国家。《明斯特和约》被视为《威斯特伐利亚和约》的一部分，"三十年战争"和"八十年战争"结束的里程碑。获得独立之后，荷兰发展成为 17 世纪航海和贸易强国。

暗与迷信的王国。这样的思想和希望如此有力地攫住了我们的哲学家的心灵,他选择不顾自己和他人曾经的期许,中断哲学体系的写作进程。相反地,怀着燃烧着的热情,他全身心地投入神学与教会史的研究,确定了新作品的撰写计划。于是,他开始写《利维坦》,以自己祖国的语言,为自己的国民而创作这本书。

§7

【《利维坦》】《利维坦》是一部内容丰富的著作[24],它的第一部分以全新的、更广博的形态重现了《法的要素》;第二部分则持续地批判教会、教权制国家和法权学说、教会政治。他试图证明,以上所述的所有现象,还有基督教时代的一切宗教统治,都基于对《圣经》文本的错误解释,基于魔鬼学和其他异教的残余,基于空虚的哲学与神怪的传说,基于对理性的压制,它们是教皇和教士为了满足自身世俗利益的产物。霍布斯毫不隐瞒地说,他的全部论辩针对任何声称自我拥有权利的教会,针对罗马教廷。故而他的论述关系着英国的历史与现状。对亨利八世和伊丽莎白女王来说,赶走罪恶的鬼神并不是件难事:

> "这个罗马幽灵现在跑出去,在中国、日本①的瘠薄的无水之地上来往传道,但谁又能说他们将来不会回来,甚至带回一群比自己更恶的鬼来,进到这打扫干净的屋子里并住在这里,使这儿最后的境况比先前更不好呢? 因为现在不只是

------

① 对比霍布斯的《利维坦》原文,滕尼斯的翻译遗漏了"印度"。

罗马教会的教士声称上帝国在今世,并企图从中取得不同于世俗国家权力的另一种权力,而是大有人在。"(E. III. 700)①

霍布斯知道并且教导说,人因激情而行动,但激情往往令人产生错觉,让人以为看到了于己最有利的东西。然而与此同时,霍布斯并没有放弃推动人们去洞察他们的真正利益。这就需要规训与教育了,它们乃国家的事务。首先是国家必须认识到自己的真正利益,也就是说,它认识到自己不可分的、不受限制的、集于一身的主权这一本质,而霍布斯第一次从各个角度发展、说明了这个观点。任何学说的权威都依附于主权,然而直到现在,学说的权威是由教会决定的,教会"就像一个幽灵"来回飘动。从概念本身来说,国家和教会是一回事,必须由同一个不可分的意志来表现。为了声称自己就是教会,国家必须支配教学场所,支配"迄今仍然同人类和平背道而驰的种种意见的源泉",即大学。大学这个主题是霍布斯在《利维坦》以及后来的文本里反复修改的议题,他的规划是要让大学世俗化。在《利维坦》的结论部分(25),霍布斯直言不讳地推荐"一个基督教政治体的新学说",在此"人们不仅呼吁和平,而且呼吁真理"之际,他要把自己的学说提出来,"供那些尚在考虑的人参考",就像拿出新酒来装在新瓶中,两者便都具备了。总之,这本书并没有违背上帝的言辞,没有违背善良的伦理,也没有扰乱公共的安宁:

39

① 根据滕尼斯的德文翻译译出,参见霍布斯:《利维坦》,黎思复、黎廷弼译,杨昌裕校,商务印书馆 2014 年版,第 569 页。

　　"因之,我便认为,印行于世是有裨益的;大学方面可做
判断的人如果与鄙见相同,那么在大学中予以讲授就更有裨
益了。因为大学是政治与道德学说的源泉,传道士与有教养
的阶层(绅士[die Gentry])都从这里汲取自己所能找到的泉
水,并在讲坛上和谈话中把它洒在百姓身上。既然如此,我
们就应该特别小心使之洁净,不让它为异教政治家的毒素和
装神弄鬼的符咒所污染。通过这种方式使大多数人知道他
们的义务之后,就不至于那样被少数别有用心的人用作扩张
野心的工具危害国家了。同时也可以使他们对于那些和平
与防务所需的捐税,不至于那样牢骚不满。统治者本身也就
没有理由要靡费国币维持过大的军队,而只需足以保卫公众
自由,使之不受外敌侵犯与侵略就行了。"①

40　　《利维坦》的结论部分同样包含了霍布斯对其他政治事件的
讽刺。他批驳了王党分子企图颠覆现今共和制政府的阴谋,其批
判的猛烈程度,不亚于过去批驳君主制敌人颠覆王权的阴谋。一
些忠诚的骑士参与了暗杀的行动,他们杀死了共和国驻海牙和马
德里的使节②,并以此沾沾自喜。霍布斯也把矛头指向那些私人
的狂热分子,他警告大众提防这些混合着无知与激情的人。除此
之外,我们的哲学家要去对这样的问题做决断:"在什么时候臣民
对征服者负有义务?"他在当时印行的各种英文宣传册里都能看

---

　　① 根据滕尼斯的德文翻译译出,参见霍布斯:《利维坦》,黎思复、黎廷弼译,杨
昌裕校,商务印书馆2014年版,第579—580页。
　　② 指王党分子在海牙刺杀了伊萨克·德瑞斯拉斯(Issac Dorislaus),在马德
里刺杀了安东尼·阿斯克姆(Anthony Ascham)。

到这个问题。在他看来,当一个人有自由服从征服者时,如以明确的言辞或其他充分的表征(Zeichen),表示承认成为其臣民,这个时候就是他成为征服者的臣民之时。那么什么时候一个人有这样的自由呢?霍布斯认为,一个人对自己原来的主权者所担负的义务,如果只是一个普通臣民的义务的话,那么对于他来说,有自由服从的时候就是他的实存(Existenz)处于敌人的看守和武力范围以内的时候。因为这时他已经不再得到原有主权者的保护,只凭自己所交的税(Steuer)而受到敌人的保护,谁要是看到交税是不可避免而合法的(正像保王党中的地产占有者所做的那样,他们会尽力保持自己的占有权利),他就不再会把完全的臣服看作非法的……但一个人如果除开臣民的义务以外,还承担了一种士兵的义务,那么当原有的权力当局还在继续战斗,并在其军队或守备队中发放给养时,他就没有臣服于一个新的权力当局的自由。不过,当这一切也失去了的时候,一个士兵便可以向他感到最有希望的方面去寻得保护,并可以合法地臣服于一位新主人。

霍布斯明确表示,共和国通过征服而获得了既有的权利;谁要是享受着征服者的保护,并且没有其他表示,他就承认了自己 41 的臣服;同样的道理,如果一个人的祖国被征服时,他在外面,那么他回国以后,就必须服从这个政府。霍布斯后来称赞自己说(E. Ⅶ,336),他的书使将近 1000 位绅士选择坚定地、真心地服从当时的政府(共和国政府),在此之前,他们还犹疑不决。另一方面,霍布斯劝告当权者,不要再去索取比他们的必需物更多的东西;一个最有力的导致任一政治体死亡的因子,即征服者不但要求被征服者及其未来的行为服从于自己,而且要求被征服者赞同他们过去的一切行动。作为他的历史认识的一个例证,霍布斯补充说:"其实世界上根本没有什么政治体的开业创基,在良心上是过得去的。"最后,霍布斯没有隐瞒自己关于现实处境的清晰意识,正是立足于此,他才认识到自己是一位一以贯之的理论家。"在发生革命的国家里,由于那些推翻旧政府的人惹得民怨沸腾,而建立新政府的人老是被赶下台,我们在此提出的新学说就总无法从良好的情势里诞生。"①霍布斯非常清楚,他曾经提出的支持英国的绝对君主制的学说,现在必须为国民议会(National-Konvent)的绝对支配权服务,也就是支持所谓的"残缺议会"。如果说他提出了种种理由,表明君主制可能优于集会的政治体制的地方,那么他无非想说,主权的统一要比它的形式重要得多;如今,革命终结了过去在国王与各个等级间权力分配的模糊状况,就像1649年由议会确立的征服标语所言:"共和国乃整个英国的创制,而非国王与贵族议会的产物。"

§8

【控诉—失宠】既然已经公开地攻击一切宗教派别,霍布斯必然预料到了后果。他那时曾说,当开始要写些什么的时候,总要将一半的真实想法隐匿起来,这就像人们打开了一会儿窗户,但因恐惧即将到来的暴风雨而又迅速地关上了它。(26)很长时间以来,暴风雨的确令他害怕,这不光来自教会人士,而且还有一部分宫廷贵族,他们和主教们来往甚密,对霍布斯被聘为王子教师极

---

① 根据滕尼斯的德文翻译译出,参见霍布斯:《利维坦》,黎思复、黎廷弼译,杨昌裕校,商务印书馆2014年版,第580页。

尽挖苦之能事,越来越多反对霍布斯的人士凑到了一起。不过在这些人不在的时候,霍布斯还是会经常去流亡的王后①宫廷,会登门拜访约克公爵②,并且受到了他们的欢迎。《利维坦》这部伟大的著作出版后,愤怒的声浪愈发强烈,人们咒骂霍布斯为无神论者、叛徒、宗教和王室的敌人。

爱德华·海德③,即未来的克拉伦登伯爵,查理二世宫廷的第一任帝国大法官,著名的《叛乱史》(*History of the Rebellion*)一书的作者。他是霍布斯的同窗好友,也是追随威尔士王子一起流亡法国的人员,几年后,他这样描述当时的情形[27]:

> "那时我从西班牙返回巴黎(1650—1651年冬),霍布斯常常来我这里,跟我说他想取名为《利维坦》的书在英国行将付梓,每周他都能收到待修正的书页,他还为我展示了一两页的修正稿。他认为最多一个月本书就将问世,除此之外,他还给我看了他写给哥多尔芬先生④的信,他说希望将这封信放在新书的扉页[28],并且当着我的面读了它,最后跟我说,他料到如果我将来读《利维坦》,很可能会无法忍受,对此,他跟我提了一些结论。当我问他为什么想发表这样的学说时,他以一种半开玩笑半是认真的口吻说道:'真相就是我想回

---

①　指被斩首的英国国王查理一世的王后玛丽(1609—1669),玛丽也是法国国王亨利四世的女儿。

②　指威尔士王子的弟弟约克公爵。

③　爱德华·海德(Edward Hyde, 1609—1674):克拉伦登伯爵,1651—1667年为查理二世最信任的宫廷枢密官,1667年失宠,在流放中去世,代表作为《叛乱史》。

④　指悉尼·哥多尔芬(Sidney Godolphin, 1610—1643):王党分子、诗人,死于英国内战期间。霍布斯在《利维坦》的"献辞"和"结论"部分对他大加赞扬。

家.'这次会面之后,不久我去了佛兰德,大概不到一个月的
时间,就收到了从伦敦寄来的《利维坦》,我怀着强烈的渴望
与焦急感阅读着这本书。尚未读完,查尔斯·卡文迪什先生
(他是纽卡斯尔公爵的高贵的兄弟,当时在安特卫普生活。
他汇集了伟大人物的所有优点,尽管身体有所残缺,但无论
从其他哪方面看,他都称得上一个完美的人)向我展示了一
封来自霍布斯的信,霍布斯在其中表达了自己的心愿,希望
我反馈对《利维坦》的看法。因此我请求查尔斯先生,请他跟
霍布斯说,我一点都不惊讶,他对民众政府(bürgerliche Gou-
vernement)保有敬畏之心,他将一切所谓的智慧乃至宗教本
身都化解成纯粹的服从与屈服,但这本书出版之后,遵循欧
洲目前任何一个政府(无论君主制政府还是民主制政府)的
宪法来评判的话,他都必然会面临最严厉的刑罚。由查尔斯
先生转达的我的答复,并没有让霍布斯感到满意。后来我回
到巴黎的流亡王室,霍布斯已经向国王①呈献了一部由上等
牛皮纸包装的精美的《利维坦》副本,我猛烈地批判了这本
书。霍布斯感到我的批判越发在现实里得到证实,就在我到
达巴黎后的几天里,他觉得极其不自由,他发现司法部门正
在着手逮捕他,因而决定赶紧离开巴黎。不久他回到了英
国,在那里再也不用担惊受怕。"

克拉伦登的记叙值得我们重视,但并非完全可靠。霍布斯将
书呈献给国王,而国王又对他的想法明确表示拒绝,这种可能性

_____

① 当时查理二世还未加冕登基。

根本无法成立。说到底,怀着党派意见的历史学家(按:指克拉伦登)不会轻易地相信真实的情形。很可能我们的哲学家已经谈到了他这样做的理由[29],事实上,对于霍布斯逃离巴黎,其决定性的原因正像他 11 年前离开祖国一样,乃是他明确地处于被宫廷封杀的境地。在伍斯特(Worcester)的战役(1651 年 9 月 3 日)失败后,"苏格兰国王"(当时威尔士王子被这样称呼)艰难地返回法国,10 月底左右到达巴黎。霍布斯认为自己有义务申请拜谒国王,但他的请求遭到拒绝,此后不久,他的赞助人奥蒙德(Ormond)侯爵告诉他,他如今被王党分子严正控诉为不忠者、亵渎上帝者。霍布斯后来指出(V. c. e. L. I, XCIII),他没有权利抱怨国王,"因为国王将信仰赠予他的人民,而这一信仰又是他父亲早先赠予他的"。这是多么苦涩的反讽之辞,它多少揭示了那些尊贵者的隐秘想法。

　　关于促成霍布斯命运转折的整体氛围,我们通过一些信件的表述能生动地予以呈现。它们收录于卡姆登协会①出版的尼古拉斯文献(*Nicholas Papers*)(伦敦,1886 年,第 284 页及以下)里。爱德华·尼古拉斯②是一位积极的王党分子,当时在海牙经营复辟事业,他在给爱德华·海德先生的信里(1652 年 1 月 11 日)写道:

　　　　"所有忠于君主制的真诚之人都很高兴地看到,国王最后从他的宫廷里赶走了无神论者之父霍布斯先生。正像人

---

　　①　卡姆登协会(Camden Society)是 1838 年在英国伦敦成立的一家出版集团,主要业务是出版历史文献,包括未出版的手稿和珍稀书籍的重印本。

　　②　爱德华·尼古拉斯(Edward Nicholas, 1593—1669):英国官员、政治人士,曾担任查理一世和查理二世宫廷的大臣。

们所说的,他让皇后的整个宫廷以及约克公爵家里的许多人士沦为无神论者,假如我们继续容忍他,那么他将最大限度地毒害国王的宫廷。"

在随后的一封信里(1 月 18 日),他又写道:

"我听说,佩尔西勋爵(Lord Percy)很积极地参与了驱逐霍布斯的行动,有人说您和其他主教是这次驱逐行动的源头。不过我也听说,瓦特·蒙塔古(Wat Montagu)与其他教父(他们使所有真正的新教徒感到耻辱)才是驱逐这位大无神论者的引领人士。无论如何,我应该告诉您,一些人认为奥蒙德侯爵是一个很不可靠的人,他把国王所下的将霍布斯从宫廷驱逐的命令,通知给霍布斯本人。我并不相信这一说法是真的,但许多人都对此坚信不疑。"

一位伦敦的王党分子早在 1646 年就写信控诉过霍布斯:"有人'希望'让一位无神论者陪伴在威尔士王子身边,做王子的老师,这简直是一个糟糕的选择。"他后来又说:"如果国王查理一世(当时他还活着)不希望让无辜的王子和自己一道毁灭,那么他应该立刻使王子搬离法国;或者,如果国王做不到这一点的话,那么他至少应该把托马斯·霍布斯和那些败坏的人从王子的圈子里赶走,只保留品行最好的人士在王子身边服务。"(30)

§9

【染上新病—离开巴黎】霍布斯是否因在乎自己被贫乏的宫

廷重视,故而迫使自己和一群被祖国驱逐的、败落的宗教人士为伍呢?[31]我对此表示怀疑。作为"流亡的国王"的依附者,他曾享受着王党分子的保护,然而他的失宠令他丧失了庇护之所。与此同时,他还不是新生的共和国的公民,无论面对两者中的哪一方,他都面临着人身危险。我们尚不能确定真实的情形是否像克拉伦登所报道的,法国的司法部门已经准备逮捕霍布斯,如果这一说法成立,那么应当是霍布斯的同胞们说服凡尔赛宫,发布了通缉令。但无论如何,我们可以确定,由于《利维坦》里充斥着猛烈攻击罗马教会的言论,故而那些手握权力的教会人士的敌意与复仇的冲动都指向了霍布斯,他如今孑然一身,必然对此感到恐惧。相较于教会人士,更可怕的想必是他曾经的那些朋友,因为在他们当中弥漫着狂热的情绪。《利维坦》这部英文著作并没有立马激怒法国人,他们可能更倾向于将异端交给流亡宫廷来处置。霍布斯多次指出,他不再信任法国教士,更不会把自己的人身安全交到这些他从一开始就蔑视的人手中(V. L. I, XVII,对比 E. IV. 415)。他深深地回忆起了过去的一些念头,正像他在诗体自传里写到的,他想起了"弑君者"德瑞斯拉斯与阿斯克姆的命运(这两位即被王党分子谋杀的共和国使节),他此时就像一位被驱逐者,活在恐惧与惊骇当中。[32]

§ 10[①]

对已经 64 岁的老者来说,这样的处境是难以忍受的,霍布斯的

---

　　① 或许因为疏漏,原书目录没有本节以及本小节的小标题,但这一小节的内容仍然延续了第 9 小节,可以视作和第 9 小节共享一个小标题。

健康状态迅速恶化。就在不久前,他染上了胃病,并接受了著名的盖伊·帕丁①医生的治疗,帕丁在一封信里描述说[33]:他遇到了不幸的《论公民》的作者,此刻正遭受着痛苦的折磨,甚至想结束自己的生命。"他是一位斯多葛派的哲学家,是一位忧郁的英国人。"一开始,霍布斯拒绝放血治疗,"尽管他的确需要这样的治疗方案",但他以年岁太大为借口否决了。不过第二天,医生还是帮忙给病人放了血,"这大大地缓解了病痛"。霍布斯此后为自己辩解说,他之前没想到一个人在这么大岁数时,还能流出这么多败坏的血液;"在此之后,我们成了同志和要好的朋友"。哲学家向帕丁许诺:"如果自己回到英国,一定寄给他美好的礼物。"帕丁在这段记录的最后写道:"只要哲学家能平安健康地回到故乡,他就不再期许任何报酬。"

很可能霍布斯希望在巴黎度过冬天,但因为失宠,他决定加快回国的进程。当他还在巴黎时,路易十四正进入成年期,这位15岁的小伙子在光辉耀眼的骑兵团护卫下步入议会大厅(1651年9月14日)。当时霍布斯的一位同乡,伊夫林②先生正拜访毗邻圣米歇尔大桥(Pont St. Michel)的霍布斯的寓所,他们一同在窗边观看了这部壮观的行进礼。[34]在这里,一颗新星冉冉升起,对岸的故乡如何呢? 是不是也能期待朝霞的来临呢? 9月16日,从抗击查理·斯图亚特的战场得胜而回的克伦威尔掌控了议会,同一天,自1649年7月以来一直拖延的大赦法案再次被批准通过,宣布1650年2月起生效。整个冬天,当时充当着自由思想的受难者角色的霍布斯因被排挤,走上了回国之路,这离家的11年,

①　盖伊·帕丁(Gui Patin, 1601—1672):法国医生,巴黎医学院权威。
②　指约翰·伊夫林(John Evelyn, 1620—1706):英国作家,著名的日记作家。

先后经历了内战与无政府状态的祖国一定满目疮痍。而这归咎于谁呢？在霍布斯看来，这要归咎于神学家的统治欲(Herrschsucht)和他们煽起的冲突：

> "干寒的天气，大雪皑皑，我，一个垂垂老者，迎着刺骨的寒风，骑着性烈的马匹，步履艰难地行进在坑洼不平的道路上。我如此地到达伦敦，但世界之大，何处是我的安居之所呢？要回到故乡，我就必须与国务委员会和解(也就是向它表示我的臣服)，此后，我将隐退，去享受最平和的生活，像我曾经希望的那样，全身心地投入研究事业。"(V. c. e.)

第三节　在共和国里生活(1652—1660)

§1

【克伦威尔时代的个人地位】回到祖国后的霍布斯，注定要去经历国家翻天覆地的巨变命运，见证奥利弗·克伦威尔独裁统治的兴衰。在此之后，为了摆脱困局，一位亲王①被召回国，掌握统治权。没有人像霍布斯那样清楚地看到，这位亲王的性格和他的身份那样格格不入。霍布斯细心观察着这些引人注目的事件，它们对他产生了非常大的影响，尤其是那些他在《比希莫特》(Behe-moth)里着重叙述的内容。除此之外，还有他的自传的证词，以及

---

① 指前文提到的威尔士王子，回国后成为查理二世。

一部分论辩文章涉及的事情,这些都是不安时代诱发他思考的缘由。在霍布斯到达伦敦之前,"残缺议会"已经投票通过了各教派的良知自由(Gewissensfreiheit)的法案,"也就是说,他们拔掉了长老派(Presbyterianismus)①这根毒刺。长老派致力于向人民灌输奇怪的意见,这些意见虽无关信仰,却有助于增强长老派教士的权力"。霍布斯写下这段话时,明白无疑地带着赞许清教徒与独立派②的态度[35]。

在他看来,当时英国的教会体制相对而言是最好的,他已经在《利维坦》里提到,根据综合(Synthese)的原则,教皇最终必然占有绝对的权力。如今的解决办法便是反其道而行之,根据分析(Analyse)的原则,用"拆结"的办法来清除道路。在英国,首先是剥夺教皇的权力,随后通过长老派推翻主教,最后瓦解长老派的专制。

"于是我们便又回归原始基督教徒的独立状态,每一个人都可以随自己的心愿跟随保罗、矶法或亚波罗。这种情形如果没有竞争同时又不根据我们对教士的个人感情来衡量基督的教诲……也许是最好的方式。因为 1. 除开上帝的话语本身,应该没有任何权力凌驾于人们的良知之上;2. 有人教导旁人说,每一个小错里都存在着极大的危险,于是便要

① 长老派是英国清教运动中的一派,该派反对英国国教的主教制,提出以选举产生的长老来取代国王任命的主教,由长老组成宗教会议,管理教会。

② 独立派(Independenten)是英国清教革命中的一个派别,产生于 16 世纪末,该派主张教徒独立体会上帝的意旨,教堂各自独立,由全体教徒直接管理。各教堂之间只有联合关系,没有隶属关系。

求有理性的人去服从另一个人的意见，或服从其他多数人的意见，这是不合理性的，其情形并不好过用掷扑克看'人头还是数字'的方式评判灵魂是否得救。"他进一步补充说："这些教士们失去自古传下的权力时也不应该感到不高兴……因为保持权力要依靠取得权力的同一类美德。"（E. III，第 695 页及以下诸页）①

他公开地承认（就像我们上面引述的文字所呈现的），他本人视良知自由为善行。不止如此，似乎目前统治英国的党派也一再向他表示了敬重之意。我们已经提到过的尼古拉斯先生，在 1652 年 2 月致信伦敦的通信伙伴(36)，说道："霍布斯先生在伦敦很受宠，因为他通过他的作品证明了叛逆者的武力行动是理性的、合法的。"实际上，早在《利维坦》出版前，克伦威尔的新闻代言人马扎蒙特·尼德汉姆②（可以说他是战地记者这一行业的早期典范，同样，他后来忠诚地为战后政府服务）就在《政治信使报》（*Mercurius Politicus*）③上刊登过《法的要素》的摘录，把它当作真正的政治理论。(37)就连克伦威尔本人致信爱丁堡城堡的统治者，谈及教会与国家的关系，反驳长老派权力时，其言辞也反映出他仿佛读过霍布斯：

---

①　根据滕尼斯的德文翻译译出，参考霍布斯：《利维坦》，黎思复、黎廷弼译，杨昌裕校，商务印书馆 2014 年版，第 566—567 页。
②　马扎蒙特·尼德汉姆（Marchamont Needham，1620—1678）：英国记者、出版人。
③　《政治信使报》是英国历史上一份著名的周刊，创办于 1650 年，直到 1660 年英国王政复辟停刊，主编为马扎蒙特·尼德汉姆。该杂志在政治态度上拥护共和制政府，在发行的十年间垄断了整个英国的报刊业。

　　"无须惊讶,他们(按:指长老派)总以权威的、严苛的方式
评判别人。但我们并没有掌握基督的教诲,因而我们将教士看
作帮手,而不是上帝子民的统治者。我呼吁他们的良知,当任何
人去检验他们的学说,甚至持不同意见的时候,他们能否停止诉
诸审查,避免将这些人恶意判定为宗派人士? 英国的教士有传
播福音的自由,但这绝对不能成为诽谤的借口,不能根据他们的
心愿凌驾于公民的权力之上,或者说败坏公民的权力……"[38]

　　据说克伦威尔有意愿之后让霍布斯担任国务秘书的职务,不过
这一消息对内并无可能,对外则无充分的证据能证实。[39]但无论如
何,霍布斯如今享受着被庇护的权益,当他想起一切权力如何从军
队转到一个人手里,他就更能理解这种权益:"我曾致力于用笔来捍
卫王权,那么我现在有何理由苛责这么一位追求王权的人(按:指
克伦威尔)呢? 每个人都有描绘对他而言善的事物的自由,如果
他满足于按照本国的伦理秩序来生活的话。"(V. c. e. L. I, XCIV)
　　在这里,公民的自由被提升到伦理的高度,也正由于《利维
50 坦》的反教会特征,霍布斯强调公民的自由,既和英国的主教无关
也和教会无关,"每个人都按照自己的心意写作"。

§2

　　【友谊】霍布斯在伦敦度过了 1652 年,周边的环境令他感到
愉快,尽管此前长途跋涉的劳累加剧了胃部的疼痛,给他的惬意
感打上折扣。他注意到,自从 1640 年离开英国后,伦敦迅速发展
为一个大都市,人口数量及居民的精神生活品质都有了较高的提

升。如果说他此前同优秀学者们的交往,仅仅在贵族的乡村庄园里展开,那么现今则是城市取代庄园为其提供了新的交往平台。霍布斯很快就和威廉·哈维成为朋友,后者此刻的名声正达到顶峰,除此之外,霍布斯在伦敦的朋友还包括著名的法学家、博学者约翰·塞尔登。哈维曾是两任英国国王以及培根大法官的医生,"他非常敬重培根的才智与风采,但他不承认培根是一位伟大的哲学家";他常常打趣地说,培根做哲学思考的时候就像一位帝国大法官(Aubrey Lives)。相反,哈维无疑对霍布斯的哲学有很高评价,当时的风尚可证明这一点。比如说,哈维在写遗嘱时就考虑到了自己的朋友(他给霍布斯 10 英镑的遗赠)。[40] 霍布斯的朋友圈子主要由医生组成,这些人都是伦敦医师学院(College of Physicians)[①]的成员。斯卡伯勒[②]医生(他当时还享有"数学家"的名誉)之家成了他们往来的聚集点。除了医生,一位名叫亚伯拉罕·考利[③]的诗人也是霍布斯的狂热崇拜者,他遵照当时的审美趣味,写下一篇华丽的、品达式的赞美霍布斯的颂诗。[41] 在法学家群体中,除了塞尔登,另一位著名的法学家约翰·沃恩[④]也和霍布斯走得很近。

§3

【大学改革】1653 年,霍布斯很愉快地接受了早年学生德文郡

---

① "医师学院"全称"皇家医师学院",1518 年由亨利八世创立于伦敦,是英国最古老的医学研究机构。

② 查理·斯卡伯勒(Charles Scarborough, 1615—1694):英国生理学家、数学家,威廉·哈维的门生。

③ 亚伯拉罕·考利(Abraham Cowley, 1618—1667):英国诗人。

④ 约翰·沃恩(John Vaughan, 1603—1674):英国法官、法学家。

伯爵的邀请,迁居伯爵在其拉特默斯(Latimers)庄园为他安置的
住宅,他得以在此从事自己的研究。1642 年,德文郡伯爵签署了
51 约克声明,表示臣服于议会的统治,几年后,伯爵在他母亲的命令
下,从法国返回故土。他的母亲之所以如此命令他,是因为她不
愿意看到富裕的家族财产无人打理而一点点败落下去。德文郡
伯爵似乎和大多数高贵的贵族不同,他并非"消极地服从"新的政
权,而是遵循着他导师的教诲,充分承认新政权的合法性。毕竟
他姐姐的儿子是罗伯特·里奇勋爵(Lord Robert Rich),而勋爵
又娶了克伦威尔最小的女儿。在接下来的几年里,伯爵仿佛有意
远离首都,而霍布斯常常在首都度过春夏时光。一方面,尽管他可
能仍然和王党分子有联系,但时刻小心翼翼地和他们的阴谋划清界
限[42];另一方面,当后来指控他的声音响起来时,他在一篇为自己
的声名做辩护的文章(他去世后收录在 E. IV,416)里自我赞美说,
他既没有向奥利弗,也没有向奥利弗的党派求得舒适之所。无论回
国前还是回国后,他都绝没相信过奥利弗麾下的任何人,从来没有
从他们那里获得任何好处。不过无论如何,霍布斯积极参与克伦
威尔政权的活动,为他赢得了一个机会,让其思想付诸实践,这就
是大学改革。众所周知,克伦威尔当时考虑在英格兰北部建立一
所新的大学。霍布斯认为变革大学,将大学从旧式体制里解放出
来,即便不是一件重要的事,也是目前容易上手去做的事。1653
年,霍布斯通过他的朋友、博学的医生亨利·斯塔贝①参与了牛津

---

① 亨利·斯塔贝(Henry Stubbe,1632—1676):英国医生、学者,按照安东
尼·伍德的说法,斯塔贝是他们那个时代最好的拉丁语和希腊语学者。

大学的辩论活动。[43] 第一位攻击大学者是威廉·戴尔①，他还引用了《利维坦》里的论据及其独特的表达。[44] 当韦伯斯特②的《学院审查》(Academiarum Examen)激起天文学家赛特·沃德③写作辩护文《为学院辩护》(Vindiciae Academiarum, 1654)，沃德这位好辩者并没有忘记在一篇附录里将戴尔与霍布斯归到一处，在他看来，霍布斯明显是主导批判大学的阵营里的幕后人士。这段时期，霍布斯还介入了其他争论。

52

§4

【《论物体》—论辩文】1655年，霍布斯哲学体系的第一部分《论物体》终于在伦敦出版，该书包含了他的逻辑学、第一哲学与自然哲学。在给德文郡伯爵的献辞里，霍布斯多处提到了神学引发了无穷无尽的战争。他把神学比作阿里斯托芬笔下的恩浦萨(Empusa)，恩浦萨是一个鬼魂，一条腿由黄铜制成，另一条腿则是驴腿，且不断变换着身型。如果说神学也有双腿的话，那么稳固的一条是《圣经》，而腐烂的一条是神学的形而上学。

似乎霍布斯并未因为《论物体》的出版而遇到更多挑战：

"因为《利维坦》，我成了所有教会人士的敌人。无论哪

---

① 威廉·戴尔(William Dell, 1607—1669)：英国教士，剑桥大学冈维尔与凯乌斯学院(Gonville and Caius College)的院长，极端的议会派人士。

② 约翰·韦伯斯特(John Webster, 1610—1682)：英国教士、物理学家与化学家。

③ 赛特·沃德(Seth Ward, 1617—1689)：英国数学家、天文学家，索尔斯伯里主教。

个神学阵营,都把我视作可恨之人……一开始,他们写了很多诽谤文,攻击《利维坦》,不过他们的攻击越甚嚣尘上,读《利维坦》的人就越多。从那时起,它变得更强壮了,我希望,它永远坚强有力地抵抗一切攻击。"(V. c. e. L. I,XCIV)

但事实上,随着中伤之辞不断翻新,霍布斯陷入了持续的愤怒情绪当中:

> "在此期间,《论物体》里的学说几乎诅咒了一切学者和宗教人士,相反,它褒奖高贵之人和有学问的俗人(Laien)……对《论物体》报以友好态度者和敌视态度者各占一半,前者认为它不应被抑制,后者则认为它不应被抬举。"(V. L. I,XVII)

从这些话里,我们可以推论出:对霍布斯来说,具有高贵地位与丰厚财富之人是合乎他期望的读者。也许只有总和他的心灵贴近的理想读者,才应当讲授他的哲学。

然而在他的许多朋友看来,有一种争论逐渐朝着不利于他的方向展开。这一争论关乎数学的原则性问题,从那时直到霍布斯去世,始终没有停止。争论的双方是霍布斯与牛津大学教授约翰·沃利斯[①],在当时,沃利斯作为数学家闻名于世,他们的辩论又直接关系着大学改革问题。沃利斯与沃德结成了同盟。沃利斯乃长老会派成员,他集中于攻击这位令人畏惧的对手的最薄弱环节,

---

① 约翰·沃利斯(John Wallis,1616—1703):英国数学家,英国皇家学会的创始人之一,他在1655年发表著作《无穷算术》,其中阐述的代数学与无穷级数,推动了牛顿创立微积分和二项式定理。

即几何学[45]；沃德则放胆向霍布斯的哲学基础开火[46]；沃利斯和沃德的书都出版于 1656 年初。在同一年，《论物体》的英文译本问世，其中修改了若干讨论数学的章节，附录部分收录了《给数学教授上的六堂课》，霍布斯激烈地为自己辩护，批评沃利斯将代数学运用于几何，而沃利斯的突出贡献正在于此。在当时的一封信里[47]，霍布斯解释道，他之所以同沃利斯论战，是因为沃利斯充当了英国整个教士阶层的代表；同样，与其说他将矛头对准沃德只不过是对准一个对手，不如说对准的是大学的代言人（Vindex）。他们的争论极其引人注目，因为它肇始于克伦威尔统治的繁荣期。霍布斯为自己辩护，实际上是在推介他在《利维坦》里谈到过的大学理念，即现今的大学无非"教士的戏台和作坊"。他并不希望将大学视作一个结合体（Korporation）①，而是视作一批独立的人，他们知道要把教会的权威从共和国里分离出去：

> "正如您呼吁的那样，我建议的并非要在大学讲授我的《利维坦》，而是从根本上建立一个新的、由俗人组成的大学。在其中，俗人应当学习物理学、数学、道德哲学与政治学，教士如今怎么能独霸大学，只讲授关于上帝的腐朽思想呢？我们目前要做的，就是在避免巨大代价的前提下，尽可能做一些有用的事情，改善人类的教育。对此，我认为只需要一栋屋子，再配备若干教授即可。为了让教学活动更好地进行，来此的不能是那些被家长送来的学生，即那些想在今后为生

54

---

① 滕尼斯使用的 Korporation 一词，也指 19 世纪德国大学的学生联合会，这里似乎在用这个意向同霍布斯的大学观做比较。

计而从事某一特定行当的人。大学的大门只为具有高贵天赋的人敞开,他们有支配自己时间的自由,他们只爱真理,为真理而学习。"

此处极其明确地显示,霍布斯的思想和克伦威尔的计划多么切近。后来,他进一步引证说,几何学的发展,与其说归功于大学,不如说归功于格雷欣学院①(48),或者说应当归功于在伦敦、巴黎以及其他地方从事研究的个人,他们既没有任教也没有受教于任何大学(49)。

§5

【同布兰哈尔主教的争论—《论人》】在同一年,我们的主人公同布兰哈尔主教的争论文也问世了。其实霍布斯并不希望他撰写的"论意志自由"的文章公开发表,因为他认为这对无知之人不利,或者说这会被无知之人误用。在此之前,纽卡斯尔侯爵曾邀请双方来自己庄园,展开口头论辩,②并把各自的论据草拟出来。在侯爵的请求下,霍布斯只是向这位高贵的主人表达了自己的意愿,即侯爵自己保留这篇短文,不要公开。然而事与愿违,这篇文献的副本广为流传,一位名叫约翰·戴维斯(John Davies)的青年,为了强化自己批判教士的文章的激烈程度,冒冒失失地将霍布斯和布兰哈尔的论辩文公之于众(1654)。这导致布兰哈尔主

①　格雷欣学院(Gresham College)由英国金融家托马斯·格雷欣(Thomas Gresham)创建于1597年,它坐落在伦敦中心地区,学院并不招收学生、授予学位,而是致力于举办学者讲座,提供学者间交流的平台。

②　参见本书上一节§4。

教又撰写了一篇内容丰富的答复,为了反驳答复,霍布斯又进一步做出了回应。最后,他们争执的所有材料都汇集在一起出版了,霍布斯希望呈交给无偏见的读者来评判(E. V.)。除此之外,霍布斯哲学体系的第二部《论人》于 1658 年出版,尽管该书的绝大部分内容已在 1649 年付梓。①　这位 70 岁的老人希望就此封笔,"然而当我看到那些从事科学研究者的行径时,便选择决然放弃自己的念想,还要紧握手中的笔,与之抗争"(《论人》"献辞")。《哲学要素》的这一部分并没有招致什么攻击。事实上,这个部分的绝大多数内容都是推迟发表的,而且他写作这个部分,总处在持续中断的状况里。《论物体》的情形一样,当他还在巴黎之时,他的朋友们为他着想,就常常劝说他尽快完成《论物体》。

这段时间里,霍布斯还撰写了一篇共 1123 行的讽刺作品《教会史》(*Historia ecclesiastica*),汇集了他对教士的谴责。在他去世后,历史学家、《条约》(*Foedera*)的编者托马斯·莱默②编辑出版了这篇文献(L. V. ,341-408)。莱默在前言里高度赞扬了霍布斯,称他从来没有宣誓服从于任何学派、教派、党派以及某位导师。

§6

【通信往来】这段时间里,同尚在人间的法国旧友们的通信往来,于霍布斯而言乃人生乐事。他的声名早已在海峡对岸广为流

---

①　指 1650 年出版的《论人性》。
②　托马斯·莱默(Thomas Rymer, 1643—1713):英国历史学家、古物学家。他最大的贡献是编撰出版了 16 卷的《条约》,其中收录了到他那个时代为止的英格兰王室与其他国家签订的所有条约的文本。

传,对此,他常常流露出自豪之情,现今保留下来的信件⁽⁵⁰⁾证明了这一点。一位名叫杜·普拉特(Abraham du Prat)的数学家写信给他,向他致以伽桑狄的最后祝福(1655 年 10 月 4 日):"伽桑狄先生谦卑地亲吻您的手,他已经病了 43 天了。"伽桑狄于 10 月 24 日离开人世⁽⁵¹⁾,在此之前,霍布斯已经成为他思想的主宰,没有任何一位古代或近代的哲学家能像霍布斯那般占领他的心灵;普拉特提到自己与马特(Thomas de Martel)(另一位数学家)、索比埃尔谈起快乐与痛苦的本质及原因,但最终,他向霍布斯承认,这样的谜团不是像他这样的一位大卫能解决的,而是需要"如您"这样的一位俄狄浦斯来解决。① 另外一封信(1656 年 11 月)报道说,霍布斯去世的谣言引起了整个巴黎的骚动。不过,霍布斯最忠实、最狂热的追随者,要数我们之前提到过的弗朗索瓦·德·凡尔都。② 很可惜,此人之后寄来的信件,越来越显示出得了迫害妄想症的痕迹。不止他一人,霍布斯在 1647 年也曾中过妄想症的毒,因为他那时坚信自己不久将告别人世,他写下的文字和手稿似乎也留在了法国,长久以来它们湮没无闻,直到今天重见天日。"长寿意味着活过更多苦难",这想必是霍布斯在生命的最后③时期痛苦地体会出的内容。在他得知又一位法国朋友离世时,他致信索比埃尔说⁽⁵²⁾:

----

① 这句谚语出自罗马剧作家泰伦斯《安德罗斯妇人》(*Andria*)的第 194 行 "Davus suum,non oedipus",意为:"我是大卫,一个普通的家伙,不是能像俄狄浦斯那样一位能解答谜语的人。"

② 参见本书上一节§3。

③ 指 1660 年前后。

"因为命运的必然性让一切事物都通向死亡,所以我们不必为某个人之死而长久悲怀,否则我们就没有多少时间来哀悼更多的人了。尤其当我们高龄时,曾经拥有的最美好的东西纷纷离去,几乎已成我们的日常遭遇。"

第三章　老年与收获期(1660—1679)

§1

【复辟与宫廷】克伦威尔的强力统治格局土崩瓦解后,共和国及其庇护的政权也走到了终点,这无疑是一场巨大的政治幻灭,支持斯图亚特王朝的党徒随即攫取了权力。霍布斯和他的赞助人德文郡伯爵迁居伦敦(V. a. L. I, XXXIX)①,居住在伯爵夫人的双亲家里。他亲眼见到国王进入伦敦(1660 年 5 月 25 日),当时这位老迈的哲学家站在大门口,曾经跟随他学习过几何学的复辟国王经过时看到了他。国王摘下帽子,友好地走近他,伸出一只手让他亲吻,国王还询问了他的健康状况以及其他的一些情况。几天后,国王吩咐他来宫廷,委托杰出的画师塞缪尔·库珀②给他画像,并把霍布斯的画像悬挂在自己的私人居室,视之如同珍宝。对此,同情教会的人士对国王不乏怨言。国王还许诺给年迈的哲学家 100 英镑的年金,但就在要兑现的时候,可恶的财政大臣把此事搅黄了。众所周知,查理二世是一位极有人格魅力的统治者,他也对科学充满了好奇心,故而丝毫不用惊奇,他从霍布斯天

---

① V. a 指霍布斯的散文体增补自传(*Vitae auctarium*),由莫勒斯沃斯收录于《霍布斯拉丁文著作集》第 1 卷,下文按照这一简写规则处理。

② 塞缪尔·库珀(Samuel Cooper, 1609—1672):英国画家,擅长绘制人像。

然的人性本色,从其善于讽刺的机智和广博的学识那儿获得了许多快乐。索比埃尔于 1662 年来到伦敦,进入国王的宫廷。[53]国王曾拿索比埃尔同霍布斯做比较,相较之下,霍布斯就像一只大熊,包括索比埃尔在内的其他人就像被训练出来的哈巴狗。那时,因同宫廷的紧密联系,哲学家本人的名气似乎超过了他的著作的名气;"他在宫廷有许许多多的门徒",海德如是说。毫无疑问,自由思想和放荡不羁的品质在他们身上合而为一,这些具有敏锐判断力的人,通常又被视作恶劣的、偏执的卑鄙者。不过,自由思想的品质已然同"霍布斯"这个名字分不开了,直到今天,英国人仍然称霍布斯为"我们国家的无神论之父"。当他们这么叫他时,他一定感到极其厌烦。而他的敌人们从来都没忘记,把所谓自由思想和放荡不羁等同起来,认为两者间存在着明确的因果关系:"这个人是位浪荡子。""当然啰,因为他是个霍布斯主义者。"就此而言,他们利用了一个知名的例子来做证明,信奉霍布斯学说的既才华出众又放荡不羁的罗彻斯特伯爵①年轻时就去世了。更令人不快的例子发生在剑桥(1669),在那里,一位素有恶名的学生(可能他受到了煽动)号称要为霍布斯的著作辩护。此后,他的辩护文被全体学术评审推翻,不仅如此,他还公开承认,自己败坏的生活作风归咎为霍布斯的哲学原则。对于这幕喜剧,我们值得尊敬的哲学家表达了合理的愤慨之情。[54]

§2

【疏远国王】霍布斯并非一位严格的王党分子,也就是说,他

---

① 罗彻斯特伯爵(Earl of Rochester),原名约翰·威尔默特(John Wilmot, 1647—1680):英国诗人,查理二世宫廷侍臣,以放荡风格的诗作闻名于世。

并没有把崇拜国王的人格当作自己的义务。对于国王的父亲查
理一世，他时不时地会表达赞美；但对于国王也即自己的学生，他
从来不置赞美之辞。霍布斯平时自由地出入宫廷，然而每当议会
召开时，他常常会和德文郡伯爵来到伦敦，对他而言，宫廷授予的
荣誉似乎并不值得骄傲。他一再坚持，要在国王的自然权威与政
治权威之间做出区分。布兰哈尔主教煽动大众相信：霍布斯曾宣
称，当国王命令一位裁缝做衣服，但这位裁缝没有按照国王的要
求去做，或者因为疏忽而出现失误，国王将他吊死是无可非议的。
对此，霍布斯称布兰哈尔主教有意诽谤他。他质问道："难道我谄
媚君主吗？""那么我为何并不富有呢？"他似乎在此暗示，相比他
所分得的，他本可以获得更多的利益。但我们应当指出，那些为
自己所信仰的霍布斯主义而沾沾自喜的朝臣，和那些不知疲倦地
谴责其为异端的、"无神论"学说的宫廷牧师没有任何区别，他们
于霍布斯而言皆为可憎之人。我们有明确的证据，证明当时在轻
浮的国王及其侍从的庇护下，剧院上演的节目越来越肤浅，而这
位真诚的长者尖锐地、毫不留情地予以了批评。1661 年 2 月 9
日[1]，霍布斯写信给一位尊贵的夫人，因为不久前这位夫人完成了
一部著作并寄送给他，而他在其中发现了对美德和荣誉概念的真
切阐释，所以写信表达赞美之意：

59

"如果一些喜剧作家经过同坏人的交往，能够在一方映
衬着滑稽而又粗俗背景的舞台之上，呈现人间的种种恶行，

---

① "尊贵的夫人"指上文提到过的，威廉·纽卡斯尔的第二任妻子玛格丽特·
卡文迪什，对应的信件，参见 Thomas Hobbes, *The Correspondence of Thomas
Hobbes*, Vol. II, edited by Noel Malcolm, Oxford: Clarendon Press, 1994, p. 542。

由此将乌合之众吸引过来,故而我将此视作您的荣誉。① 因为淫邪的观众最爱看的莫过于一场精致的骗局,相反,一个从小就有美德的高尚的、正派的心灵,从来就不会寻求这样的知识。"(55)

§3

【新的论辩文—《比希莫特》—翻译《荷马史诗》】在生前的最后十年,霍布斯从没摆脱过愤怒和忧虑的情绪。我们并不完全明了,为何他没加入拥有特权的皇家学会。毕竟按照皇家学会的办会原则,它作为科学机构是独立于大学的(复辟以后,大学再度染上了教会的色彩),本应完全受霍布斯的好感。然而沃利斯和他的朋友们的势力太大(56),反对霍布斯的人当中,还有杰出的罗伯特·波义耳②,他和霍布斯围绕空气泵实验展开了激烈的争执。霍布斯素来不满于实验的方法,而是要求科学家沿着伽利略开辟的道路前进,采纳运动理论,或者将运动理论置于科学研究的更重要的地位,就像他(霍布斯)本人那样写作《论物体》,推进运动理论的研究。尽管他在学会有很多朋友,但按照他的看法,没有人积极地为他争取入会的机会。而他和沃利斯的争执变得越发苦涩,甚至蜕变成人身攻击。沃利斯责骂他写作《利维坦》是为了支持克伦威尔,面对直接的指控,霍布斯在 1662 年撰写了《七个

---

① 这句话是赞扬玛格丽特和那些喜剧作者不同,她是具有美德的高尚者。

② 罗伯特·波义耳(Robert Boyle, 1627—1691):英国自然哲学家、化学家、物理学家、发明家,代表作为《怀疑派化学家》(1661)。

哲学(物理学)问题》的"献辞",将本书献给国王。在献辞里,他呼吁国王的宽恕,并且提出了独特的申辩话语:当国王的敌人亮出武器时,他也将拿起双刃剑与他们斗争。同年,他为了对抗非难者,写了《对托马斯·霍布斯的名声、忠诚、品行、信仰的考察》。本书可以说极有力度地清算了沃利斯的罪责,它指明沃利斯在内战时期为议会派详细解读查理一世的信函,乃至为此洋洋自得的行为。[57]不过教会党仍然控制着下议院。此后,1665 年,瘟疫以及随之而来的大火灾席卷伦敦,让这座城市化为废墟,教会人士认为"无神论和邪恶的时代"来临了,于是把勇敢的霍布斯当作靶子,希望惩一儆百,他们决定调查"出版界的种种弊端"。其中,一位叫作怀特①的天主教士,化名托马斯·安格鲁斯(Thomas Anglus)写了一本哲学著作,提出让霍布斯的《利维坦》接受更严格的检查。[58]霍布斯则回应说,人们应当把怀特的书扔进火堆。当时,霍布斯还草拟了一部内容丰富的手稿,名为《关于异端以及惩罚异端的历史记叙》(E. VI,385—408)②。他借此说明:在那部充满争议的书(按:指《利维坦》)出版时,不存在任何权威能识别它是否违法,尤其伊丽莎白时代的高等法庭被废除后,没有任何法庭有权将某种意见判定为异端。霍布斯去世后,这篇文献才问世,

61 可以说它代表了新生的神学以及法学研究的方向。在法学领域,这位老者也以饱满的热情,创造了一个新的开端,他撰写了一部有趣的著作《关于英格兰普通法的对话》③(E. VI,第 1 页及以下诸页),不过很可惜,此书只有若干片段被保留下来。因为阿灵顿

---

① 托马斯·怀特(Thomas White, 1593—1676):英国的天主教牧师。
② 滕尼斯的标记有误,本文收录于《霍布斯英文著作集》第 4 卷。
③ 书名全称为《一位哲学家与英格兰普通法学者的对话》。

勋爵①和其他人的帮助，关于霍布斯的异端审查最终无果，但很可能由于国王的命令，霍布斯的著作不再被允许印制，这无疑伤害了老人的写作热情。于是，市面上掀起了抢购《利维坦》的热潮，老版的价格从 8 先令飙升至 30 先令。[59] 因时机的改变，《利维坦》的拉丁文译本在英文本的基础上删减了一部分内容，在一些地方做了修改，最后同他的全部拉丁文著作一道在阿姆斯特丹出版（1668）。两年后，一位被驱逐的以色列人撰写的《神学政治论》也在此地问世，"其中包含着若干篇论文，借此说明，哲学思考的自由不但不会损害虔诚的信仰与公共的和平，而且一旦没了这种自由，信仰与和平也就会丧失"。我们知道，霍布斯看到并且阅读了斯宾诺莎的作品，而且我们必然会相信，它给霍布斯留下了深刻的印象，即使这一点并没有被公开的材料证明。[60]

80 岁时，霍布斯创作了一部极其值得关注的著作，不过当他接受国王的私人接见时，付梓的请求被国王拒绝了。这是一本对话体的书，它详尽地反映了长达 20 年的内战历史（1640—1660），霍布斯为它取名为《比希莫特或长期议会》，并将它题献给了阿灵顿勋爵。[61] "比希莫特"的标题明显地表达了它和《利维坦》的对应关系：国家是一个巨兽，内战则是另一个巨兽。这本小册子可能是第一部以理性主义的方法研究近代历史的著作，后来，伏尔泰将理性主义的近代史研究发扬光大。在这本书里，教会的权力被归结为教士们有意识实施的诡计，他们把持的最有力工具就是大学。霍布斯认为，查理一世之所以失败，除了因为他依赖于教会 62

---

① 阿灵顿勋爵（Lord Arlington）即亨利·贝尼特。亨利·贝尼特（Henry Bennet，1618—1685）：英国贵族，查理二世的国务秘书。

尤其劳德大主教的不宽容政策,最主要的原因还是他缺少一支庞
大的常备军。故而克伦威尔凭自己的统帅才能,操控着军队的日
常训练,将军队占为己有。于是,随着军队权力的转让,主权权力
也转让出去了。就在霍布斯去世前,伪造的、经篡改后的《比希莫
特》印制本流入市面,果不其然,它引起了巨大的轰动。[62]

在人生的最后几年里,霍布斯的内心再度燃起诗艺的爱火。
87岁时,他以抑扬格韵体,完整地翻译了《荷马史诗》,并在导言里
谈及史诗的优势。他在导言里写道:

> "我为什么要做这件事呢?因为我无他事可做。我为什
> 么要出版它呢?因为我认为,在我更严肃的著作上,我的对
> 手们只会暴露他们的愚蠢,而这部翻译的诗作能将他们的目
> 光吸引过来,让他们展露自己的智慧。"

在此期间,他还用不太流畅的拉丁诗体撰写了自传,最后的两
句诗(用德文翻译过来)就是:"八十四度春秋已逝,我的漫长人生戏
剧即将落幕。"在他去世后,自传诗的原始手稿由医生理查德·布
莱克本(Richard Blackbourne)编辑出版,同时取名为《生平》(Vi-
ta)与《生平增补》(Vita auctarium)。比上述成就更令人震惊的,
乃是他在91岁高龄时还写下了一篇名叫《测圆法》(Cyklometrie)
的数学论文,到目前为止,人们所知的只是他题献给资助人[①]的
献辞。[63]

---

①　指德文郡伯爵。

§4

【日常生活—崇拜者—离世】即便人生旅途濒临终点，霍布斯仍然精力充沛，干劲十足，喜好同对手争论。他的晚年不缺欢乐，在资助人德文郡伯爵家，他受到人们的尊敬和爱戴，日常生活惬意舒适。我们从一些有趣的记述里看到，除了每日散步和锻炼，他还徒步漫游，进行球类运动，拜访德文郡伯爵的家庭成员，在极其宁静和孤独的环境里研究学问，拉低音提琴，甚至经常在夜晚大声独唱。1675 年，霍布斯最后一次来到伦敦，在此居住时，他的交际生活更是丰富，常常要接待来访者，尤其是那些慕名而来的外国人。有一次他自我夸耀说："我的名声已经飞越边界，不可能再被唤回了。"他的住所即使傲慢的对手也不乏光顾，但他忍受不了这些人。这位老者依旧会激烈地同反对者斗争，故而在他的敌人的心目中，狂妄、阴郁、执拗的性格令其声名狼藉。作为回击，霍布斯会引述知己的证词(E. IV, 439)。关于他所视作的陌生人对他的友好印象，我们有一份证明材料，它来自法国公使科明赫斯(Cominges)的记述。此人曾在 1663 年同霍布斯、惠更斯以及索比埃尔聚过餐[64]，他称霍布斯为一位好人(bonhomme)，当哲学家宣称对他们年轻的路易十四国王有着浓厚兴趣时，他十分高兴。哲学家可能向他问了 1000 个问题，并自诩为君主的崇拜者。于是，公使试图为霍布斯申请一笔年金，之后也获得了路易十四的批准。然而关于此事再无进一步的报道，我们应当猜想，霍布斯并不认为自己做出了同这笔年金相称的行为，故而没有接受它。[65]

　　到了他晚年的时候,荣誉纷至沓来。只要他在场,那些在德文郡伯爵庄园做客的人士,往往会首先来慰问这位年迈的家庭教师。托斯卡纳大公科西莫三世①曾多次拜访他,并给予他高度的赞美。1669 年,大公访问英格兰,离开时,除了带走哲学家的全部著作,还拿上了哲学家的画像,"为了让它保存在美第奇家族的图书馆,饰以精致的美第奇家族徽章"。在这位年轻大公写下的旅行记录里,他盛赞了自己的异国友人德文郡伯爵,称伯爵因自由的思想、慷慨的气度和敬重博学人士而卓越不凡,大公继续说道:

　　　　"这些美德都基于伯爵广博的科学知识,而这又归功于他受到了霍布斯先生的良好指教。因为霍布斯先生向他展示了什么是好的倾向与习惯,如此一来,他摆脱了贵族身上常有的缺陷与恶习。毕竟在这个国家,这些缺陷与恶习处处可见,不过正因为他养成了合宜的、宽厚的风尚,所以也就没了缺陷与恶习。"

　　同样,索比埃尔也曾谈到并且强调说,伯爵是多么地感激自己年迈的老师,多么地爱他、尊敬他。60 年代中期以来,随着伯爵母亲的去世,公爵一家搬迁至位于德比郡高峰上的家族城堡。我们记得,年轻时的霍布斯曾饱览那里的自然美景,创作了一篇拉丁文的叙事诗。

　　1679 年冬天,公爵一家又从查茨沃斯搬到了哈德威克。尽管

―――――――――

　　① 科西莫三世,全称科西莫三世·德·美第奇(Cosmos III de' Medici,1642—1723):托斯卡纳大公,1670—1723 年在位。

病魔缠身,但空闲下来的霍布斯并不愿逗留在查茨沃斯,而是选择同公爵一家踏上去哈德威克的旅程,丝毫没有抱怨。不过他马上就必须准备后事了。医生告知他,已经没有什么救治的办法了,对此,他说道:"我很高兴自己找到了一个洞口,这样便能从世界里爬出来。"他还幽默地讲到这样的话:"如果有人要为我树立一座纪念碑,那么上面应该刻上'这是真正的哲人之石'①。"(滕尼斯的翻译是:"这是真正的智者之石。"——中译者)由于肌肉麻痹,他的右肢已经瘫痪,而且说不出话来。1679 年 12 月 4 日,霍布斯离世,他被安葬在哈德威克附近的一座小教堂里,毗邻伯爵祖母之墓。伯爵为他竖立起了一座由黑色大理石制成的纪念碑,碑文刻画了逝者和德文郡伯爵一家的关系,紧接着的是这样的话:"他是一位正直的男人,他因博学而享誉国内外。"②(VIR PROBVS ET FAMA ERVDITIONIS DOMI FORIS Q. BENE COGNITVS.)霍布斯去世的消息传到伦敦,引起了广泛讨论。报 65 道的传单散布大街小巷,证实了他的离世。友好的言论也好,敌意的言论也罢,无疑都彰显了他的哲学的意义(Bedeutung)。

§5

【牛津的焚书事件】霍布斯离世后的第三年,也即 1683 年,牛津大学于 7 月 21 日召开了全体成员大会,公布了一项法令:"反对败坏人心的书籍和应受谴责的学说,它们对王侯的神圣人格及其统治权力,对国家甚至整个人类社会都造成了摧毁性的打击。"

---

① 英文的 philosopher's stone 是一个谚语,又指点金石。
② 根据滕尼斯翻译的德文译出。

在他们列举的应受谴责的学说清单里的第一条,便是一切国家权威都出自人民;第七条是自我保存乃基本的自然法,它先于对所有其他人的义务。由此,霍布斯的《论公民》和《利维坦》被提及,这两本书还多次被用来引证其他违禁学说。几天后,牛津大学举行了一场盛大的焚书仪式,吸引了大量的参与者和观众。学生们围绕着焚书的火堆起舞。

第四章　霍布斯的性格特质

§1

【外在特征】霍布斯被描绘为一位身材修长的男子,他有六英尺高,即便到了老年他的身板还挺得笔直,而且双眼和才智一直保持敏锐。他的头是锤形的,和脸庞比照来看,脑袋显得很大;他的眼睛浑圆,因浓眉的遮挡而显得有些暗淡,但当他说话的时候,眼神是那样强烈,"好似一块燃烧着的木炭那样放射出光芒"。他有一缕浓密的胡须,年轻时代,胡须呈红与金的混合色彩,但只在下唇处留着。画像里的他穿着时兴的骑士服,展现出一副军人的姿态。不过与其说这一姿态源于他的身体结构以及其他性格特征,不如说源于他的才智(Intellekt)。因为他身形精致、皮肤细腻,所以无论夏天还是冬天,他都穿着保暖的服装。直到40岁,他染上疾病,脸色才变黄,后来侧脸呈鲜红色。他从来就不是学究,而是倾向于将自我塑造成一位具有骑士风度的世界人(ein Mann von Welt)。从青年时代起,社交与感官的快乐就未曾远离过他。和大多数著名的哲学家一样,他终生未婚,而且相信独身是最适合科学家的生活方式。一位来自教会的诽谤者曾宣称霍布斯生了个女儿,但我们能确定无疑地说,这纯属杜撰,很可能是把笛卡尔的经历安到霍布斯的身上。

67　　　霍布斯的生活是简朴的,但他拥有一小块地产,每年能保证16—18英镑的收入。他善于照料家务,忠实地对待自己的亲属。在生前,他就曾将"一块好地"赠送给他的兄长。霍布斯的兄长是位手套商,也是一位老实巴交的市民,他和霍布斯一样高寿,一直活到了80多岁,直到去世前,他还回忆起儿时和著名的弟弟一起学过的希腊词汇。尽管如此,他的儿子无疑令他和霍布斯烦心不已,此人染上了酗酒的恶习,把自己的生活经营得一团糟。霍布斯慷慨地资助侄子,他抵押了200英镑的财产,替侄子解除了欠下的债务和利息,他的所做所为,就像曾经他的叔叔照料他那样。当他迁居巴黎时(1640),拥有一笔500英镑的财产,此后又从他的贵族朋友悉尼·哥多尔芬的遗赠里获得了200英镑的收入——哥多尔芬死于内战初期。霍布斯有一次说过:居留法国11年,让他损失了数千英镑(E.IV,414),不过,这并非显而易见的事实。按照他的首位赞助人和朋友(即他的《伯罗奔尼撒战争史》译本的题献对象小卡文迪什①)的遗嘱,他获得了每年80英镑的年金。后来,查理二世又赐予他年金,关于这笔收入,霍布斯在1663年撰写的一段文字里做了如下说明[66]:"在目前的宫廷,没有什么比削减年金和降低支出更受欢迎的了……我开始担心,我的年金可能会像其他人的一样被取消掉。"然而直到生命的最后,他似乎都在领这笔钱。他在为德文郡伯爵家服务的漫长时期,每年都会领到50英镑的薪水;除此之外,他常常能收到一些小额收入。尤

---

　　① 霍布斯的《伯罗奔尼撒战争史》译本题献给了小卡文迪什的儿子德文希尔,但就像他解释的那样,他实际上想把这本书献给小卡文迪什。参见本书第一章§4。

其根据当时的习惯,他能从著作的题献对象那里获得一笔钱,比方说,他因《论物体》获得了 40 英镑。[67]

　　根据霍布斯的遗嘱,他将其财产分给了自己的亲属和朋友,同时,他还给自己的仆人留下了一笔钱。他活着的时候就特别慷慨,有同情心。有一次,他和德文郡伯爵的家庭牧师一道走在伦敦的斯特朗大街(The Strand Street),看到一个乞丐时,他便给了 68 乞丐一些钱。一旁的牧师问他:"假如基督不命令您,您还会做这件事吗?"他回答说:"当然会去做啊。"牧师接着问:"为什么呢?"他说:"因为看到这个老人的悲惨状况,我感到痛苦。既然我的施舍能缓解他的状况,那么也能解除我的痛苦了。"[68](参见奥布里《名人小传》,第 352 页)霍布斯离世后,留下了 1000 英镑左右的遗产。奥布里认为,霍布斯平生所做的慈善活动,超乎人们的预料(参见奥布里《名人小传》,第 352 页)。

§2

　　【爱好与反感】霍布斯常常坦白地说,他并不为金钱和财富忧虑,他关心的更多是学问。在他看来,一种兴趣与另外的兴趣通常相互排斥,贪婪(Habsucht)则是支配兽类的首要激情:

> "所有贪婪的人都会成为坏人,而且贪婪的人不曾做过任何高贵的事情。"
>
> "当我听说,某人严肃地质疑一个全新的、独创性的观点或发明,也就是说,他嘲讽地问:'这能带来什么好处?'那么在我看来,他无非是在问:'这能带来多少钱?'(然而他并不

知道:对于一个有足够多的钱的人,再多些钱有什么用?)故
而这人并没有充分地摆脱野蛮。"(E. VII,467)

与之相对,霍布斯总会自我赞许,称自己仅仅出于对事情本身
的热爱,悠然自得地(animi causa)从事哲学思考(《论公民》"献辞");
除了沉思人类的思想、意志以及其他的自然科学问题,他几乎没做
过别的事情,也没有多少别的事情要去做(E. V,63);而且当他像柏
拉图那样,相信人的心灵与壮丽的宇宙间的关联存在于人自身之
中,他感到了无穷的快乐(《论物体》"作者致读者书")。从我们引述
过的一些私密文献里,可以看出他多么富有精神力量。他视智慧
(Weisheit)高于博学(Gelehrsamkeit),曾说道(V. a. L. I, LXII):他像
很多其他人那样读了许多书,却仍然和这些人一样无知。德文郡
伯爵的城堡有大量藏书可供他使用。在他居住的房间里,桌上通
常摆着荷马、维吉尔、色诺芬的书以及《新约》。

§3

【天性与性格】如果我们领会了一个人的首要兴趣(品位)或
激情,那么我们至少在一定程度上把握了这个人的性格。霍布斯
有特别突出的、分明的性格特征:他勤奋、仔细、谨慎;他对外在的
生活条件没有什么要求,而是孜孜不倦地专注于培养自己的思维
与知性;他忠实于自己的义务,体谅他人,乐天知命,感到自身肩
负着引领、指导人类的使命;他追求正义,认为正义乃真理的组成
部分;他敏于思而讷于行;他热爱和平与宁静,不过一旦要为自己
的思想与洞见辩护,他就变得极好争执;他天性敏感,无法忍受狂

妄的无知;他坚忍、顽固,只要认准了一个想法,就会执拗地坚持下去,即便这个想法是错误的;他毕生追求的是全体、必然性、最有力量的存在,但他也知道,衡量它们的标准是技艺(Kunst)这一观念,技艺即自然的秘密。[①] 霍布斯,这位精神的强者,站立在一个批判的历史时代里,这个时代如歌德所言,最具精神孕育能力(prägnanteste)。而霍布斯的思想如此坚硬、质朴,以至于完全把握了这个时代的脉搏。从另一个角度来讲,他认识到自己是一位先知(Prophet),全身心地投入时代的科学运动,毫无保留地信赖自己的使命,致力于"播撒下真理的种子,从中长出纯粹的、真实的哲学之芽"。近来的一位英国内战史研究专家[②]称他为"严肃而充满男性气概的思想家"[(69)]。

§4

【人格】对于霍布斯的人格和思想而言,有独特意义的事实是:他终生过着相对独立的生活。他没有职业,没有家庭,出身也不显赫,但凭着自己的学识和智慧,受到了当时最上流贵族圈的尊敬;他经常游历,长期待在国外,同一切等级的人们交往。除了骑士阶层,他尤其爱和医生、法学家、国务人士、诗人往来。因此,从更高的意义来讲,他代表了一种现代文人(moderne Literaten)的类型,即用笔来施展权力;相反,直到 16 世纪,只有神学家才掌

---

① 参见《利维坦》引言第一句:自然,也就是上帝用以创造和治理世界的技艺,也像在许多其他事物上一样,被人的技艺所模仿。

② 指塞缪尔·罗森·伽迪纳(Samuel Rawson Gardiner, 1829—1902):英国史学家,主要研究 17 世纪英国清教革命与英国内战史,代表作为《共和国与摄政国的历史》。

握了这样的权力。

我们再来看看,他的名声与意义如何反映在同时代人的证词里。他的激烈的对手、《利维坦》的猛烈批评者克拉伦登勋爵,在我们已经提及的著作里[70],如此评价这部著作:

> "它的新颖性(我们当前的时代太倾向于新鲜事物了)因作者的大名而受到广泛的保证,受到权威的肯定。这位作者具有突出的天赋、优异的理解力,他部分地靠阅读来训练知性,但更多是通过自己的思考实现的;他花了很多年时间旅居国外,观察世界;他既把握了学术语言,又理解了现代日常用语;他长期受到一位伟大的哲学家和数学家(按:指梅森)的鼓励,即使到年事已高时,仍然同许多受人尊敬的、杰出的人物密切往来……在他的朋友中,总是存在着一种抱怨声,责怪他花了太多时间沉溺于自己的思考,太少地考虑社交圈(Gesellschaft)里同他水平一致或不如他的人的思想。霍布斯先生是我所认识的人里的最年长者,无论如何,我都对他怀着深深的敬意;他除了拥有卓越的才智和见识,还是一个正义的人,他的生活远离了邪恶……"

§5

【对霍布斯的评判】威廉·狄尔泰最近指出[71]:霍布斯提出的观点不仅震撼了他那个时代的舆论,而且这一震撼效果远远地超出了时代的局限。说到底,他的观点并非源于某一既有的理论,而是植根于他对自己性格最本己的、最深刻的表达；在其周密的逻辑论证的假象后，隐藏着一种动荡不安的主观性（Subjektivität）。"从他的内在人格来说，正像他在游历、来往宫廷、观察政治动乱时所表现出来的，此人极端厌世、多疑、胆怯而不信任他人，强烈地渴望一种平静的、安全的生活状态。"认为霍布斯渴望平静和安全，这个判断是正确的。事实上，在霍布斯看来，不仅学者，而且一般的文明人也都有这样的渴望，这是人性的一个普遍特征，一项理性的要求，只有激情才与之背道而驰。除此之外，狄尔泰对霍布斯的所有评判都是错的，都不符合历史文献里的事实。所谓"极端厌世、多疑、胆怯而不信任他人"，无非是那些尖酸刻薄的敌人污蔑哲学家的说辞，他们根本不了解哲学家的人格，狄尔泰不过把这些污蔑的话复述了一遍。

相反，莱斯利·斯蒂芬先生①的评论[72]是准确的："所有的证据都证明了，霍布斯是一个友好的男人，他的内心充满着温暖的情感。似乎没有多少人能像他那样，有如此多的朋友，甚至能和朋友一直保持着联系。"斯蒂芬先生为此提供了一系列例证，他进一步写道："对于任何一位和霍布斯打过交道的人来说，他的人格都极富魅力。他是令人愉快的社交伙伴（Gesellschafter），而且幽默感十足，足以成为任何社交圈的座上宾。"我还能找出一些未出版的证据来证明这一点。"如果说霍布斯身上有一种性格特质，超乎一般的道德品质的话，那么这个特质便是正直。"（冯·布罗克道夫）[73]毋庸置疑，他将自己的明朗天性、生机勃勃而又合宜的性

---

① 莱斯利·斯蒂芬（Leslie Stephen, 1832—1904）：英国作家、文学评论家，代表作有《十八世纪的英国思想史》(1876)等。

情乃至卓越的智慧,归功于他所身处的环境,即卡文迪什之家,以及
更广阔的社交圈子。无论在这些地方,还是狂热地崇拜他的法国人
那里,霍布斯从来就没有承受狄尔泰错误地归结给他的声名。

72

狄尔泰认为,幽暗的、"悲观的"人性观不但能从而且应当从
霍布斯的人生经历中推导出来。然而就我所知,这一推论完全经
不起推敲。霍布斯不是在游历中(他当时和最好的朋友一道旅
行,而且旅行也带给他很多快乐,让他结识了最有趣、最令他愉快
的人士),不是在宫廷里(他只出入流亡的苏格兰王子的宫廷,而
是在他结识王子之前,他关于人性的基本特征的判断就已经根深
蒂固了),不是因观察他那个时代的政治动乱(政治动乱发生在他
的人性观形成之后)塑造了自己的人性观。相反,他的人性观的
形成,在很大程度上要归结为其自身敏锐的批判力,尽管身处贵
族圈子,但他始终没有丧失突出的个性;同时,灵活的趣味以及同
各方的争论,为其人性观的发展提供了坚实的基础;除此之外,阅
读其他文本(我们对此并没有多少了解),通过古人的历史研究深
入地理解古代诗人等活动,都对此起到了推动作用。很明显,修
昔底德的作品就给他的思想打上了深刻的烙印。

故而,并非英国内战这件事本身促成了他的思考,因为内战
爆发前,他的思维方式已发育成熟。毋宁说,他的思想源于对他
所身处时代的整体经验(Gesamterfahrung),源于对持续不断的
大规模战争的考察,而这些战争,皆肇始于宗教改革与反宗教改
革势力间的对抗。霍布斯年少时,就已通过上辈人的叙述体验到
了这段历史,而这段历史有如阴影一般弥漫在现时代的上空。到
了 16 世纪下半叶,所有杰出的个体可以说都面临着一种人生选

择:要么死在断头台上,要么死于谋杀者的匕首。在英格兰,自从
伊丽莎白登基以来,国家相对而言保持着和平的局面,但在法国
呢,在荷兰呢,在苏格兰呢,到处都是群魔乱舞! 到处都上演着宏
大的戏剧,震撼人心的悲剧从没缺席! 这些境况有助于促成一位
思想家提出普遍的理论体系。霍布斯既是一位自由的思想家,又
是一位怀疑主义者。早在年轻的岁月里,他就成了这样的人,而
他的旅行以及同贵族交往的经历,都沿着这一方向塑造了他的人
格。他在现实里必然看到了数不胜数的暴行与混乱场面,它们是
宗教幻觉、迷信与教会统治结合而成的产物。

　　假如一个人不了解霍布斯多么地熟悉古希腊和古罗马作家
的作品,不了解他事实上深受古典文化的教养,尤其深入地掌握
了古代历史研究的精髓,那么这个人就无法准确地领会霍布斯的
意义,无法公正地评判他的政治学说。埃伯哈特・格泰因[1]在一
篇题为《反宗教改革时代的国家与社会》(收录于《当代文化》第 2
卷第 5 章,第 224 页)[2]的见识卓著、论证充分的报告里,将霍布斯
与博丹、格劳秀斯视作国家学的三位伟大的奠基人。不过,当他
说"历史进程在事实上如何演变,最终又会如何,于霍布斯而言无
关紧要"时,他就完全错了。它们绝非无关紧要的,只不过他明确
地区分了事实与概念、历史与理论,无论那时还是今天,人们总将
它们混为一谈。

---

　　① 埃伯哈特・格泰因(Eberhard Gothein, 1853—1923):德国国民经济学家、
文化史学家、经济史学家。

　　② Eberhard Gothein, "Staat und Gesellschaft des Zeitalters der Gegenrefor-
mation", *Kultur der Gegenwart II*, 5, S. 224.

第二部　学说

"科学正如植物，

它的成长和分枝，无非源于根部的持续滋养。"①

——霍布斯

"一开始，科学完全远离生活，然而仅仅转了一个弯后，

再度回归生活。"②

——歌德

---

① 这句话出自：Thomas Hobbes, "Six Lessons to the Professors of the Math-ematics", in *The English Works of Thomas Hobbes* Vol. VII, ed. William Moles-worth, London：Longman, Brown, Green and Longmans, 1969, p. 188.

② 这句话出自：Johann Wolfgang von Goethe, *Maximen und Reflexionen*, XIII：825.

第一章　导论

为了准确地理解一种伟大的哲学,我们必须着眼于它的历史关系,以历史比较的方式考察它。因此,我们首先要回顾思想的发展史,它先于这一特定的哲学形态,并最终将之孕育出来,尽管在这个过程里,各种既成的思想从多方面胁迫、压制着新生事物。

§1

【基督教神学与亚里士多德哲学的接受史】如果人们比较一下新世界发现以前的三百年(1200—1500)和之后的三百年(1500—1800),那么就会注意到:这两个时期分别对应着两种特定的科学认识方式。人们感到后一个时期乃是宗教精神明显弱化、衰退的时期,相较之下,人们很少能在前一个时期那儿察觉到这一现象,合乎教会规定的情操(Sinnesart)仍统治着知识与思维,制约着它们的进步。而在接下来的时期,思想为了自由而解放了自己:一方面,它猛烈攻击流传下来的、仍然顽固统治着的权力;另一方面,面对旧势力的束缚、指控、阻碍,它必然要为自我辩护,坚持抵抗。在激烈的冲突中,新思想时而赢得胜利,时而遭受挫折,不过它总能想办法同旧势力达成"和平的均衡"(friedliche Ausgleiche),并逐渐壮大自己的力量,在站稳脚跟的前提下,扩展统治的领域。

在前一个时期，人们还不够勇敢(kühn)，他们并不希望靠自己的研究来发现新东西，而只是满足于学习、检验古希腊人的智慧。为了将它们当作真理，人们想尽办法让希腊思想同信仰的神圣教义达成一致。亚里士多德的哲学同样被博学的阿拉伯人承认、研习，然而在不信仰的阿拉伯人面前，基督教世界要护卫自己，他们吸收亚里士多德的哲学，是为了同那些异教徒也即不愿承认启示(Offenbarung)的人作战。当然，他们拿起的是理性的武器，同异教徒的战争便成了基督教神学的最高使命。神学与服务于自己的古代智慧结合，形成了一个完备的、和谐的思想体系，它的核心要义乃是上帝之城(Civitas Dei)里的民众迫切渴望救赎不幸的灵魂。即便如此，随着它的进一步发展，亚里士多德的物理学卓越地适应了它的要求。这绝非偶然的结果，因为从一开始，教会的发展就同古代的学术传统紧密相连，为了反对诸哲学教派(只要它们尚有生命力)，为了肃清异教徒，教会就必须使用战斗武器，它的武器就是辩证法(Dialektik)，靠着辩证法，教会构建起它的教义体系。

此后，拉丁教士踏入日耳曼帝国的文化领地，作为更高文化的传播者，他们掌握的秘密即展现了他们的权力。教士绝不满足于盲目的信仰，而至少要去教导青年，让青年理解他们的信仰。如果"三位一体"(Dreieinigkeit)和"道成肉身"(Fleischwerdung)的秘密只可被信仰的话，那么上帝存在、上帝创造并维持世界，便需要人们用逻辑的依据来证明。最重要的认识对象是上帝的现实存在(Dasein)和上帝的属性。虽然显现在人的感觉以及知性面前的仅仅是"世界"(Welt)，但关于世界的感觉和知识，最终皆为认识上帝服务。通过把握世界的种种特性，人们认识到上帝是它们的对应图像（Gegenbild），进而推论出上帝是它们的创造者。正像 13 世纪一位著名的基督教思想大师①指出的，基督教思想的重任完全可以交给"哲学家"，他们能用概念思辨和构建学说体系的方式，完美地实现基督教的使命。因此，即便穆罕默德的信徒，也承认基督教哲学家为他们的大师。这样一来，基督教思想家在知识的领域是无过错的，正如教皇在信仰的领域是无过错的。[74]

§2

【亚里士多德的物理学的世界图景】早在基督教文化繁荣之前，亚里士多德的物理学就已经符合基督教民众的想象：它源于古希腊文化，但反映出的却是古希腊到达顶峰开始衰败时期的思想；此后，在阿拉伯文化的短暂生命历程里，亚里士多德的物理学经过了进一步的完善流传下来，塑造了阿拉伯文化。但与此同时，因阿拉伯文化没有摆脱、超越亚里士多德的物理学，故而实质上陷入僵化的境地。无论对阿拉伯人还是基督徒来说，古代思想的最高成就都是一神论（Monotheismus），一神论构成了他们信仰的前提和内容。然而，这并不妨碍那些追求最高真理者沉浸于世俗的智慧（Weltweisheit），他们从感性的表象出发，经犹太教思维的提升，最终把握纯粹的真理。

不止如此，亚里士多德的物理学尽可能地替代了"创造者"的精神理念，清楚地呈现出一幅世界图景（Weltbild）。它立足的前提是古希腊人的朴实观念，这一观念也为闪族人和基督徒共享，

---

①　指托马斯·阿奎那（1225—1274）。

它仿佛一件艺术作品，或者说支配人类心智的超强力量。亚里士多德的物理学并不违背自然的直观，也不违背习惯的表象；信仰的、习得的观点都是在物理学的基础上发展出来的，所有相关的观念聚合到了一起，清楚明确。

在描述世界方面，地心说观点能满足自然直观的要求；在研究事物方面，泛灵论观点完美地合乎习惯的表象；在解释自然的过程方面，人神同形同性论观点维护了神学的尊严。上述三种思想彼此亲和，相互转化。

§3

【地心说体系】地球居于世界的中心，整个天空围绕着地球运转，此乃《论天》(De Coelo)一文的观点，这篇文献的作者被看作是亚里士多德，他针对毕达哥拉斯派的宇宙观①提出了这一观点。此后，托勒密完善了亚里士多德的地心说，创造了一套复杂的学说体系，他从地心说出发，观察太阳和各个星球运动轨迹的变化。由于天文学是四艺(quadrivium)②的组成部分，故而托勒密体系被广泛地传授，它清楚地呈现出一组质朴的对立，对立的一方是地球的区域，另一方是天空的区域。在天空的区域里，完美的秩序统治一切，"以太"(Äther)是最纯净、最轻盈的元素，恒星围绕

---

①　毕达哥拉斯派认为地球围绕"中心火"展开圆周运动，地球总是将同一面，亦即我们不知的一面向着中心火。并且他们认为，在中心火的周围，在地球的轨道之外，有以同心圆而连续运动着的月亮、太阳、行星，以至于包括固定星群的天体。参见文德尔班：《哲学史教程》上卷，罗达仁译，商务印书馆 2010 年版，第 81 页。

②　西方古典时代以来的"自由七艺"(septem artes liberales)包括"前三艺"(trivium)与"后四艺"(quadrivium)，前三艺指文法、逻辑与修辞，后四艺指算术、几何、音乐与天文。

着"以太"旋转。圆周运动乃最自然的位移运动,因为它于自我之中完结。事实上,它的方位并没有改变,因而无异于静止状态。在地球的区域里,任何一种质料都沿着无限伸展的直线朝着它自己的方位运动,也就是说,朝着它的基质运动。当作为形式(Form)的动态的质吸收了与之对立的质即质料,从而力量减弱时,变化就产生了。这些都是自然的运动,然而也存在着强制的运动,它对立于自然的运动以及静止状态,只要动力持续,运动就会一直持续,但在这个过程里,它的动力渐渐损耗,直到运动最终停止。

对于思考宇宙的人来说,地心说满足了他们的自然情感。地心说既同基督教的原始神学要素相适应,又同此后加入的神学要素相适应。它之所以合乎原始神学要素,是因为基督教的原始神学认为上帝不仅创造了世界,而且创造了绝对好的世界。也就是说,世界向着善的目的,按照寓于上帝智能的理念运转,基督教父从柏拉图的学说中汲取了这一理论资源,也借鉴了经亚里士多德再创造的"合目的性"(Zweckmässigkeit)与"秩序"(Ordnung)的提法。"合目的性"与"秩序"以卓越的方式处于天空的世界之内,它们提供了无可反驳的证据,证明现实存在着一个最高的理性。当然,此后加入的神学要素并非没有自由的构造,因为在亚里士多德那里,神的理性仅被视作一个不包含任何质料的现实存在。但后人对亚氏的学说做了修改,圣托马斯就要在分离的形式之间引入一个中间的领域(Zwischenreich),即天空中的精神体(Geister)和天使。①

---

① 具体参见托马斯·阿奎那《神学大全》第 2 册《论天主创造万物》第 50 题"论天使的性体本体"。

§4

【泛灵论与目的论】泛灵论观点基于一种简单却又深深植根于民众情感的反思：

> "如果没有来自外力的作用，大多数物体便保持静止，然而有一些物体会自发地运动。那么是什么推动了人与动物的身体呢？是感觉、欲望、意志，一言以蔽之，是灵魂。"

由此，我们可以推论说：在自发的运动总能被感知之处，必然隐藏着一个精神或灵魂，进而星球的自由运动也可被归结为它们的灵魂的作用。通常，运动被理解成位置的改变，不过，亚里士多德提醒我们注意：运动除了意味着位置的改变，还意味着实体的变化（即存在本身的变化），即实体的生成与消解；量的变化，即量的增加与减少；质的变化，即重量、硬度、颜色的变化。尽管所有上述种类的变化都意味着质料的方位变化，但运动最纯粹的表现是生成（Werden），即成为现实（Wirklichwerden）。将成为现实的东西，就是此前可能的东西；一切变化因而一切运动同时意味着某个东西成为现实，它就是运动本身，就是从可能性过渡到现实性。现实性即完成。完成即实现了自己的目的，归于平静；目的本身又是驱动自身的东西，最完善、最普遍的目的就是永远静止（Ewigruhende），它乃纯粹的现实，故而又是精神性的东西，因为一切现实都是精神性的东西。那么，什么是精神呢？从民众的信仰看来，它是气状物，不能把捉，游走时也无阻碍；但哲学家们说，一切形式、行动、变化因而"成为现实"才是精神的首要意涵。成为现实，无非意味着赢得一个形式，意味着质料转变成一个形态（Gestalt），灵魂存在于其中。只有通过灵魂，有机体才能生存；灵魂是生命的本质；草木分有植物的灵魂（vegetative Seele），植物的灵魂乃养育、生殖的本质和原因；人与动物皆有感性的灵魂（sensitive Seele），感性的灵魂乃知觉的本质和原因；人独有理性的灵魂（vernünftige Seele），理性的灵魂乃思维的本质和原因。由此，我们才可知晓事物的本质，事物的本质即让事物生成、推动事物的东西，即事物的目的、形式或灵魂。无论用上述哪个称谓来指称事物的本质都是一样的，因为任何一种称谓都意味着让事物的规定（Bestimmung）实现和完善，它们是静止的，是事物的真正的存在。

诉诸有机体的生命情形，我们很容易就能理解泛灵论与目的论，而其他的事物都被我们视作准有机体来对待。它们本质上都是统一体，也都具有自身的实质形式：灵魂是身体的实质形式，身体因组成它的诸元素的实质形式而具有统一性，诸元素包含在身体之中。也就是说，精神包含在身体之中。

§5

【人神同形同性论与概念的实在论】从泛灵论与目的论出发，我们能直接过渡到人神同形同性论的（anthropomorphische）解释，它无非一种特殊的泛灵论形态。人神同形同性论的解释源于有意识的思想，或者源于不同的属性与力量，由于我们的各种感觉存在着差异，甚至彼此对立，故而不同的属性与力量能被我们知晓。我们感受到的不同属性间的差异,合乎过程里的种种差异,每一个事物都遵循着它的本性发挥作用,本性存在于事物之内,本性即原因。只有当我们相信,每件事情的发生(Geschehen)背后都存在着一个思考着的意志或一个向外作用的力量时,人神同形同性论的解释需要才得到充分的满足。这一观念的神学意蕴很明显:经犹太教的创世神话的净化,亚里士多德的宇宙论变成彻底的人神同形同性论。当然,它离不开如下的理论前提,即天空的无比崇高和地球的十足缺陷,而这又要追溯到亚当堕落的神话。对亚里士多德来说,善(Gut)就是完全的现实者,是所有东西都在追求的对象,也是所有东西都分有的对象。善是目的本身,或者说是实现与形式。因此,一切作为事物形式的东西,都是善的对等物,当它意味着人类灵魂时,它就成了人的形式本身。我们通过感官或理性认识到各种属性的现实存在(Dasein)。如果它们不从事物当中出来,那么它们是如何进入我们感官里的呢?既然它们完全存在于事物之内,进而从事物之内发射出来,故而只有当它们是无质料的、形式的或者精神性的东西时,这一过程才可能实现。感觉质(Species)学说由此应运而生,感觉质是图像或假象。感觉质学说实际上类似于一种质朴的实在论(Realismus),它无非意味着:事物及其属性似乎映射到从事知觉活动的灵魂面前。

出于一个特殊的理由,"经院哲学家珍视"感觉质的实在性,正像笛卡尔在某处写到的,此乃天启的神秘主义的预设。在圣餐仪式(Eucharistie)里,面包与酒的实体转变成基督的身体和血。尽管如此,人们自然地相信可感的性质保留下来了,教会的学说

也是如此教导他们的：人品尝酒的味道，看到了酒的颜色。一切
对奇迹和魔法的信仰都同质朴的思维习惯紧密相关；对于质朴的
思维习惯而言，奇迹和魔法"皆有可能发生"，前者意味着作用于
自然的超自然效果，后者则意味着利用神秘的力量支配自然。相 84
较于更粗俗的"鬼神信仰"（damonologisch），教会对魔法的解释标
志着思想前进了一大步。在通常的情形里，人们将自然视作由目
的、意志力量、精神来支配的东西；在启示和超自然的情形里，他
们将自然视作由全能的精神（allmächtige Geiste）来支配的东西。

§6

　　【自然法】通过目的概念与善的概念，世界观和生活观（Leb-
ensansicht）、理论哲学和实践哲学形成了极其紧密的内在联系。
目的概念与善的概念既然支配着人们的世界观，就必然更强有力
地支配着他们的生活观，因为实践生活里的人以目的、以对他而
言有用的或善的表象指引自己行动。

　　只要人的自然分有上帝的神圣理性，那么他就能认识善，至
少能学习如何认识善。关于善的普遍的最高定理即客观的自然
法（lex naturae）总体。人能通过实践理性直接地认识自然法，正
如他能通过思辨理性直接地把握无须证明的理论真理。认识或
者说经认识把握了的善推动着意志，就此而言，认识乃行动的最
终因（Finalursache），尽管意志自由地决定是否根据认识来行动。
同一切因情欲和愤怒产生的冲动相反，遵循认识来行动的力量是
稳定的、持久的，它关系到对向善的自然倾向的直接认识。对人
而言的最高的善即遵循理性来行动的善，这种善是人心固有的；

向善的倾向对应于一切质料性的存在者向着其固有的形式运动的倾向。向善的倾向，除了意味着努力认识上帝，还意味着乐于过社会的生活，也就是说，人的理性本性同时即他的社会性（soziale Natur），由此，世俗的或政治的共同体产生了。在共同体里，王侯与人民通过"约"（Vertrag）结合在一起，双方都服从于自然法，同时服从于神法。因此，政治共同体本身从属于由上帝建立的教会，政治共同体和教会的关系，正如身体和灵魂的关系。

　　自然法理论契合于质朴的、传统的、信仰的思维方式，这是显而易见的事实。我们天然地确信：人拥有自由意志，他习惯于将善与恶视作事物的现实属性；他尤其能想象人本身，考虑他们的行动、意志和思想，依靠良知识别它们的本质差异；当然，宗教尤其教会对良知起到了促进作用，人因而成为思想的审视者和裁判者。

　　在亲属、邻里或朋友之间，"共同生活"与"默认一致"（Eintracht）是自然的情形；只要人们遵守原初的、共同的法，那么他们必然会立约；不过一旦要求人们承认特权（Vorrechte），就必定需要誓言的帮助，因而需要神的力量参与使约具备更大的效力。这决定了民众间的关系，决定了谁天然地是他们的主人，谁是他们选择的统治者，谁是他们的审判者。自由人对自然法和自然公正怀有天赋的感情；他们遵循着习惯生活，习惯包含着自明的道理，令他们感到惬意，使他们尊崇长者的威严。虔诚者以敬畏之心服从神法，故而除了原始的约，统治者从教会或者直接从神那儿推导出神法理论。

§7

【基督教世界在科学时代的没落】尽管基督教哲学并非毫无异议地站稳了脚跟，尽管许多新思想从各个方面渗透进来，但它仍然在 1200—1500 年间达到繁荣。它的基本概念稳固地确立下来，它的神学追求保留在一种新思潮里，这一新思潮尝试改变基督教思想的发展方向，和过去一样，它要肯定神的自由与全能，也要肯定人的自由与志愿（Willkür）。然而，这两重愿望之间原本可认识的、理性的合目的性的关联如今被剥夺了。哲学家们或者以较为严格的形态，或者以较为缓和的形态来表现它，但无论如何，他们统统汇聚在巴黎的高等学校。新思潮即大学哲学，一直到 18 世纪，大学哲学都占据主导地位，而且直到今天，它仍隶属于天主教会。

此后的一段时期，同大学哲学一道诞生的，乃是一种超越它的新哲学，我们通常称之为改革派哲学（reformierte Philosophie）：新哲学内在地同天主教哲学保持深刻的对立，而外在地常常依靠天主教哲学谋求同它的均衡关系。不过无论如何，它从一开始就激烈地反对天主教。到了 17 世纪中叶（1650 年左右），新旧哲学体系皆武装到了牙齿，彼此水火不容，之后因耶稣会复兴，天主教哲学赢得了新的力量和勇气，推动教会学术的发展。然而 17 世纪末左右，旧哲学体系僵化了、衰落了。新旧哲学之间的斗争转移到了另一片战场，旧问题、旧矛盾几近被遗忘。在斗争中胜利的新科学不再被归为"哲学"，信仰的辩护者不再因神学或权威方面的原因驳斥它，毋宁说，他们否定的只是它的后果（Konsequenzen）。

事实上，在新旧世界观与生活观的交替进程里，哲学斗争的意义在于重新确立哲学的基础。至此，哲学不再立足于流传下来的信仰，因而不再立足于一切自然的、习惯的和神圣的意见，而是立足于科学的认识。

§8

【剧烈的社会变迁】这一时期社会变迁的普遍特征决定了社会斗争的具体情形，它体现为以下几个方面。

第一，人们行动和愿望的方向，从向内转到向外。一些在更早时期就已达到繁荣的城市，如今在更高权威的庇护下，突破了狭窄的城墙，将活动范围扩展至更大的领域；相对于自由城市，首都迅猛发展，它汇集了全国之力并由商人和国务人员把持；曾经的商业贸易只在内海和少数内陆地区展开，如今贸易中心从南向北转移，由东方和希腊世界象征的古老文化变换了发展方向，它跨越了海洋，征服了海外的世界，建立起殖民地；年轻的国家逐渐发育成熟，它们皆努力追求着权力与财富，这种风气从上到下传遍国内各个阶层，只要它彻底扎下根来，那么因历史形成的等级差异就会弱化甚至消解，正像城乡的差异将不复存在。

第二，同行动和愿望的方向变化紧密相关，人们从相对而言的静止状态转向了更频繁、更自由的运动状态。恋居的市民如今乐于游历，去了解其他的地区及习俗，毕竟同他人的交易以双方的均衡为前提，故而游历促使他不断地检验自己的想法，为自己打开更广阔的视野。劳动力处于不断流动的状态，商品被生产出来,新的方法与机械化的辅助工具被发明出来,提高了劳动效率,甚至彻底替代了劳动,成为迅速积累货币以及货币价值最可靠的保证。资本使世界贸易和国际交往成为法则,资本的首要兴趣即让商品和人员以最快的速度流动。

第三,民族精神(Volkgeist)及其思想精粹,从实践和技艺的层面升华到理论和科学的层面,因为实践与理论的关系、技艺与科学的关系,正如静止与运动的关系。理论是动力,它摧毁了一些东西,又建立了一些东西;它逐渐从实践当中发展起来,始终同实践保持着密切的联系;它使自己成为绝对者,使自己获得统治的地位。反之,传统的实践同技艺紧密相连,在此,人们的思想受制于权威,他们遵循着教条生活,教条的生活方式天然地适合这些未受教化的俗众,他们质朴单纯,尊敬一切既定的习惯,将传统的思想视作神圣者。理论和科学则不停地寻找着新东西,它们追求自由地、批判地思考,让自己从俗众的思维方式里脱颖而出,它们将一切皆当成等同者,当成可以把握的客体,它们同因循守旧的僵化事物做斗争,如果我们把因循守旧比作自身反复的圆周运动,那么理论与科学就无异于朝着无限延伸的直线方向的勇敢探索。

§9

【实践的理性主义与分析—综合的方法】近代经济发展的特征,体现为从狭隘的局部角度扩展到广阔的世界视野,如同封闭的圆周线变成了无尽延伸的直线;体现为从有机体的活动转向机械的运动。经济的发展进一步塑造了商业领域(Handelsgebie-te),它让其中的居民最大限度地服膺于相同的法律、相同的度量衡和货币;它制造了国家,使之成为绝对的统治者,成为唯一的审判者与支配者,它用法律实施统治,如同把机械的强制力贯彻到方方面面。只要国家遵循它自己的利益和理念行动,它就同民众的习惯、同一切传统的权威、同教会背道而驰。因为国家需要财政收入、增加权力,所以它促进了货币经济的发展,提升了商业、制造业以及科学的水平,科学充分地发掘着地球的财富,解放了劳动的生产力。武器和器具制造技术得到改善,通过建造桥梁、要塞、道路,国家希望成为战争的支配者。依靠最高司法权,国家制定了同等适用于所有公民的法律,致力于让法典公开透明,法条清晰明了,判决高效准确。一言以蔽之,让法律及其判决合乎现实的关系,让它们最大限度地理性化,保证每个公民的生命、财产和名誉的权利。

89

我们看到,普遍的社会变迁后果与政治后果完全对应。无论社会的领域还是政治的领域,皆充斥着毫无偏见甚至无所顾忌地追逐权力的人,他们为了自己的目标寻找合适的手段,因而都是自由选择的个体(willkürlichen Individuen)。既然这些人的人性如此,那么由他们造就的产物的性质也如此,他们的人格、团体、国家间区隔对立,各自冷酷地算计着利益,相互竞争,彼此对抗。启蒙思想家从中脱颖而出,从事着清楚明了的分解与结合的活动,其中最纯粹的活动莫过于计算,或者干脆说数学研究。他们的视线从对内转向对外,从考察自我、灵魂拯救和信仰转向考察世界,世界对他们而言不再是一种纯粹的辅助手段(Hilfsmittel)①,而是实在的认识对象。他们从世界里看到的,再无因神圣

---

① 根据本章§3,这里所说的"辅助手段"应当指把握合目的性与秩序的手段。

而自然的静止状态,如今的一切都不过是运动而已。他们致力于将闭合的曲线运动拆分成朝着不同方向延伸的直线运动,将所有既定的事物分解为最简单的构成因素,由此让晦暗不明者得以澄明,让含混不清者得以明晰。他们不再追问目的,而是探索一切位置变化的制动因。他们消解了表现在语言和信仰上的差异,而希望尽可能地用同质的因素重构一切现象。他们建构的法,意味着本性完全相同的个体通过共同的意志确立的权力领域(Machtsphären);他们建构的国家,意味着这种共同的、就其自身而言的统一意志的化身。

§ 10

【理论科学的进展】我们在这里使用的"概念"(Begriffe)并不能完全地、彻底地转化为现实,不过如果我们把概念当作"理想的图式"(ideelle Schemata)来使用,那么我们从一开始便能极其明确地把握现实。故而,我们接下来要探究从概念到现实的过渡如何发生,当然也需要考察其中的阻碍和困难。

只要理性(Vernunft)塑造了人心,且人能自然地用理性来思考,那么从概念到现实的过渡便畅通无阻。然而一旦理性完全自由地发挥作用,甚至提升为支配人心的唯一权力,它便会导致概念与现实的对立。

无论代数学、几何学、天文学、力学的研究,还是法学与国家学的研究,大致都是由实践的生活和实践的技艺促进的,它们遵循着实践的要求发展起来,在很多方面,它们甚至满足了神学的兴趣。然而如今,世俗的目的强有力地支配着科学,以至于纯粹的理论研究变成了额外的补充,就其本质而言,理论研究同一切实际的目的疏离,仅仅用客观的眼光审视世界。占星学研究星座是为了揭示人类、动物和植物的命运,但天文学的研究只关乎研究本身。类似的差异还体现在炼金术与化学、目的论物理学与机械论物理学之间。不久之前,人们刚刚认识到生命科学领域的差异,但至今还未充分领会社会生命科学(Wissenschaften des sozialen Lebens)领域的差异。在差异被接受的地方,过去着眼于感性而疏远精神事物的意识,演变为现在的明确区分感性与理性的意识,甚至变成了同感性完全对立的意识。自由思想遭遇的障碍与阻滞,部分地源于它自身,部分地源于它推理时所使用的媒介(Medium)。它有可能面临质疑,也有可能自我矛盾。错误是不可避免的。对思想的内在或外在后果的恐惧,尤其对社会权力的不赞同态度甚至残暴行为的恐惧,都会阻碍新学说的诞生。当然,新学说也可能会披上旧学说的外衣,但这样一来,它的最终话语就没法说出来,或者只能隐匿于旧思想的话语之中。

§11

【哥白尼的转向】尽管如此,新思想仍然取得了光辉的胜利。我们曾用三个范畴①概括了传统哲学的特点,在这里,通过考察新旧哲学的范畴变化,我们将简要地刻画新思想的特征。在天文学(Himmelskunde)领域,地心说的立场被哥白尼的假说摧毁了。

---

① 这三个范畴依次是地心说、泛灵论、人神同形同性论,参见本章§3—§5。

"没有任何发现也没有任何信念,能和哥白尼的学说相媲美,它对人类心灵产生了最深刻的影响。人们放弃了地球在宇宙里的首要地位,不再把它看作圆形的、封闭的东西,不再把它看作宇宙的中心。也许没有任何思想,能像哥白尼的学说那样,对人性提出了如此高的要求。因为按照哥白尼的学说,所有过去的既定信念皆化为烟尘:第二个伊甸园、无辜的世界、诗意与虔诚、感官的证明、诗性与宗教的信仰!毋庸置疑,人们并不想经受这样的巨变,他们想尽办法反对这样的学说。在他们看来,接受这一学说的人,鼓吹、捍卫的乃是一种迄今为止还未被人知晓的甚至令人感到意外的思想自由的权利以及所谓伟大的信念。"(歌德)[75]

其他的格言也证实了诗人的见解:

"一个人敢于提出一套独创的理论体系,其目的是要用少数哲学家认识到的精确的概率知识,来取代大多数人习以为常的感性确定性。不止如此,这个人摧毁了统治世界三大洲长达14个世纪的托勒密理论体系,将托勒密头顶的科学王冠打翻在地。"[76]

"由于哥白尼体系的出现,建立在古老世界观基础之上 92
的宗教观念失去了稳固的支持。地球运动的事实广泛为人接受,引发了人类思想的大革命。一直延续到现在的宇宙论观点,必须统统被抛弃。"[77]

§ 12

【伽利略的力学】面对诸多似是而非的异议,伽利略成功地捍卫了新学说,他将地球的实在运动解释为某种超验的东西(Transzendetes);如果人们用理性的根据克制感官的话,就必然会承认伽利略的判断。从这个意义上讲,伽利略的创见本身即超越性的(traszendental),理性不仅不再屈从于感官的幻象,而且克服了任何习惯性的观念。伽利略的作品否定了对事物的泛灵论解释,故而也抛弃了亚里士多德的物理学。他提出的惯性定律最具划时代的意义,因为作为科学的动力学(Dynamik)便奠基于此。由此一来,静止与运动之间的绝对差别就消解了,正像哥白尼学说取消了天空与地球的差别。运动变得像静止那样自然,它不再需要"不动的推动者";它也不再是圆周运动,而是最简单的、具备一定速度的直线运动;它不再朝着一个明确的方向,相反,在充斥着偶然性的一般经验世界里,存在的只有毫无目的地朝向无限的运动。加速(Beschleunigung)意味着给运动增加、添上新的力量,减速(Verlangsamung)则意味着从运动中取走一部分力量。一旦加速的力和减速的力共同作用,就产生了朝着对角线方向的运动。伽利略教导人们,可将运动算作确定的量,为此,他建构了量的单位,量的单位由最小的时间单位里的力矩(Moment)或动力确定。这样一来,他创立了微分计算的方法,用来解决具体的力学问题,正像他的年青一辈的同代人霍布斯强调的那样,他为普通物理学打开了大门①,随后的几个世纪以来,直到今天,伽利略的后继者

----

① 出自霍布斯拉丁文版《论物体》的"献辞"。

都一致地承认这一点。新的物理学不再或很少谈论形式、目的、性质、隐藏的力,毋宁说,它将一切自然的力皆视作能量在现象里的各种表现形态。能量最简单的体现即具有特定强度的机械运动,至于如何把所有其他的现象都归结于此,这仍有待追问。与此同时,经伽利略之手,目的论焕然一新,往日直接从习惯性的经验里得出的泛灵论形式被摧毁了,伽利略的新学说意在展现既定经验的整体,展现诸要素的相互关系,用一个由理念构想出的、不可经验的概念衡量它们。

因此伽利略指出,经验世界里被人称作"强制"的运动会逐渐减速,最终停止(事实上,目的论的观点也支持这一看法,因为目的论相信静止乃物体的天然状态);与此相对的是一种理想的状态,即朝着无限行进的匀速直线运动。在伽利略看来,现实的运动都能从上述假设里推论出来,无论它是如自由落体一般的"自然的运动"(加速运动),还是如被人抛出一般的"强制的运动"(直线运动),情形皆如此。我们从中得出了运动的法则,它乃典型的机械运动的法则,由此一来,旧的运动理论被扫除干净了。

§13

【生物学和生理学的革命】相较于物理学,生物学受泛灵论观点的影响深刻得多,因为有机体的合目的性乃是一个无可争辩的事实。在一定程度上,我们避免不了用灵魂来解释运动,正像我们每天都感知太阳的升起。然而,生物学还是经历了一次决定性的变革,"在解剖学和生理学领域,最耀眼、最重要的发现诞生了"(78)。这是由伽利略的同时代人威廉·哈维做出的贡献,其同乡和好友托马斯·霍布斯赞誉他说："哈维以令人惊奇的敏锐力揭示并证明了人类身体的科学。"①根据哈维的学说，血液双向循环的动力来自心脏，心脏就像一部机械水泵（Pumpwerk）。直到他那个时候，人们一直认为心脏是"身体里最温暖的部分"，所有时代的民间用语、诗人和演说家的修辞，都致力于让科学染上仪式崇拜（Kultus）的色彩。哈维的学说激发同时代人勒内·笛卡尔把整个人类和动物的有机体比作一台机器，不过有别于笛卡尔，哈维仍然把血液看成灵魂的场所，对植物而言如此，对有感觉和行动力的动物而言亦如此。笛卡尔则迈出了决定性的一步，他指出："过去人们相信是灵魂将运动和温度传给身体，这是错误的。"紧接着，由一批医生组成的学派（所谓"医疗力学家"［Iatro-mechaniker］②）尝试从静力学和流体力学的法则推导身体的所有功能，进而奠定了他们的病理学体系；即便 100 年后，当一本题为《人是机器》的书③问世，书名仍然引起了学界的骚动和震惊。

18 世纪时，沃康松④与德罗父子⑤制成了人造有机体，举世瞩目。如果我们在这些人造有机体同大阿尔伯特⑥（卒于 1280 年）

---

① 出自霍布斯拉丁文版《论物体》的"献辞"。

② 医疗力学指在医学的领域里，将人体类比为机器来研究和考察。医疗力学家的代表人物有萨托利奥·萨托利奥（Santorio Santorio, 1561—1636）、乔瓦尼·博雷利（Giovanni Borelli, 1608—1679）、乔吉奥·巴利弗（Giorgio Baglivi, 1669—1707）等。

③ 指法国启蒙哲学家拉美特里所著的《人是机器》。

④ 雅克·德·沃康松（Jacques de Vaucanson, 1709—1782）：法国机械师、发明家。

⑤ 指皮埃尔·雅克-德罗（Pierre Jaquet-Droz, 1721—1790）和他的儿子亨利-路易·雅克-德罗（Henri-Louis Jaquet-Droz, 1752—1791）：瑞士钟表匠，他们合作制造的三个机器人"写手""画师"与"女乐师"闻名后世。

⑥ 大阿尔伯特（Albertus Magnus, 约 1200—1280）：中世纪哲学家，多明我会教士，亚里士多德哲学的研究者与传播者，托马斯·阿奎那的老师。

的传说之间做一番比较的话,那么将鲜明地看到时代的差别。据说大阿尔伯特在喀巴拉派①魔法的帮助下,构造了一座铜质的人形雕像,他赋予铜像说话的能力,让铜像向自己传达自然最深处的秘密。直到有一天,托马斯·阿奎那猜想这个雕像乃是魔鬼的使者,故而打碎了他老师的作品,对此,大阿尔伯特说道:"托马斯兄弟多么古怪啊,他只花了 1 分钟,就摧毁了我 30 年的心血。"[79] 95

模仿有机体制成的精致却无用的钟表,同神秘的魔法产物也即根据想象的故事(Fabel)还原出的有机体之间的差别,代表着启蒙的世纪同充斥着预感、迷信的时代之间的差别。而上述两个时代又同我们当前枯燥乏味的时代截然不同,我们的时代造出了拥有千万只钢铁手臂的劳动者,制成了现实存在着的人造人,无论它的存在(Sein)还是外表(Schein)都和自然没有任何关系,因为它只是机械思想的真实产物。

§14

【数学对光学和认识论的意义】迄今为止,我们已经提到的诸位思想家在各自的科学领域赢得了全世界的赞誉,这些科学逐渐独立出来,定型为天文学、物理学和生理学。另一批思想家则致力于在其他科学领域里摧毁人神同形同性论解释,这些科学领域的特征是:认识的对象同认识的主体更加接近,或者说,它们研究人本身,考察人的行动和作品。在此,灵魂被看作多余的应当被

---

① 喀巴拉派(kabbalistisch)是犹太教神秘主义教派,强调经口述托拉的神秘智慧,直接接近上帝。正统的犹太教认为喀巴拉派是异教。现今大部分西方神秘学的项目,或多或少都受到喀巴拉学说的影响。密契修行、万物对应体系、手相学、塔罗牌、符咒学、炼金术等等都可以在早期的喀巴拉学说里找到源头。

抛弃的要素,不再能被用来解释一切现象,相反,它被视作自足的现象,乃是不可通达的问题。在此,贯彻机械论的原则、运用数学的方法就成了最难的事情,面对生命的问题,机械论的解释只能取得暂时的胜利。尽管如此,无论从内容还是形式上来说,数学在回答关于人的某些特定问题方面,取得了丰硕的成果。

第一,由于"视角"(Perspektive)的差异,不同的技艺或科学实践(尤其天文学实践)对待同一研究对象时,体会到的意义千差万别。即便如此,所有的技艺或科学实践都离不开数学的"视角",因为数学直接用线来标识光束,用平面里的、可测量的几何图形刻画所有可见的关系。几何学的本义即测量(Messen),而测量无非是比较性的观察(vergleichendes Sehen)。随着光学仪器(如暗箱[Camera obscura]、望远镜、显微镜)被发明,光学问题变得更多了,却也变得更简单了。因为一旦我们确立了"观察即在对象的效果之间做比较"的原则,那么当我们使用这些无生命的工具考察不同介质下的光的折射现象,考察客体以及器官构型(Konfiguration)变化之间的关联之时,就消解了传统的、便利的解释。就此而言,开普勒①乃是哥白尼的伟大后继者。他展现了天文学的光学部分[80],让光学的发展迈出了决定性的一步;他指出感觉即呈现在视网膜上的对象的图像,精神行动的基础乃是无意识的测量活动。因此光学(Optik)成了最重要的感觉学说,在它的指引下,数学直接关系着对光的本质、对知觉的本质的思考,

① 约翰尼斯·开普勒(Johannes Keppler, 1571—1630):德意志天文学家、物理学家、数学家,最重要的科学贡献是提出了行星运动的三大定律。在光学研究领域,他描述了人的视觉的形成过程,揭示了视网膜的作用,指明了近视和远视的原因。

同时打开了通往物理学和心理学的大门。

　　第二，数学的另一个成果体现在形式的方面，它成了方法（Method）的榜样。符号、测量、计算指向了确定无疑的知识。伽利略批评他的经院哲学对手时说：过去的哲学是人靠幻觉（Phantasma）写成的书，正像《伊利亚特》和《疯狂的罗兰》①那样，至于书中的事情真实与否，这在过去的哲学看来是最不重要的问题。岂能如此！哲学理应是写在持续地展现于我们眼前的这部大书里的内容，这部大书就是宇宙（Universum），为了读懂它，人们必须掌握其中的语言。"宇宙这本大书是由数学语言写就的，数学语言的字符是三角形、圆形和其他几何图形。"(81)几乎同时，开普勒引用一篇署名为亚里士多德的文献（尽管他的方法同亚里士多德的方法背道而驰），指出了他的基本原则：人所能认识的无非是数，或者说，只有用数来思考，人才能获得完满的知识。这一原则明确地刻画出新科学与传统学说的分界点。(82)由此出发，我们可以进一步提出如下问题：认识与知识的本质是什么？知识的力量是什么？科学的特征是什么？尤其到了近代，它们被人看作哲学问题。

　　　§15

　　【新科学与哲学】如今存在着诸多含义交织甚至相互排斥的

---

　　①　《疯狂的罗兰》是意大利文艺复兴时代诗人卢多维克·阿里奥斯托（Ludovico Ariosto, 1474—1533）所写的长篇骑士史诗，故事背景是查理大帝率领基督徒骑士与撒拉逊军队展开宗教战争。史诗有三条主线，一条是基督教骑士与撒拉逊人之间的战争，一条是罗兰等骑士对安杰丽佳的爱情，另一条是布拉达曼和鲁杰罗之间的爱情。围绕着这三条主线，史诗中出现了众多的人物和情节故事。

哲学概念:一方面,它们同神学,同长久以来占统治地位的神学人性观与文化观维持着联系;另一方面,它们和理性的、经验的科学建立了关联。人们至今遵循传统,将哲学称作"科学的女王",但哲学的内涵越来越摇摆不定,无从把握。

在 17 世纪,哲学首先被视作自然科学,进而被视作科学本身。它不可避免地要涉及"逻辑学",至少从对待问题的方式(problematisch)上看,它同"形而上学"紧密相关。因此,它仍然保持着同神学的古老的联系。晚近的哲学"史"倾向于将自己使用的概念限定为半神学的(halbtheologisch)、逻辑学的概念,不过说到底,它们仅仅是预备性的概念而已。① 这样一来,它就歪曲了 17 世纪哲学的历史意义,17 世纪的思想家致力于科学研究,尤其致力于自然科学的研究,这为他们那个时代确立了哲学的意义。与此同时,上述错误的哲学史无法回避一些理论的事实:尽管生机勃勃的近代哲学概念和古代哲学概念一样,都朝着综合的、普遍化的方向发展,都要探讨人类心理学与一切人类文化(法、宗教、艺术),最终都要明确人类生活的目的,但是近代哲学探讨这些问题时,必然得从根源处颠覆古代哲学的看法。

转变的第一个方向,体现在近代哲学将全部注意力集中于由自然科学规定的哲学内容与哲学价值。无论哪个时代,自然科学都对哲学发挥了至关重要的作用,即便今天也如此,至少最近出

---

① 这里所谓"晚近的哲学",指的可能是黑格尔的唯心主义哲学或受其影响的哲学流派,黑格尔的哲学本身致力于哲学史和世界历史的总汇,他的概念都是为了实现绝对精神的预备概念。

版的一些作品证实了这一点①，本书的前文也尝试勾勒了这方面的脉络。假如换一个视角，不从被经院哲学支配的天文学、物理学与生理学的消解这一前提出发，那么我们就不可能理解近代哲学的历史了。人们今天习惯于思考的特殊哲学问题皆发源于此，皆取决于近代自然科学的发展。最终，要解决这些哲学问题，就必须从自然科学的原则里寻找答案。在康德所谓的"自然科学的形而上学基础"之外，别无其他的"形而上学"。人们常常将它称作"自然哲学"，关乎数学的理性原则及其运用，进而将它同经验的自然科学区别开来。

　　转变的第二个方向，体现在心理学领域，心理学的发展，同知觉与思维学说的发展紧密相关，因而也表现为知觉与思维学说的发展。现在，人们将它归结为"认识理论"（Erkenntnistheorie），视它为哲学的真正领地，是哲学史极其重要的组成部分。对此，人们通常有个误解，认为培根和笛卡尔是近代哲学的两座顶峰。这关乎历史的重要定位。事实上，培根(83)并没有为近代哲学指引方向；从现代哲学的标准看来，毋宁说笛卡尔是自然哲学的创新者，也即在第一个方向上做出了贡献。与他并行的是霍布斯，尽管和他相比，霍布斯对物理学发展产生的直接影响并没有那么大。在笛卡尔之后，牛顿取代了他的位置。笛卡尔和霍布斯以各自的自然哲学改变了传统的形而上学，他们发挥的影响既有积极的一面，也有消极的一面。笛卡尔的影响更多地同神学的、保守的观念相适应，霍布斯则是更彻底的变革者。他们都是新认识论的奠

99

----

　　①　滕尼斯并没有列举相关书目，但我们不难猜测，这里指新康德主义影响下的哲学著作，比如卡尔·纳托普等人的作品。

基者,都沿着哥白尼、开普勒、伽利略、哈维开辟的方向行进,虽然
笛卡尔在这一点上并没有那么明确。他们都希望让空间里的无
限运动这一解释原则普遍化,也就是说,让数学的解释原则普遍
化;他们都致力于用新的物理学来建构人的学问,笛卡尔更多着
眼于生理学和医学领域,霍布斯则更多着眼于心理学、伦理学和
政治学领域。至于他们的灵魂观之间的差异,我们接下来将展开
细致的讨论。他们共同秉持的数学原则涉及两个方面,第一个方
面是光学(Optik),第二个方面是方法(Methode)的全能力量。①
就此而言,霍布斯的研究一开始限制在物理的领域里,后来决定
性地扩展到了道德的领域。光学关乎知觉的本性,方法则关乎思
维的本性。两者皆和认识与现实之间的关系相关,如果人们认为
哲学根本上处理的是认识论问题,那么这一观点无疑要追溯到笛
卡尔和霍布斯,他们摧毁了人神同形同性论的假设,将机械原理
普遍运用于认识问题。正因为这个问题如此重要,所以我们应当
认真地做一番考察。在这里,我将利用一些涉及这两位思想家关
系的新材料,来深入地阐明他们二人的关系,这有助于我们进一
步地从各个方面理解霍布斯的思想。

§16

【光学的开端】在此之前,杰出的唯名论者们[84]就已经起来反
100 对上述不朽的图像或感觉质(species)学说。尽管伽利略并没有
提及唯名论,但他确定无疑地认为,除了"首要的"偶性(Akziden-
tien),即形状、数量、运动,所有其他的偶性都不存在于外在的对

---

① 这里的"全能力量"(Allmacht),明显是针对中世纪的上帝全能来说的。

象里，而只存在于我们自身以内，它们无非纯粹的名字。[85] 伽利略之所以会提出这一思想，很可能是因为他想起了德谟克利特(Demokrit)和伊壁鸠鲁(Epikur)。和伊壁鸠鲁一样，伽利略似乎假设了人的知觉源于对象里的物质性粒子的传导，不过这个原理不适用于冷热感觉。同样，霍布斯的朋友伽桑狄更新了伊壁鸠鲁的学说(1649)。[①] 有别于经院哲学，伽桑狄阐释伊壁鸠鲁学说时指出，对人的感觉发挥作用的并非对象的不朽的图像，而是物质性的图像，这样一来，他就在反神学的方向上对科学做出了重大贡献。

在此期间，笛卡尔的《折光学》(*Dioptrik*，1937)已经发表了些许年，他是第一位沿着开普勒开辟的道路用纯粹机械的方式解释视觉的学者，因而完全清除了感觉质学说。我们可以肯定的是，他并不知晓伽利略在其意大利文著作《试金者》(*Il Saggiatore*)里提出的诸定律。无论笛卡尔还是霍布斯，皆从各自的原则出发推出了结论。在所有急切渴望汲取笛卡尔思想的人当中，霍布斯毫无疑问是最深刻者，他准备好了同笛卡尔展开对话，表明自己赞同和批判的意见：

> "经历长时间的生活体验和深刻的思索，我[②]的心灵形成了确定的观点，即自然里的一切事物都是以机械的方式发挥作用的；由于形形色色的运动方式、大小不等的运动强度激发了物质，因而事物的现象产生了，这既关联着整个生命体

---

① 指伽桑狄的《伊壁鸠鲁哲学体系》(*Animadveriones et Epicuri Philosophiae Syntagma*，Lyon，1649)。

② 滕尼斯引述霍布斯的自传诗，指涉霍布斯时用的是"他"(er)，我们在此用"我"来指霍布斯。

的感觉,也关联着身体其他部分的激动情形。"(V. a. L. I,
XXIII)。

我们在描述霍布斯的生平时提过(见本书第 12 页[1]),这实质
101　上关乎知觉的本质,它也是霍布斯首先思考的问题。虽然我们无
法在此精确地罗列霍布斯哲学思想发展的编年史,但确定无疑的
是,从 1630 年起,霍布斯就已经摆出了同笛卡尔对抗的态势。他
用运动来解释光和声音,通过运动,知觉的对象将光和声音传给
知觉的主体(L. V, 303)。他在一篇写给纽卡斯尔侯爵的信里(这
是他于 1646 年完成的一篇未发表的英文论文的献辞)说到,大约
16 年前,在侯爵的威尔贝克庄园,他就已经向侯爵讲述了光乃是
心灵里的一个幻觉,它源于大脑的运动,大脑的运动又源于我们
所称作"发光体"的运动,比如太阳、恒星以及地上的火焰。霍布
斯这样写,必然是为了唤起侯爵的记忆,他还补充说,假如在那
时,这一学说被另一个人[2]公开提出,那么人们就会将他视作那个
人的后继者,认为他对该学说负有责任。"尽管如此,我认为哲学
的地基应当具有如下的特点,即任何人只要愿意,就应当在它之
上做进一步的建设,尤其当这一地基的创建者不愿意别人这么做
的时候。"(E. VII,468)如果说在这个地方,霍布斯将光学理论的
优先权让给了笛卡尔(除了笛卡尔,不会是别的什么人),那么还
有许多其他材料能提供一些说明。

---

① 指德文版页码。
② 虽然没有直接提笛卡尔的名字,但这里所说的"另一个人"就是指笛卡尔。

现存的一篇简短的手稿(86)①证实,霍布斯在他研究的早期阶段就思考这个问题了,我们有足够的理由将此追溯到 1630 年。因为在这篇手稿里,霍布斯尝试以自己的方式,通过"位移运动"来解释知觉,尤其视觉,他将概念推理设定为解释的原则,用纯粹的概念和选言判断来推导结论,但此时他尚未摆脱流传下来的感觉质概念。他最初的努力,便是将几何学的方法运用于知觉的问题;我们从中已能辨认出他未来学说的影子。感觉质即实体(Substanzen),它们持续地放射出来,向着无尽的远方行进。它们 102 在空间里运动,刺激动物的灵魂(spiritus animales)活动起来:

> "只要光、颜色、冷暖以及知觉的其他固有的对象被感性地知觉到,那么它们无非外在事物作用于动物的不同器官时,对动物的灵魂产生的不同效果。如果它们没被感性地知觉到,那么它们就是从外在事物那里来的、能产生上述效果的力。它们并非现实地存在于感觉质内的固有性质。"

> "由于从外部可感知的对象那里接受到的力量,大脑对动物的灵魂产生了作用,这就是一种幻觉。"

知觉活动就是动物灵魂的运动。感觉质作为我们当前设定的对象,激发了动物灵魂的运动;知性的行动就是大脑的效果。由此类推,知性活动是因大脑的作用产生的运动。

---

① 1878 年滕尼斯第一次英国之行,在大英博物馆发现霍布斯的一篇未公开发表的论文。滕尼斯取名为《第一原理短论》(A Short Tract on First Principles),将它收录于自己编订的《法的要素》一书里。根据滕尼斯的考证,这篇短论作于 1630 年。

§17

【对笛卡尔折光学的批判】霍布斯理论发展的下一个阶段，体现为对笛卡尔折光学的批判。在 1641 年初的一封写给梅森的信里，霍布斯表明了自己的批判立场。后来，梅森这位科学界的著名通信者和中介人将霍布斯的批判转给了笛卡尔。笛卡尔一开始做了答复，不过此后拒绝再答复。据我所知，霍布斯关于这个话题写了两封信（其中一封信是我最近才知晓的）。这两封信的主要内容都出现在他撰写的一篇拉丁文论文[87]里，部分文字一模一样，但论文做了远为详尽的阐释，我猜测它是霍布斯哲学体系第二部分的最初手稿，创作于 1638—1640 年间，霍布斯把这篇论文呈交给了梅森。此后，梅森受笛卡尔的委托，将后者的《沉思集》手稿分发给朋友，收集各种反驳意见。一方面，他鼓励不久前来到巴黎的霍布斯，撰写其哲学体系的概要，并且附上已为他所知的折光学批判文稿，回应笛卡尔；另一方面，梅森激起了笛卡尔的紧张感，因为他告诉后者，一个英国人秘密地（in petto）怀着与其相同的哲学思想，也希望从图形和运动来考察一切现象。

103　　　在此期间，笛卡尔读了霍布斯对其《沉思集》的反驳意见，他致信梅森，说不再期待这位作者在其他方面的看法。尽管如此，他还是写了针对霍布斯的折光学批判的答复，不过言辞中充斥着蔑视之意。通过这篇答复文献，我们无疑可以重构霍布斯的折光学批判的要点。但更好的做法，还是从上述阐释得更深入的论文里摘引出若干值得重视的论述。在此，霍布斯谈到了如下假说：太阳同时向着各个方向释放出效果，它们沿着直线作用于周遭的

"精细的物质"。笛卡尔是这一假说的提出者，而且所有人都接受了它（对这些人来说，梅森的权威是有足够说服力的）。"因为亚里士多德主义者将那些无形的、飘动的图像称作感觉质，它们无非言辞。"与此同时，霍布斯要维护自己的独立性，他宣称即便自己没有偏离笛卡尔的原则，但相较于笛卡尔，他设想的学说更少矛盾性。尤其他明确地指出，自己的学说遵循严格的机械论原则，不像笛卡尔那样，在运动的驱向（Aktion）或倾向与运动本身之间做出区分。霍布斯证明自己在其哲学体系的第一部分（似乎他当时就已将这个部分命名为《论物体》了）就已经讲清楚了，驱向即运动：

> "一般人很容易相信，即使没有运动，驱动（Conatus）①（即运动的倾向）也是存在着的。让我们拿一个受支撑的重物打比方，当它受支撑时，我们看不出它运动，然而一旦支撑它的东西被撤走，那么我们就能看到它下坠了，进而从中推断出它没下落时仍然有驱动。对他们而言不那么矛盾的例子是，太阳始终对眼睛产生作用，因此驱动和运动是一回事。但是对从事哲学思维的人来说，当他尝试构想驱动概念，也就是说，他要从太阳作用于眼睛、从一个地点到另一个地点

104

---

①　Conatus 是近代形而上学的重要概念，各个哲学家使用这个概念时的侧重并不一样。不同的霍布斯汉译本对这个词的翻译也不一样，比如黎思复和黎廷弼先生的《利维坦》译本将这个词翻作"意向"（见第 6 章），段德智先生的《论物体》译本将这个词译作"努力"（见第 25 章）。译者认为无论"意向"还是"努力"，在中文语境里的主动含义都过强了。"意向"的译法容易和后来胡塞尔的"意向性"混淆，"努力"的译法更适用于斯宾诺莎。而霍布斯在这里使用这个词时，只是想要表达运动的发生，故而译者将这个词译作"驱动"。

的变化这样的事例中推导出驱动的图像或描述驱动的方式，那么不仅设想运动同驱动的分离比设想它们的相互结合要更难，而且它们的分离压根就不可想象。故而我通过自己的设想，对笛卡尔的设想做了说明，并进一步地补充他的思想：视觉因外部对象的刺激效果而产生，一切效果都是运动。这样一来，太阳的运动传到了眼睛这里，但视觉是同时朝着各个方向的，因此运动也同时朝着各个方向。从太阳到眼睛的运动被称作扩张（dilatatio），反过来，如果对象不收缩，进一步的扩张就不可能发生。当人们隔着一定的距离看太阳时，或者太阳内部进行着收缩和舒张的运动，或者视觉没有受到太阳的效果的刺激。为了解释光的效果，笛卡尔本人用言辞来指称当前的运动……如果他一直以来都抱持这一看法的话，那么他也许要修正他的设想（因为此设想并非通过方法，而是通过尝试得来的，也许他是偶然地得出的）。"

我们注意到，作为伽利略的学生，霍布斯一方面努力地推广"虚构的速度"（virtuelle Geschwindigkeit）概念[88]来对抗笛卡尔，而笛卡尔对此并不买账；另一方面，当他面对自己的对手时，根本无法隐瞒自己的恼怒。他们思想之间的原则性差异，体现在这篇论文的另一处，以及（据我猜测）霍布斯随后撰写的针对笛卡尔《沉思集》的反驳文章。它关乎心理学问题，关乎由笛卡尔提出的动物与人之间的特定的区分问题。可以说，他们给出了这个问题的最原始的提法，甚至影响着当今最前沿的科学。霍布斯写道：

"由于无论形式上的(formaliter)视觉还是实在的(realiter)视觉，都无非是运动，故而形式上的视觉以及明确显现的东西，除了是被推动的东西，就什么也不是了。也就是说，它是一个物体。因为只有物体，也即具有一定大小、占据着一个地点的物质性的物体才可以被推动。如果说动物可以看，那么当我们以完备而恰当的方式将它称作观看者时，即它若不是非理性的或没有灵魂的物体，就一定是被推动的灵魂，因而一定是物体。勒内·笛卡尔在《折光学》里说：'长久以来，我们都知道，感觉着的不是身体，而是灵魂。'笛卡尔的这个说法是错的。他进一步地论证说：'因为我们看到，如果灵魂由于出神(Extase)或聚精会神地沉思而游离于外，那么整个身体就不再有感觉，尽管仍有许多对象在触动着他。'笛卡尔的论证也不对。因为处在沉思、疾病、臆想状态里的麻木(Stupor)并非必然意味着灵魂的消散(Diversion)，毋宁说它意味着精神、大脑或心灵朝另外一个方向运动，至少由于精神的组成部分受到外在对象的刺激，精神的运动转向了。因为正像所有人都相信的，动物的灵魂随着肉体的死去一同死去，所以它绝不可能不是生命体的组成部分，生命体根据自己的要求处置它，让它运动起来，使得自己是一个完整的生命体；当生命体的倾向和运动停止了，可感觉的灵魂也不再存在；如果说动物的灵魂在感觉，那么毋宁是它的身体在感觉。同理推断(Eadem autem ratione)，人的感觉正如动物的感觉，如果说他的灵魂在感觉，那么实际上是他的身体在感觉。因此，从'灵魂在感觉'不应该推导出'但不是身体在感觉',因为前者和后者相互矛盾(笛卡尔有意或无意地希望促成这个矛盾)。更准确地说,并不是身体在看,而是灵魂通过神经纤维的中介作用、通过神经纤维的运动在看,就像笛卡尔说的:灵魂认识到了对象处于多远的距离,它的状况如何?所以我们可以进一步地追问:灵魂以何种方式在看?或者说,假使不是灵魂本身被推动的话,那当大脑里的视神经纤维激起运动,灵魂在何种意义上、通过怎样的其他神经的中介作用来认识这一运动?如果我们的推断正确,那么灵魂就是身体本身。进一步地说,假设我们希望相信,灵魂要去认识在大脑里产生的图像,那么我们就以同样的理由否认了笛卡尔的判断。因为笛卡尔认为灵魂认识大脑里的图像这件事不可能发生,'这预设了大脑里存在着另一双眼睛'。我们说灵魂可以知觉到大脑的运动,对此,要是我们否认灵魂里有其他的眼睛来直观大脑,那么只有另外一种可能,即视觉本身就是因太阳的照射而被激起的事物,或者说就是事物的运动。因此毋庸置疑,观看者就是一具身体。"(89)

§18

【对《沉思集》的反驳】在这里,霍布斯是从生理学认识的基础来批评笛卡尔的。与此同时,霍布斯针对笛卡尔逻辑的、形而上学的沉思,展开了反驳。霍布斯并不反对"我思故我在"(cogito ergo sum),但他不同意笛卡尔接下来的推论,即"我是理智的,因而我就是理智"。因为这样一来,我们也可以同样推理说:"我在散步,因而我就是散步。"霍布斯认为,由于人不能在没有主体的前提下思考主体的任何行为,因此我们似乎可以推论:思维着的东西就是某种物体性的东西,"因为一切行为的主体似乎只有在物体或物质概念的条件下才能被理解"(第二个反驳,L. V,253)。同时,霍布斯承认,在表象和思维之间有很大的区别,思维意味着通过推理得出结论,证明什么存在。但一切推理说到底无非是将字词连在一起所得出的名称的总和,"所以我们得不出任何有关事物本性的东西,只能得出有关这些事物的称号"。

　　尽管这两位思想家之间明显对立,但梅森准确地看到了他们的一致之处,那就是他们在竞争机械论解释的优先权,看谁能更彻底地用机械论原理解释知觉。因为霍布斯在几年后说道[90]:

　　　　"近来单单除了笛卡尔先生,所有人都接受了我的看法,即光和色彩,也就是事物的显像,并非靠我们的想象力想出来的东西。相反,它们乃是对象本身里的偶性,它们寻找着没有处所的处所。[①]"

　　此后,霍布斯又骄傲地宣称:"尽管所有的欧洲大学都坚持知觉源于感觉质,但我认为知觉是对器官里的运动的感觉。"(1656)他才是知觉的机械论学说的独立创始人:"因为谁读了笛卡尔的

---

　　① 霍布斯对"偶性"的定义是:某个物体在我们心里造成它自身概念的能力。当一种偶性被说成存在于一个物体里的时候,并不将其理解为某个东西包含在那个物体里,例如不能说红色在血液里,红色只是我们把握这个物体的一种方式。因此霍布斯用一种打比方的方式说,它们寻找着没有处所的处所。关于"偶性"概念,可参见霍布斯:《论物体》,段德智译,商务印书馆2019年版,第121—123页。

书,就会发现,笛卡尔并不将运动归为知觉的对象,而是描绘成一
种纯粹的活动倾向,在这样的倾向里,没有人能想象得到它意味
着什么。"

§19

【共同的目标:修改世界图像】从奠定划时代的原则看来,笛
卡尔和霍布斯之间并没有什么本质性的分歧,只不过相对于笛卡
尔,霍布斯更少致力于搭建自己的学说与占统治地位的神学之间
的桥梁。相反,他认为一旦人们对超出经验的材料使用理性的
话,便只会堕入空虚和荒谬。故而他赞美、拥护伽桑狄,在他看
来,伽桑狄有力地攻击了由笛卡尔复活的形而上学幽灵。⁽⁹¹⁾但这
不过盟军内部的小冲突而已,笛卡尔、霍布斯和伽桑狄共同捍卫
了全新的机械论自然解释,他们推翻了所有大学的权威,斩断了
古代经典哲学的根基。在他们之中,做出了最大贡献的莫过于笛
卡尔与霍布斯,这两位思想家同时激情洋溢地尝试贯彻关于自然
过程的机械理论。而且从一开始,霍布斯就认为将机械论的解释
扩展到人类灵魂的领域乃必要之举;与之相对,笛卡尔秉持一种
极端的二元论观点,其极端性尤甚于亚里士多德的学说。然而与
其说是笛卡尔的形而上学,不如说是他的物理学深刻地影响了17
世纪的精神史,霍布斯的贡献却几乎被遗忘了。笛卡尔为了争夺
机械论解释上的优先权,同霍布斯的关系势同水火。毫无疑问,
相较于优先权之争,他们之间观点不同的事实并没有那么重要,
正是优先权之争导致了他们二人的疏远,即便梅森、卡文迪什和
其他人从中尽力斡旋,也于事无补。⁽⁹²⁾

封特奈尔①曾这样生动地讲述了 17 世纪的自然科学之变：

　　"你们想象一下这样的场景，所有最知名的古代哲人会聚在歌剧院，看到法厄同（Phaëthon）②飞扬在上空，只有风的激荡，他们既不见任何绳索的拉伸，也认识不了剧场的后台是如何布置的。于是其中的一位说：'有一种神秘的力量将法厄同抬升到上空……'另一位说：'法厄同明确倾向于飞到剧场的上空，如果他不在那里，就不会感到适意。'还有一位说：'虽然法厄同并非为了飞翔而被创造出来，但他更喜欢飞翔，而不是让剧场的上空空无一物。'许多其他的空想家们对此展开了激烈争论。但最后，笛卡尔和几位现代人来到了剧场，他们解释说，法厄同之所以上升到空中，是因为被绳索拉住了，绳索向上拉伸的力量超过了他下沉的重量。这样一来，没有人再相信物体可自发运动，如果不存在另一个物体牵引或推动的话，它就不会运动；没有人再相信物体的上升或下降，除非它受到反作用力或弹簧钢丝的作用；谁要是想观察自然的本来面貌，就要去观察歌剧院的机器间。"（《关于世界的多样性的谈话》）

　　霍布斯的功劳，不仅在于彻底摧毁了古老的幻象，用自然的

---

　　①　贝尔纳·勒博维埃·德·封特奈尔（Bernard Le Bovier de Fontenelle，1657—1757）：法国哲学家、诗人、科学史家，代表作有《关于世界的多样性的谈话》《死者的对话》《权威的历史》等。
　　②　法厄同是古希腊神话里的太阳神赫利俄斯（Helios）之子，因为驾驶父亲的黄金战车失去了控制，导致自我的毁灭。

方式解释世界的体系,而且在于他相信,他能根据同样的原则揭示齿轮和弹簧的运动原理,进而将这一原理运用于解释人类的共同生活,探讨人类的共同生活如何被推动,如何被阻碍,如何被组织起来。那位才华横溢的法国人(按:指笛卡尔),继续写道:"如今我们希望看到,宏大的宇宙如同微型的钟表,一切皆处在有规则的运动当中,皆依赖各个部分的秩序(Anordnung)。"同样,霍布斯探讨政治问题时,也采纳了这一看法:

> "对于钟表或相当复杂的装置,除非将它拆开,分别研究其部件的材料、形状和运动,不然就无从知晓每个部件和齿轮的作用。同样在研究国家的权利和臣民的义务时,虽然不能将国家拆散,但也要分别考察它的部分,要正确地理解人性,理解它的哪些特点适合、哪些特点不适合建立国家,以及谋求达成一致的人必须怎样结合在一起。"①(《论公民》"致读者的前言")

在另一处,霍布斯将国家与一个人做比较,将人与一架自动的机器做比较:"我们为什么不能说心脏无非就是发条,神经只是一些游丝,而关节不过是一些齿轮,它们将运动传输给整个身体呢?"(《利维坦》引言,E.III,IX)

哲学家的批判精神就是分析的精神,他将一切现实分解成各个要素,进而指明各个因素自身如何拼装到一起,或者说,如何由

---

① 根据滕尼斯翻译的德文译出,同时参考霍布斯:《论公民》,应星、冯克利译,贵州人民出版社 2002 年版,第 9 页。

一个凌驾于它们之上的理智来整合、缚紧它们。这就是逻辑学（Logik）的绝对统治，它强而有力地指引着自然的运作，它赋予自然先天的法则。尽管会遭受经验的抵抗，但它愈发深深地嵌入经验的领域，直到自身的边界；在边界内，它都证明了自己的必然效力。从这个意义上讲，霍布斯必须被视作一位具有普遍影响的、一以贯之的逻辑学家。本书接下来的章节将呈现他的思想与成就的基本特征，我们从霍布斯学说形式化的基础出发，遵循其理性主义的风格，探讨霍布斯见解与思想的完整领域，直至作为其学说顶端的人类文化问题。

第二章　逻辑学

§1

【唯名论—定义—作为计算的思维】"我知道,哲学的这个部分关系到线与图形,这是古人传给我们的好东西。同时,古人传给我们一种真正逻辑学的光辉范型(Muster),借此,他们能创造、证明他们已然如此得出的卓越定理。"(《论物体》"作者献辞",并参见 I,1.1,L.I,2.)尽管霍布斯在此承认了逻辑学的古典传统,然而我们不能不怀疑,这一逻辑学的观点乃他的原创。霍布斯迅速终结了此前著名的唯实论与唯名论之争,我们知道,这场漫长的争论同亚里士多德的逻辑学相关,他们争论的是普遍者,即概念(或者更准确地说,概念的对象)究竟存在于事物之中,还是纯粹地存在于思维之中。无疑,霍布斯的思想乃是极端的唯名论。在他来说,一切事物本质上都是单一者,我们按照它们的共同特征赋予它们名称,由此将它们收集到了一起。进一步地,我们将名称结合成句子,只要其中的名称皆和现实的事物对应,那么这个句子就是真的。至于句子是什么样子,这首先取决于说出这个句子的人的意志。如果许多人用同样的名称,或者说他们使用同样的语言,那么他们在名称的使用上就达成了一致。

这种情形尤其且必然地适用于科学,因为科学由精确的真命题构成。因此,任何一门科学必然始于定义(Definitionen),也即从设置那些要去使用的名称出发,就其本性而言,设置完全是人的志愿性活动。人们可围绕某一定义的适用性展开争论,但不可置疑定义的真实性。对于创造某一定义的人来说,定义就是真实的、正确的,他必然知道他定义的是什么。如果他做出决定并说出:"这个东西应是 A,那个东西应是 B",那么他就认识了这两个东西。无论通过直观,通过纯粹的表象,还是最终通过有意识的虚构的方式,他必然将它们纳入到了自己的记忆里。因此,人是通过运用定义来思考的。他们的思考基于一个假设,即定义的名称的特征无关紧要,它们乃纯粹约定的符号(verabredete Zeichen),它们的价值不在于符号本身,而在于约定的行为,在于明显有意识的、仿佛经协议达成的一致里。一个思考者既可以为着他自己使用的方便,也可以为着许多人共同使用的便利而设置定义。谁希望自己有教养,谁就必须接受他的教师传给他的定义。他保留给自己的自由,仅仅是检验推论是否正确,也即检验定义的联结以及由此推导出的命题是否正确。

"思维就是计算",一切精神的操作都归结为加减运算。就其本质而言,思维的活动无异于联结、分解表象(Vorstellungen):如果一个对象尚在远方,我们还无法确定它,随后我们逐渐更完整地认识了它,那么这就是做加法运算;反之,如果这个对象的特征逐渐失去,或在我们的眼前消失,那么这就是做减法运算。不过对此我们必定感到有些遗憾,因为我们的哲学家从这一可靠的起点出发,尚未深入到对思维本质的认识。

§2

【作为构造物的科学—体系的原初综合结构及其后续修订】
为了获得知识，人就不能止于认识真命题，还要把握命题的内容。
也就是说，回忆那些名称的含义，将之同特定的对象、特定的感觉
联系起来。人从对象那里获得感觉，为了让感觉不至于无意义，
他必须用符号来为感觉命名。这是科学知识的本质特征，科学
知识的最终依据是经验（Erfahrung）和回忆（Erinnerung），它和
日常知识一样关乎事实，因此动物也能获得科学知识。无论是
动物还是人，都能通过经验变得更聪明，他们学会推想过去、预
测未来。然而，唯独人能掌握名称的系统或语言，人用它来固定
自己的记忆。有别于一切关于事实的知识，科学乃是原因的知
识，或者说，它是关于事实之起源的知识。科学本来就可以被先
天地验证，它之所以可能则取决于对象，我们不仅认识对象如何
产生，而且明确地知道这一点。因为对象产生的原因必然已包
含在定义里，否则它们也就不会出现在由我们推导出的命题之
中。故而我们认识到对象如何产生，正是我们自己将它制作出
来了，"对象的产生系于人自身的意愿（Willkür）"。从几何图形
来讲，它的特征的起因存在于线条里，而线条又是由我们描画出
来的；至于法与不法、公正与不公正的原因，道理都是一样的，"因
为我们将它们的原则即法与契约本身创造出来了"（《论人》第5
章第4—5节）。这是我们的思想家长期以来殚精竭虑思考的问
题，也是他给出的最终答案。尽管如此，霍布斯最后仍然没有深
入认识论的最内核，即便他不断地探寻有别于自己已发现的思想

113

的另一种思想形态。他想要指出的是,纯粹的科学之所以可能,仅仅因为它讨论的是思想物(Gedankendingen),即抽象的对象、理念的产物;由此一来,我们也可以构造一个"政治"体,但不管怎么样,我们无法知觉到它。所有像这样的思想物都是由我们制作出来的,也就是我们思维着的东西,我们总会视它们为隶属于外部有形世界的东西,以多少完善的方式复制现实,将它们制作出来。如果说像"国家""道德"这样的概念只存在于人的思想里,那么我们总归可以用我们的理念来衡量实际的事实。假如纯粹的科学只被限定在"几何学"和"政治学"领域,正像霍布斯最终决定的那样,那么理念与现实之间的关联就更容易理解了。[114]当然,相较于几何学,政治学要复杂很多。但无论如何,从霍布斯的哲学体系来看,既然现实过程的原因可被通达,它就以可先天地演证的运动学(Kinematik),也即运动的学说为基础。因此,当我们讨论霍布斯的物理学时,仍必须回溯到这一基础性的问题上来。

我们知道,霍布斯对力学的兴趣源于他的心理学研究,也就是他对知觉的考察。当然,在他系统性的计划里,知觉学说根本上要探讨的是它的对象,即诸感觉性质(Qualitäten),例如光、声音等等。对他来说,为了从生理学的角度解释知觉,就有必要考虑诸感觉性质的主体,它们"内含于"主体之中。霍布斯认为,因为他把握了正确的原则,从客体的运动以及知觉者身体的运动推导出了知觉,所以物理学的这个部分就是可演证的。如果我理解正确的话,那么霍布斯从一开始就只想在他的体系里提出可证明的东西。假如我们没有看到霍布斯在《论物体》第1卷第6章第6

节里勾勒的基本计划,那么我们必然会犯错。根据这个计划,霍布斯设想了他的综合性研究进路,当然,实际的学科划分多少会有所偏离。研究第一哲学(Philosophia prima)应当遵循的次序是:(1)几何学;(2)运动的学说;(3)知觉的学说;这必然导向(4)光的学说;等等。最后两个部分统称为物理学,而上述四个方面共同"包含着自然哲学里一切可以用真正的演证来说明的东西"。如果要解释特殊的自然现象,那么我们必须要么将此联系到科学的可演证的部分,"要么完全抛弃根据(理性[ratio]),让它们听任不确切的猜测"。(我们还需要注意到,霍布斯在第5节提出了如下命题:一切变化都存在于运动中。这是自明的,无须提供证据来证明,这就是公理。)紧接着这一原初计划,霍布斯在《论人》里写道:

115

> "在物理学之后,人们必然要讨论道德哲学(Moral),道德哲学事关情感(Gemüter)的运动……道德哲学之所以跟随着物理学,是因为道德起源于知觉和表象……知觉和表象又都是生理学要考察的对象。"

有别于在早些时候提出的普遍原因与特殊原因之间的对立,霍布斯后来将它替换成了抽象现象与具体现象、抽象物体与具体物体、抽象运动与具体运动之间的对立。不只如此,在早些时候,霍布斯认为生理学事实间的普遍因果关系乃是可以演证的东西,后来他明确否认了这一点,只认为对数量和运动的抽象的、几何学的处理才可演证。由此一来,《论物体》规定的研究进路改变了,第一哲学不再遵循上述的四步次序展开,而是由以下的四个部分组成:(1)逻辑学;(2)基本概念;(3)运动与数量的根据;(4)物理学或对自然现象的研究。最后一个部分建立在纯粹假设的基础上。[93][94]

第三章　基本概念

§1

【科学的划分—作为科学研究对象的物体】为了同逻辑学区别开，霍布斯沿用了"第一哲学"这一古老的名称，以此命名他学说的基础内容。第一哲学又有一个著名的称谓，即"形而上学"。在这里，定义（Definition）就其最简单的含义而言，划分各个领域，因而它扮演着极其关键的角色。所有的领域皆是给定的，涵盖一切可能的（外在的和内在的）经验，或者按照霍布斯所说的，它们都可被命名。霍布斯视命名的过程为哲学思考的典型特征，他拿哲学家命名的过程同雕塑家雕刻的过程做比较。相较于哲学家，雕塑家无非将多余的材料刨除，因而他并非制作了雕像，而是发现了雕像，哲学家的工作却可以与创世（Weltschöpfung）的伟业相媲美：

> "如果你热忱地渴望成为一位哲学家，那你就应当让你的理性在你的思想和经验的混沌深处运行；你就应当将那些朦胧混乱的东西打成碎片，将它们区别开来，给每一个部分标上名称，井然有序地排列它们。也就是说，你所采用的方

法务必与创造事物本身保持一致。创造的次序是：光、昼夜的分离、天空、光体、有感觉的生命、人。在创造之后，诫命接踵而至。因此，我们沉思的次序是：理性、定义、空间、星体、诸可感的性质、人。当人成长起来，就成了公民。"[1]

在此，霍布斯仿照了《圣经》的神话，但他并没讲清楚理性主义的理念，并没有说明白特殊事物如何从普遍事物那里派生出来，故而人们多少会对他的言辞感到惊奇。我们应该这么说：霍布斯希望运用概念，首先来模仿事物的产生过程，最后是文明的 117 产生过程。因为"创世"概念于他而言没有什么意义，他是极端拒斥一切神学因素的，而且这种类比只出现在了《论物体》的前言里。

在此，我们毋宁看到的是一种宇宙发展史思想的破晓，到了我们的时代，这一思想赢得了成熟的形态。霍布斯在具体地探讨科学问题时，从来没有远离划分物体类型的意识，他始终致力于为科学分类。在最后的两部手稿（L. IV, 29. III, 67）[2]里，他坚定地采纳了从最普遍者向最特殊者推进的理念，将政治体同物质性的物体区分开来；通过引入矿物的、植物的与动物的科学序列，他促成了从物体的领域向人的领域的过渡。就霍布斯的体系而言，这一过渡并非清晰的，因为没有任何迹象显示有机体能从一般的物体概念里分离出去，尽管他谈到动物也分有知觉的能力。不过

---

① 　这段引文出自霍布斯《论物体》"致读者书"，根据滕尼斯的德文翻译译出，同时参考霍布斯：《论物体》，段德智译，商务印书馆 2019 年版，第 10 页。

② 　指《对今日数学的考察与改进》（*Examinatio Et Emendatio Mathematicae Hodierna*，1660）与拉丁文版的《利维坦》（1668）。

我们从他的后期著作里认识到，他并没有坚持严格的唯名论，即斯宾诺莎所说的普遍物体（Corpus Universi）概念，而是区分了普遍物体的各个部分，进而区分了天体和流星。但不管怎样，我们的思想家坚信，只有物体才是科学或哲学研究的对象。这一命题必然从其前提推导出来吗？"哲学是我们靠正确的思维，从我们具有的原因或产生的概念中获得的关于效果或现象的知识，反过来说，哲学也是我们从关于效果的认识中获得的关于产生的可能的知识。"因此，这就是霍布斯对哲学下的基本定义（《论物体》第1章第2节）。"效果与现象乃物体的能力或力量，故而我们能够将它们分离开来，或认识到它们相似与否。"①"哲学的对象就是每一个这样的物体，我们可以想象它们的产生，并且通过对它们的思考，在它们之间做比较。"②这些皆为《论物体》第1章的命题。

§2

【作为科学研究对象的表象】物体的定义在后文再度出现，在此，我们拼接上已经掉落的线索③，首先从一切"被命名的事物"的分类情形来看关于物体的定义。被命名的事物可归结为以下四种类型：物体、属性、表象与名称本身（《论物体》第5章第2节）；除了所有这些事物，作为名称的结合的判断或句子也能被我们认识。但为什么其他类型的科学不存在，只有物体的科学存在呢？随后的章节（第6章第1节）解释了这个问题：

---

① 这句话出自《论物体》第1章第4节。
② 这句话出自《论物体》第1章第8节。
③ 这里指将《论物体》的第1章和第5章放到一起来看。

"科学的首要原则是感官的表象以及想象力，从中我们自然地认识到它们存在。但要认识它们为什么存在，认识它们产生的原因，这便需要思维了。思维就在于组合与分解（根据第 1 章第 2 节所说的），在于综合与分析的方法。"随即，霍布斯写道："如果科学可通达全部事物的话，那么科学本身就基于对原因的认识；而一切单个事物的原因又由普遍事物（普遍事物或简单事物［Universalium sive simplicium］）的原因结合而成，因此人们必须先行认识所有物体或物质共同的原因，也即它们共同的偶性；随后再认识单个事物的特殊性，也即它的属性，属性乃是一个事物区分于另一个事物的依据。"（《论物体》第 6 章第 4 节）

我们已经在第二个命题里谈到了实在现象的情形。[①] 至于如何区分物体与属性，霍布斯在《论物体》第 8 章第 20 节回答说："物体是事物，不能产生出来（entstanden），属性却是产生出来的，它不是事物。"最后，在第 25 章里，霍布斯探讨了感官的感觉，他重申了哲学的定义，紧接着写道：

"在那些为我们而存在的一切现象中，最可惊叹的事实是它们存在本身。也就是说，有些自然物体在其自身中就承载着几乎所有事物的原始样式（exemplaria），另外一些物体则完全没有……所以我们不可能从感官的感觉本身之外的

---

① 第二个命题似指上一节的"效果与现象乃物体的能力或力量，故而我们能够将它们分离开来，或认识到它们相似与否"。

其他现象来考察它的原因。"

如何解决这里的矛盾？① 要回答这个问题并不难。和笛卡尔一样，霍布斯从事实出发，在他看来，对每位思考者而言，只有其感觉也即主观的和心理的现象是给定的。它们都是被命名的事物，更准确地说，是有可能被赋予名称的事物。霍布斯在事物与感觉之间做了区分，但他忘记指出具备知性的普通人，甚至在一定程度上具备理智能力的动物，都能在任何一位哲学家之前实现这种区分。他们感觉到且意识到所有感性的知觉都反映了外在现实的本来面目，但感性的知觉同现实本身判然有别。哲学家不可避免地要重申区分，同时，在霍布斯这里，他已经预演了未来在外部事物与其属性间的进一步区分。

§3

【诸感觉性质的主观性—现象论】如此一来，重要的哲学问题产生了：事物与它的性质间的关系是什么？ 事物及其性质同它们的表象间的关系是什么？ 感觉者在心理上感受到的对象的现实存在（Dasein）似乎就是对象实在地存在的原因；诸感官性质的观念性的存在，在其本身为真实的前提下，就要求在对象里或从对象那儿找到解释的依据；表象同现实的关系，正如一幅图像同其原型的关系。对此，天真的、俗众的思维方式以及流传下来的学说，皆认为知觉的过程源于各种实在的感觉质。与之相反，伽利

---

① 这里所谓的"矛盾"，指的是"作为科学研究对象的物体"同"作为科学研究对象的表象"之间的矛盾。

略、霍布斯和笛卡尔教导人们：知觉的过程除感觉之外，无非是感 120
官和对象之间的运动，感觉到的诸性质仅仅存在于主体内。相对
应地，在对象之中、从对象发出的仅仅是各种确定的运动，它们同
感觉毫无相似之处。和传统哲学一样，这一学说预设了身体的外
在的现实存在①，而且必然为身体保留了诸感觉性质的实在性。
因诸感觉性质的相互作用以及它们对感官产生的影响，身体必定
形成了表象，身体的现实存在是大小（Masse）和运动（Bewe-
gung）。人们通常将大小和运动限定为"首要的"性质，但假设我
们不再将大小和运动看作有效的性质，那么我们必须通过另外的
表达方式，将它们同身体本身区分出来。又因为离开了身体，大
小和运动就不可想象，故而它们事实上和身体保持一致。偶性
（Accidens）概念就充当了区分的工具，按照霍布斯的说法，要解释
偶性，用例子比用定义容易得多（《论物体》第 8 章第 2 节）。

通过一些论据，我们足以反驳感觉质的客观实在性，同时，我
们也应当牢记感觉质学说的谬误。也就是说，身体的现实存在本
身只被视作心理的事实，我们不可能直接认识另一类的东西。笛
卡尔与霍布斯二人重新赢得的认识出发点，乃是在主观上看来袒
露的物体世界（entblößte Körperwelt），它既是有广延的也是被推
动而运动着的物体，笛卡尔与霍布斯赋予了它决定性的理论效
力。笛卡尔继承了哲学的教条主义，在他看来，理性作为独立的
认识能力发挥着作用，世界作为空间、广延或有形体的实体，不仅
通过感觉而且通过理性被设定，因此世界是现实的东西。康德的

---

① 滕尼斯用德文词 Körper 翻译拉丁文的 Corp（英文为 body），我们根据上下
文语境，将这个词翻译为"物体"或"身体"。

批判针对的就是笛卡尔的设定,他写道:"凡是单从纯粹知性或纯
121 粹理性得来的对事物的认识都无非是纯粹的假象(Schein),只有
在经验中才有真实性。"①而霍布斯不仅把外在世界的实在性看
作纯粹合目的的内容,而且视作必然的、据其本性而言由志愿创
造的概念。为此,霍布斯建议做一项有趣的思想实验:设想一
下,如果一个人把世上的一切事物都毁灭了,只剩下做哲学思考
的自己。那么很明显,这个人在他的记忆里保留了所有的表象
或幻觉,正像世界依然存在那样。虽然他不能获得什么新表
象,但他可以处理、计算这些剩下的表象,如同我们在现实中
用自己的表象来运思一般。对于外部事物或任何实存者的纯
粹记忆或表象,皆为当下存在的东西,因而是关于空间的表
象,他首先会把空洞的空间想象成现实,在空洞的空间里,没
有任何物体存在。但随即,他将遵循自己的记忆,把物体重新
置入空间之内。这样一来,物体再度在他面前出现,和一部分
确定的空间重合:

> "表象能被考察,也就是说,它们能被交予思维,由思维
> 在双重命名的意义上考察之。它们或者作为心灵的属性从
> 心理学的角度被研究,或者作为外在事物的图像。在此情形
> 里,它们并非实际存在着的事物,而是仿佛存在,看起来在我

---

① 这句话出自康德的《未来形而上学导论》,译者根据滕尼斯的直接引用译
出,参考了庞景仁先生的翻译,见康德:《未来形而上学导论》,庞景仁译,商务印书馆
1982年版,第173页。

们之外存在的东西，我们首先要以物理学的方式研究它们。"①

若这位孤独的思考者还在想，如今新创造出的物体就是现实的东西，那么他不但会把它们当作空间的某个部分，而且会视它们为独立于自己想象的东西。事实上，我们同形体世界的关系即如此（这是《论物体》第8章第1节的要义）。

上述观念对霍布斯这一代的哲学家，乃至对整个近代自然科学而言皆成立：一切现象，只要不被看作心理现象，就能被关联到一起。人在它们之间做比较，将它们纳入同一个公分母，追溯到最普遍的经验，即运动的物质。在此，给这些物质添加任何特殊属性的做法，皆和研究者的意志发生了冲突，因为研究者的努力在于消除这些物质的因素，即阐明、分解它们。[95]

§4

【唯物主义对抗形式主义】正像任何一个科学概念那样，物质实体（materielle Substanz）这个概念没有绝对的意义，它只是作为相对者而具有一定的价值。最初正是因为物质实体概念，自然科学才成立。面对所有变幻的现象，自然科学能将它们均等地解释为凝固的物体之间的相对位置的变动。这些物体要么被视作可分的东西，要么被当成不可分的东西。不过，随着人们把物体相对位置的变动过程解读成一个被称作"能"（Energie）的不可知物

---

① 出自《论物体》第7章第1节，滕尼斯对原文有改动，译者根据滕尼斯的德译译出。

的不同现象形式,解读成能在量上的增加或减少,"物质实体"这个概念最终就变得多余了。在"能"这一最简单的表达成立的地方,所有具备某一实在或虚拟速度的确定的大小单位(Masse-neinheiten)都必然变成有效的概念,因为在其中,特殊的主观感觉完全消解了。"能量守恒"乃是发端于近代且已具有普遍效力的自然概念,它必然影响了我们的普遍思维,然而直到今天,这一后果仍然没有得到我们的充分重视。关于能量守恒概念同康德以来哲学基本概念的变革之间的亲和性问题,至今鲜有论述。假如我们正确地认识两者的关系,那么就会将哲学基本概念的变革追溯到 17 世纪的思想家们。在当时,哲学和自然科学还没有也不可能分家,他们提出了深刻的新学说。19 世纪的学者们仍在深入地考察这一遗产,也许直到 20 世纪,人们才能真正消化它们,从而完成 17 世纪以来的思想变革。

　　我们现在面对的问题是克服"唯物主义"(Materialismus),也就是克服作为一种确定的建构原则的机械论自然解释。在 17 世纪,"唯物主义"的奠基之所以是大势所趋,乃是为了对抗当时占统治地位的形式主义(Formalismus)。因为形式主义是关于实体形式的学说,故而成了唯物主义的真正反题。笛卡尔和霍布斯致力于唯物主义的奠基事业,尽管他们之间的差别很大,但都将唯物主义当作绝对的信条来教导。但与此同时,由于他们采取了对于世界的批判性的、理想主义的、"现象学的"态度,他们又恰好开辟了否定、克服唯物主义的道路。尽管笛卡尔为奠基工作做得更少,霍布斯做得更多,但是因为人们对霍布斯抱有愚蠢的偏见,他被插上"唯物主义者"的标签,被完全排除出哲学家的行列。

我这么说是有原因的。古老的形而上学同"分离的诸形式"的设想相依相伴，它至少认为思维着的灵魂是更高贵者。灵魂同肉体分离开，能自为地且自为地存在着，但灵魂又同人类的肉体结合在一起，作为理性与理性的意志统治着肉体，虽然灵魂同时受到肉体的影响。笛卡尔如此地适应这种学说，以致人们相信，在这位科学革命者看来，形而上学自身就孕育出了哲学变革的真正果实。他绝决地反对从对自然解释中得出任何关于灵魂以及灵魂力量的记忆，就此而言，他将动物视作纯粹的机器，将人提升至无所不知的思维（Denken），他认为思维是主观的事实；同时，他发现身体与灵魂在人那里的必然结合，乃是一个偶然的、无法解释的事实。与其说身心结合的问题是笛卡尔科学思想的组成部分，毋宁说超越了他的科学思想。笛卡尔遭遇的困境，他的思想的谬误，源于他自己构建的基本概念，正如斯宾诺莎已经指出的：

124

　　"但是他把心灵与身体看得如此不同，弄到不论对于身心的结合，还是对于心灵自身，都说不出一个特殊的原因，而不得不追溯到全宇宙的原因，亦即到上帝那里寻求庇护。"（《伦理学》第 5 部分序言）直到今天，史家仍然把斯宾诺莎这位自由的思想者算作笛卡尔的学生，这无疑是错误的见解，斯宾诺莎曾如此说道："我真不禁大为惊异，这样一位下定决心，除了依据自明的原则外决不妄下推论，除了清楚明晰地见到的事物外决不妄下判断，并且屡次指责经院派想用神奇的性质来解释隐晦的事物的哲学家，竟会提出一个比任何神

奇的性质还更加神奇的假设。"(同上)①

事实上,斯宾诺莎应当完全被视作霍布斯的战友,因为霍布斯正是要用理性的日光来震慑、驱散形而上学的"恩浦萨"②(Empusa)。[96]

§5

【灵】如果我们沿用"形而上学"这一说法来指称霍布斯的基本概念的话,那么在他的形而上学里,以下命题居于核心地位:灵不存在(Es gibt keine Geister)。霍布斯知道,当他说出这句话的时候,他不仅在对抗传统的哲学,也在对抗信仰;他认识到前者依赖于后者;宗教的形而上学亲合于大众的迷信,故而他要从心理学着手澄清迷信(我们将在后文考察这个问题)。霍布斯为"灵不存在"这个判断提供的论据如下。

第一,"灵不存在"的判断源于理性。灵无法被思考。"灵这个词所刻画的,无非是大脑中的虚构物。"(《利维坦》第3部分第34章,参见 E. III,387)灵同其他可被知觉到的质(如光、色彩、声音)处于同一层次,"因为在我们睡觉时,所有这些显现给我们的,并不比我们醒着时少些什么,所以它们不可能是外在于我们的事物,而只能是我们心灵的表象,是由我们的心灵想象出来的东西"(《论物体》第5章第4节)。对我们的心灵起决定性作用的乃是先天的东西(Apriorität),因此空间概念就发挥了普遍的、必然的

---

① 这两段话的翻译参考了贺麟先生的译本,根据滕尼斯的德文有所改动。参见斯宾诺莎:《伦理学》,贺麟译,商务印书馆1992年版,第238页。

② 参见本书第一部分第二章第三节§4。

影响。如果说灵存在，那么它必然就在某处，必然在空间里占据 125
了一个位置。一切在空间里占据了一个位置的东西，我们都将它
们称作物体。因此，灵要么是空无，要么是物体。将灵或精神视
作特殊的、可同身体分离的东西，这一看法必然源于错误的思想，
霍布斯孜孜不倦地想要证明的，正是这种情形。

　　第二，"灵不存在"的判断源于经验。在现实中，灵是触碰不
到的。天使（Engeln）在古代本体论（人们如此称呼形而上学的这
一组成部分）里扮演了极其重要的角色，但它只是信仰的产物。
霍布斯明确地将这一假想的认识对象从哲学里驱逐出去，因为它
们没有大小，因此不能用计算的思维来处理。所谓的灵，也即鬼
魂，在俗众看来是有形体的、精细的气状物。灵在现实里有所显
现（Erscheinungen），但人们对它的解释有误，错误的根据在于：他
们既没有正确地思考，也并不知道灵的显像只不过是幻想的产
物。当人们相信灵处于空间之内，他们便会陷入矛盾，故而只能
从自己的灵魂经验寻求解决方案。因为人的乃至动物的灵魂确
凿无疑地存在，所以他们认为灵就是人或动物的灵魂。霍布斯也
明确赞成，灵魂意味着感觉或表象的逻辑主体，但他反对由此可
推出灵魂作为实体（Substanz）存在。退一步说，即便灵魂是实体，
它也不可能是有别于身体的实体。在哲学思考的早期阶段，霍布
斯最倾向于认为：灵魂存在着，因此它作为身体存在着，尽管它不
可知觉、以气状的方式存在。从这个意义上讲，人们通常理解的
"灵魂"一词，对于霍布斯而言乃是心理学研究的对象，即物质性
的生命精神（materielle Lebensgeistern）。此后，他似乎返回到了
这个问题上来，提出了近乎现代的"排除了灵魂的心理学"设想。126

在这里,灵魂仅被视作心灵事实的逻辑主体,或者说一个用来指称有生命的身体的统一性的名称,所以人们可用斯宾诺莎的话说:身体和心灵是同一个东西。这一最彻底的结论同霍布斯的想法极其切近。他认为感官的感觉对应空间里的运动,由于对象产生的某种作用,有生命的身体对此有一种反作用,他进一步地补充说:

"我知道,一些哲学家和著名人士主张全部物体都被赋予了感觉。如果感觉的本性仅仅被理解为这种反作用,我看不出他们为何遭到辩驳。虽然表象活动(Vorstellungsakt)也可能从其他物体的反作用中产生,然而一旦对象被移开,表象活动也就停止了。因为这些物体不像动物那般有适当的器官,宜于保留在它们身上造成的运动,所以它们只有感觉,而绝不可能对感觉有所记忆。因此,这些物体的感觉,就与我们在此要讨论的感觉毫无关系了。因为我们通常理解的感觉,乃是通过表象活动所做的比较与区分的工作、由表象活动促成的关于对象的判断。假如那种器官里的运动(表象活动由此产生)不持续一段时间,表象活动不反复进行的话,那么感觉就不可能发生。因此,正像我在这里谈到的又如人们通常说起的那样,感觉必然取决于某种记忆。凭借记忆,先前的表象才能同之后的表象区别开来,一个表象才能同其他表象区别开来。"(D. c. c. 25. 4.)①

---

① 这段话出自《论物体》第25章第5节,根据滕尼斯的德文翻出,同时参考霍布斯:《论物体》,段德智译,商务印书馆2019年版,第404—405页。

如果说霍布斯在此提出甚至一贯坚持心理活动因运动而产生，那么我们就把握了他的真实想法。他试图说明：心理活动即运动，动物的知觉除了是反作用，还是在器官之内保留下来的、持续不断的运动。我已经指出，人们更多出于战栗的心理而非理智的思考，将"唯物主义者"这一谓词加在霍布斯头上。我们在此的论述似乎证成了他们的说法，但实际上纠正了偏见。尽管这里讨论的是空间里的过程，然而霍布斯同天真的看法背道而驰，在他看来，空间本身无非表象。

127

§6

【心灵—作为运动的感觉】在知性的层面，霍布斯是唯物主义者，他关心整个世界是怎样的，或者世界将变成什么样子。[97] 因此，他致力于消除迷信。无论世上的哪个民族都很自然地接受了迷信的思想，甚至让迷信放肆地搅扰着一切对于事物的科学解释。在他们看来，灵魂乃是一个事物，即便在人入睡、昏迷或狂喜之时，它也不离弃肉体，但人死之后，它一定会从肉体中脱逸出来。作为气体状的、虚幻缥缈的生命，灵魂只为做梦者和视灵者可见。幽灵（Seelengespenst）是如此诗意的却又令人恐惧的幻想之物，霍布斯却拿起批判的利剑，将它打成肉体。霍布斯不知疲倦地反复强调，过去悖谬的事物如今成了毫无意义的事物[1]，一切灵的显像仅仅是主观的东西，由于想象的明晰程度或强烈程度的不同，它们之间有所差别。俗众觉得鬼魂是一种物质，哲学家则认为灵魂是不朽者，不管哪种看法，其实都是一回事，"它实际上

---

① 指鬼魂信仰。

无非是大脑的骚乱或病态"。

最值得重视的问题在于：旧信仰衰落之后，一种要么更倒退要么没有新根据而只有新外表的新信仰如何取代它的位置？从这个问题出发，泰勒①研究了精灵信仰，按照他的说法，人类的精灵信仰似乎沿着更精细化的方向发展。如果说，神学的哲学认为灵完全没有形体，那么精灵信仰就不再适于哲学，就此而言，后来笛卡尔的学说不啻哲学的倒退。同样，在 19 世纪德国思想里作祟的点状灵魂（punktuelle Seele）的观点，如今也消逝了。如果说严肃的思想家不再思考这个问题，不再尽可能地从现象世界里分离出灵魂的实存，那么他们就不能为民众打开光明的天窗，将已经死去的灵魂彻底地驱逐出去。大多数人至少仍相信，灵魂与身体之间必然存在着谜一般的结合，进而他们将此解释为专断的事实，或者他们诉诸其他根据，为灵魂的形而上学的不朽信仰奠基，如同为它设定一个逻辑的基础。不过即便这些最终的基础也近乎毁灭，情感的、幻想的观点最终压倒了冷静的、知性的观点。霍布斯这位遭受众人诽谤的思想家敏锐地预见到科学的无力，因而他战胜了那些形而上学家。他的原则、方法和目的不是别的，而只是要去建立一门实证科学，希望以此把握事实以及事实间的因果联系。

运动不能引起感觉，这对霍布斯而言确定无疑。因为运动引起的是运动，同样，运动也会消解运动。如果说在时间序列中，表象产生了，那么我们不可避免会推论说，确定的运动就是感觉。

---

① 爱德华·泰勒（Edward Tylor，1832—1917）；英国人类学家，文化进化论的代表人物，代表作包括《原始文化》（1871）、《人类学：人类与文明研究导论》（1881）等。

但这并不意味着假如一个人知觉到了运动,那他就知觉到了感觉,感觉毋宁通过定义才可被理解。因为我们并不把知觉到的东西或可知觉的东西称作感觉。与此全然有别的情形是,一旦我们从知觉到的运动推导出与之并行的感觉,我们就可以将运动理解成感觉。用感觉来思考运动,这乃是自然而然的结果。正像斯宾诺莎说的,同一个过程,既可以被把握成思维的"属性"(感觉),也可以被把握成广延的"属性"(运动)。笛卡尔主义者区分出两个不同实体的做法,既是不必要的又是错误的。就此而言,霍布斯和斯宾诺莎完全一致。但霍布斯并没有看到,我们既可以将实体称作精神性的事物,也可以称作物体性的事物,因为他曾认定知觉以外的持存者皆为实体。然而,把存在者本身命名为"实体",并不会违背他的基本命题,正如他赋予运动着的思想"物体"之名,赋予感觉着的思想"心灵"之名。

在霍布斯和斯宾诺莎之间做出区分,意味着迈出了伟大而艰难的一步。就像今天的生物学与心理学,尽管做出了不少尝试,但仍然在这一步前畏畏缩缩,只有迈出了这一步,才能达致理性的结果。因为这一步并不像那些表面的意见所认为的,关乎从自然科学向形而上学(就其通常的意义而言)的迈进。斯宾诺莎、霍布斯和实证的自然科学家都在试图尽可能完善地描述、解释经验的事实。然而一旦遭遇新出现的、不熟悉的概念,一旦无法清楚地认识本可以完全把握的事物,他们毋宁抱着一种特殊的骄傲自满的态度,即"我们永远不可能知道"(Ignorabimus)。① 霍布斯天

---

① 滕尼斯在此讽刺的是自己时代盛行的不可知论,他似乎将矛头指向了科学家杜布瓦·雷蒙(Du Bois-Reymond, 1818—1896),雷蒙曾提出著名的不可知论调——"我们永远不可能知道"(Ignoramus et Ignorabimus),影响甚广。

才地发现了科学任务的界限,他充分地批判了传统的灵的概念的
无用和错误,却并没有感到要去创建一个新的、更好的概念的需
要。如果说人们现在准确地把握了存在者或实体概念,那么他们
毋宁藏身于"能"的概念里。他们用这个概念中立地对待身体与
心灵的"种种属性",却没有力量反抗这些属性。他们要么按照惯
例,将能设定为物质性的东西,要么根据自己的需要,将能理解为
心理性的事物。

§7

【物体与运动】正像我们看到的,对于霍布斯而言,存在着命
名现实性的四个范畴:身体、属性、表象、名称。其中,表象是原始
的和最普遍的范畴。空间是一个表象,它是外在于空间里的实存
者本身的东西。时间也是一个表象,只要运动区分出了先后之
别,那么时间即运动本身的表象。在霍布斯看来,时间的表象似
乎最终都可以还原成空间的表象。在《论物体》随后的章节①里
(第8章),霍布斯探讨了身体与偶性。在此,如同我们已经暗示
的那样,霍布斯卷入到十分困难的问题当中,他既没有在思想上,
也没有在思想的进一步推演上保持一致。一个错误(这个错误在
其思想的最早期阶段就已产生)在于:在其逻辑学部分,他就已经
从各个范畴来划分可命名的事物,但没有讲清楚理由。② 到了"第

---

① 关于"四个范畴",对应《论物体》的第5章;关于空间与时间,对应《论物体》
的第7章。

② 这里所说的逻辑学范畴,对应霍布斯在《论物体》第2章第15节讲述的内
容,他在此区分出了物体的范畴、量的范畴、质的范畴和关系的范畴。滕尼斯的批
评,既可能是霍布斯没有讲清楚这么分的理由,也可能是霍布斯没有说明这些范畴
和"第一哲学"范畴之间的关系。

一哲学"部分,他似乎才把诸范畴带到我们的眼前,诸范畴因上述划分而彼此关联。假如他不提出诸范畴的话,他将按照空间与时间的定义,展开进一步的研究。

根据他的思想实验,我们想象世界上的一切事物都不存在了,但空间和时间表象会保留下来。现在我们设想那些东西再被放进空间里,或者重新被创造,这些填充了一定空间的东西就被我们称作物体。如果霍布斯接着推理,那么他就会得出物体同时填充了时间这一结论,因为我们可以想象,当物体的位置变动(对此,我们无须想象它由其他东西新创造出来),它的活动就被我们称作运动。(运动不应从时间概念中得出,毋宁说只有当运动强调的是空间里的差别时,时间概念才可能出现。)如此一来,(作为广延、量度或大小的)物体可以没有运动,但运动不能没有身体。故而我们把物体称作运动的主体,把运动称作物体的属性。除了实体(也即物体)与运动,靠我们的表象活动设定的其他东西,没有现实存在的依据。因为(在此必须指出)无论解释物体的运动,还是解释感觉,一旦我们将诸感官性质看成附着于身体的东西,便犯了错误。运动必须由运动来解释,因为运动是运动的充足理由,感觉即感觉者器官里的运动本身。故而(Ergo),当我们的作者殚精竭虑地要为属性概念争得一席之地时,他认为必然不能把属性看作事物本性的组成部分,而要定义成物体得以理解的方式(Modus)。与此同时,他把大小(霍布斯否认大小为物体的本性)和运动之外的一切其他的属性都如此描述。是否这些属性无一例外地皆可还原成运动呢?霍布斯在此仍将这个问题看作有待解决的。正因如此,对这个问题的探究成了他的自然哲学的主要部分,尽管他已经在论方法的章节里①将此当作必然的、先天的原理宣称出来:一切普遍者(最普遍的偶性)都有一个共同的原因,即运动;当然,不经过推理,人们就不可能知道运动的具体方式是怎样的,对事物的感性知觉(如颜色、声音、味道等等)之间的差异又是如何产生的。但不论怎样,它们都是某种运动。一切变化都存在于运动中,虽然在没有提供必然的证据证明它之前,大多数人都不理解这一点,可这并非源于事物本身的晦暗不清(因为除非通过运动,我们无法设想任何事物能脱离它的静止或运动的状态),而是由于人们的自然理性被他们教师的偏见败坏了,或者由于他们没有专心致志地探索真理(《论物体》第6章第5节)。

§8

【因果性—可能性与现实性】思维过程的真正的、最强烈的倾向,莫过于提出定理的序列(Satzfolge),我们在上文谈到的定理,将在下文里有进一步的发展,它们部分地在《论物体》的其他地方出现,部分地在霍布斯的其余作品里出现。诸如"运动的原因仅存在于一个起推动作用的、运动着的身体里""所有的变化都是运动"这样的命题,以"第一哲学"的名义,再度出现于《论物体》的重要章节当中(第9章),这一章探讨的是原因与结果。需要指出的是,正像下一章考察相应的可能性与现实性概念那样,本章遵循着纯粹逻辑推理和严格理性主义的讨论方式。

如同霍布斯在其最早期的文献里所做的(我们已经发现了这些文献)[98],他在这里也从作用与受动、主动的身体与被动的物体

---

① 指《论物体》第6章。

之间的对立谈起。一个运动过程的原因存在于主动与受动者双方，它是双方的所有属性（偶性）的总和，这些属性全部在场时，作为结果的运动过程才是可想象的，但如果缺少其中任何一个，结果都不可想象。完的、充足的原因包含两个部分，在主动者的一方称作动力因，在被动者的一方称作质料因。此刻，一旦充分的原因出现，结果就必然出现；要是结果不产生出来的话，肯定是因为缺少动力因或质料因。因此，充足的理由也是必然的理由，故而可以推论说，任何运动过程都有一个必然的原因，任何未来的运动过程都将有一个必然的原因。再进一步地说，结果的源起与产生都处于一个连续进展的过程里，故而由于一个或多个主动的物体的持续变化（该变化也因为其他物体的作用而产生出来），导致被动的物体受到作用，也持续地变化着。比如说：如果一堆火越来越热，温度持续地增长，同时它对周围物体的作用也在增长，那么周围物体以及与这些物体紧挨着的其他物体的温度也越来越高。"这恰恰证明了，一切变化都在于运动。"①

133

　　似乎可以想象，当霍布斯考虑一个持续的变化过程时，他会认为变化的形式仅仅体现为由无穷小的冲力（Anstöße）合成的总量，正如他已经习惯于认为其中存在着一定的均匀的加速度。不止如此，他可以用数学的函数以及相互依存的变量（因为很显然，被动的物体的变化，也引起了主动的物体的变化）来精确地描述复杂的概念。从这个意义上讲，人们习以为常的因果性概念，得到了关键性的深化。霍布斯进一步地规定，变化过程的每个起始部分皆为原因本身，每个最终部分皆为结果本身，所有其间的部

---

　　①　这句话出自《论物体》第9章第6节。

分既是原因也是结果，因而他总是着眼于一个总体的过程来理解原因和结果(《论物体》第9章)。

原因和可能性是同一个东西，效果和必然性是同一个东西，只是因为人们出于不同的考虑，才给它们取了不同的名字。关系到过去事物时，我们称作原因；关系到未来事物时，我们称作可能性。因此，存在着积极的可能性与消极的可能性。和原因相关的是结果，和可能性相关的是现实性。在可能性实现之处，现实性就存在了。如果完满的可能性无法实现，那么它就是不可能者。一切并非不可能者就是可能者。任何有可能发生的事件因而都将成为现实；如果它是不可能的，那么它就不会成为现实。对于那些现在不可能不存在或将来不可能不存在者，我们称它们为必然者。所有发生了的事件都有必然的原因。如果我们认识不到某件事的必然原因的话，我们就称它为偶然者。任何同未来相关的判断，例如"明天将下雨"或者必然为真，或者必然为假。可能性并非同任何现实性有别的偶性，毋宁说它本身就是一种现实性，也就是说它是一种运动，我们之所以将它称作可能性，是因为我们可以想象从它当中会产生另一个现实。对这些日常概念的大胆重塑，成就了霍布斯思想的核心，它也是霍布斯哲学极有魅力之处，并且照亮了斯宾诺莎的思想。作为后世榜样，霍布斯和斯宾诺莎一道表达了严格的科学观点。但直到今天，涉及人类事物时，我们尚未形成严格的、确定的科学意识。

然而，霍布斯的概念又是未完成的。他将可能性视作现实性，并把它同另一个确定的现实联系在一起，由此确定可能性的概念；他希望将可能性概念从我们对未来无知的境地中解救出来，进而赋予它一个积极的内容。除此之外，在他的眼前，浮现出了另一个相同的概念，即朝向某一确定现实的倾向（Tendenz），现实的开端和萌芽皆为必然的共同原因（Mitursache），他后来阐释运动理论时，还使用了倾向概念。不止于此，霍布斯将倾向概念转化成了可用纯粹逻辑把握的概率（Wahrscheinlichkeit）概念。由此一来，作为概率的倾向就可测算了，我们不仅能思考现实性本身，也可以思考积极的或实在的可能性本身。霍布斯推导出的下述结论是有说服力的：那些事实上可能的东西必然会成为现实的东西，否则它在事实上就是不可能的东西。霍布斯的推论是正确的，但他忘记了可能性概念同一个确定的、未来的现实之间的本质联系。他似乎只在批判旧概念的基础上[①]，仍用旧概念来推论，而不是从自己希望塑造的新概念出发来推论。当他指明完满的可能性等同于必然性时，他抓住了问题的要害，但并没有从下述原理得出任何结果，即我们知识所把握的必然性，有别于过程本身的必然性。

　　一切未来的过程（只要我们思考这一点，就会知道）都是必然的。从一些情形中，我们知道或认识到了必然性，这种必然性就是完满的可能性或概率，但它首先并不涉及过程本身。毋宁说一开始和它相关的是我们的认识，从我们的认识出发，无论完满的还是不完满的概率，皆被用来把握过程。这样一来，概率计算产生了，它总关乎原因与结果之间的关系，关乎许多情形的分配（这是对可能性最简单的操作）。比方说一枚骰子落下，显示出一个

135

---

　　① 这里对应的德文是 dem er gleichsam Daumschrauben ansetzt，字面的意思是对旧概念施以拇指刑（Daumschraube），拇指刑是中世纪和近代早期欧洲国家通行的逼供刑罚。我们在此将这句话意译为霍布斯对旧概念的批判。

确定的数字,我们便将这件事想成必然的;由于我们并不知晓某些因素决定了一个数字优先于其他数字出现,故而我们说,任何数字的出现都有同等的可能性,任何数字出现的概率皆为六分之一。假如我们对优先因素的无知符合现实,也就是说,现实里不存在任何持续发挥作用的优先因素,那么决定每一次结果的条件就完全和每一次的结果本身毫无关系了,故而哪种结果出现的次数更多,我们就把这一结果的自我重复称作更完满的概率。就此而言,同等的可能性也就是同等的概率不仅源于我们的判断,而且就是现实情形,我们的判断应当以现实情形为前提。

正像霍布斯认识到的,每一种可能的情形都会出现。但真相又不止于此,事实上,每一种可能的情形皆处在一个由同等可能的情形组成的序列里,只有关联到序列时,它才是真正的可能者,它出现的频率即它的可能性程度,也即它的概率,这是比例关系。因此,霍布斯错失了两个方面的问题:第一,确定可能性,需要以全部同等的情形作为参照;第二,可能性能被当成数量(Quantität)来思考。尽管如此,他的思维风格显露无遗,和后来的斯宾诺莎与莱布尼茨一样,他遵循严格理性主义和数学的思维方式。此后,休谟和纯粹的经验论者谈及霍布斯的这些概念时,并没有把握它们。

原因概念,或对霍布斯而言完全被设定为等同者的可能性概念,皆为一种理念(Idee)。它们的绝对实现的过程,使得它们同它们的对立面,即结果或现实性一道出现,这样一来,任何被认识到的原因或可能性都被视作现实性的一个"部分"或构成因素。霍布斯曾再三强调,所有的现实性只有通过感性的经验才可认识,所有的推论和期望都建立在经验的基础上。然而他在此处并未提及经验的原理，相反，在他看来，人只有靠理性才能认识同可能性相关的现实性以及同原因相关的结果。因为它们都是概念，人唯独凭借理性的思维，凭借定义方能把握它们的确定形态。人希望从认识原因来获得知识，也就是说，认识的真正问题或理想状态，即认识的根据和现实的原因相符，因此我们才能讲，思维表达了现实的情形。斯宾诺莎设定原因即理智（Cause＝Ratio），莱布尼茨教导人们根据充足理由律推导一切事实的真理，理由全在于此。不过在我看来，这些思想家中似乎没有一个人足够清楚地说明：对于因果理论，因而对于科学本身来说，理想情形的概念有怎样的意义？各种情形或结果的等同继而用数量的关系展现它们，又有怎样的意义？

§9

【几何学与力学】霍布斯极其详尽地探讨了以下概念：同一与差异、关系与比例，进而是量及其相对性、诸关系的等同（《论物体》第11—13章）。阐释这些概念，是为了引出直线、曲线、角与形状的概念，为他的"第一哲学"部分作结（第14章）。此后，他讨论的章节名为"论运动与量的关系"，在其中，他将几何学与力学的问题混合到一起，做了综合性的研究。我们还记得，霍布斯曾把可演证的领域分离出来，并把演证设定为先天的活动。对他来说，这存在着很大的不确定性，但有一点是确定无疑的，即点的运动产生了线，线的运动产生了面，面的运动产生了一个（几何）体；进一步地，不同的运动描绘出或产生出了不同的形状。如此一来,仍有一个悬而未决的问题遗留下来:直线或曲线是不是最简单的运动线路? 毕竟直线只是被定义成两点之间的最短距离或路线(《论物体》第6章第6节)。在他的"几何学"基本计划之后,他要考察一个物体的运动会给另一个物体的运动造成怎样的影响:首先,当一个物体碰撞了另一个静止的或运动的物体时,被撞的物体将沿着怎样的路线,以怎样的速度运动? 其次,第二个物体将在第三个物体中唤起怎样的运动? 进而以此类推。运动的学说就这样成了哲学的特殊组成部分。

不过在实际的论述里,本来清楚明晰的理念却混乱了:我们看到的并非作者对几何学以及随之而来的运动学的探讨,而只是所谓"论诸关系"的篇章。理清楚混乱的理念,乃是一件极其烦冗之事。我们只需指出,即便思想不免陷入紊乱的境地,但霍布斯的想法是一贯的,即科学将物体的产生当作自己的研究对象,科学的研究对象又是我们的表象,我们最普遍的表象呈现出有大小的东西。我们能在空间中构造它们,因此先天地认识它们的产生,从而占有了关于物体的知识,掌握了几何学式的、完善的科学,而不仅仅是在"名称=概念"的公式里打转;就算我们无法演算从点到广延、从线到面、从平面到立体的整个过程,然而几何体事实上即真正的、具象的形体。罗伯逊①对此说得很恰当(《霍布斯》,第108页):

　　　　"尽管霍布斯有时足够清楚地认识到,几何学讨论的是

---

　　① 乔治·罗伯逊(George Robertson,1842—1892):苏格兰哲学家、哲学史家,代表作有《霍布斯》(1886)等。

理想的确定物和经严格界定的构建物……但总的来说,他无 138
法摆脱'一个抽象物即不存在者'的观念。科学必须认识现
实的事物,而现实的事物是实在的、具有广延的物体。"

　　在本篇章的结尾(《论物体》第 24 章第 9 节),霍布斯明确指
出,他已经抽象地考察了运动与大小本身,随后他将开始考察现
实存在于世界里的物体的运动与大小。抽象的理论关注被想象
的物体,即几何体。进一步地说,它关注被想象的属性,也就是一
切可思考的,因而现实的物体的运动(因为我们已预先设定,大小
和广延皆为同物体概念相伴的属性),它们都是理想的情形或
结果。

　　运动本身被设想成大小,故而它可被测量。不过在此之前,
我们必须设定也即想象一个标准。我们同时看到,霍布斯在此追
随了伽利略的脚步,把物体的孤立运动转化成了可思考的东西,
不只如此,它同空间和时间发生了关联,因而可被人当作大小来
计算。作为大小,它是原因或力量。结果从原因里产生,也就是
说,当一个物体作用于另一个物体,我们可从前一物体的运动量
推出后一物体的运动量。后者由两部分组成,一部分是受作用物
体本身的运动量(这首先可撇开不计),另一部分是由作用物体带
来的运动量,它要么增加了受作用物体的运动量(即便受作用物
体此前的运动量是零),要么减少了受作用物体的运动量。总之,
作用物体对受作用物体起到了加速或减速的作用。障碍即阻力,
阻力即反对。两个物体不可能同时占据一个位置;两者的相遇因
而意味着两者之中的某一个退却,这取决于哪个运动量更大,也

就是力量更强。运动总量之所以可计算，乃是基于下述事实：一种确定方式的运动（霍布斯总会区分出可见的运动），仅仅因相同方式的运动而增加或减少运动量，至于它的产生，只能源于另一种方式的运动；也只有通过另一种方式的运动，它才能转换方向。无论具有收缩性强度（intensive Größe）的运动本身，还是具有延展性强度（extensive Größe）的物质本身，都不可能被创造出来或被消解掉，它们的量也不可能增加或减少。相反，它们总在同另一种方式的运动（霍布斯将此称作"不可见部分的运动"）的关系中变换自身。由此，他认识到：不可见的运动是我们对可感的诸性质有所感觉的原因，因此这种感觉本身就作为客观的运动。[99]

第四章　机械论原理

霍布斯认识到演绎方法的局限。他相信,物理现象的实在原因不能从定义推理出来,也就是说,不能根据同一律与根据律推理出来。我们既不应该靠纯粹的观察(观察只能得出事实的序列),也不应该通过单纯的思维活动获得它们。因为我们认识自然的机制(Operationen der Natur),并非诉诸对各个单一者的考察,而是要把握它的普遍过程、方法以及基本法则。自然的机制遵循着运动的法则,因为一切变化都存在于运动中,或者说,"自然中的一切事物都以机械的方式运转"。这个原理和惯性定律一样,都是推演出来的。在此,我们考察一下定理的形式,就会发现,它的证据的要害在于:时间与空间并非外在过程的原因,因为它们是主观的。我们无法想象在某一空洞的空间里存在着一个静止的物体,也无法想象在没有外在原因的前提下,静止的物体会运动。因为如果说有一个内在的原因推动物体运动,那么我们就没有理由想象它为什么会选择一个方向,而不是另外其他的方向;同样,我们也无法想象空洞的空间里的某一运动,为何在这个时间点而非另一时间点改变其速度,或者静止下来。原因即意味着一旦它存在,不发生任何改变的情形不可想象(undenkbar)。同样不可想象的是,某个静止的物体占据着它的位置,另一个物

体会占据和它一样的位置。因为两个物体不可能占同一个位置。不过,这个说法预设了一个物体要去占据一个位置,就必然存在
141　着另一个运动着的、起推动作用的物体,充当它运动的原因。同样,如果这个物体不再能去占据新的位置,那么它持续地保持相同的运动就是不可想象的。如果说一个位置被占据并且一直被占据,那么这一定是有原因的;保持必然因阻碍才可能,而阻碍说到底是运动。

　　从霍布斯的这一前提出发,我们可以看到:他没有公开讲出的内容,即静止就是阻碍,故而阻碍也是运动。由此,我们清楚地认识到运动是一个通过时空确定下来的量,我们可以想象量保持不变,也可以设想它因同样类型的另一个运动的量而增加、减少或清零。我们并不知晓,量不保持不变乃是不可能之事;但我们知道在既定的条件下,量保持不变是不可能的,或者说,量必然变化。一切运动的发生只是由于它必然要发生,否则它便缺少完满的、充足的原因,进而,它只有在一定的条件下才会变化。霍布斯明白无疑地表达了"把运动定义为实在的量"的思想,尽管他并没有对此展开讨论,但他和伽利略一样,将这一原则完全置于自己的体系里。事实上,在运动学领域,他把握了伽利略的思想轨迹,而且坚决地追随伽利略的脚步。由此,他才能让自己的解释付诸实际。在他看来,一切思维无非计算,计算不仅适用于数字之间,而且适用于大小之间、运动之间、时间之间、名称之间……总之,我们可以在它们之间做加减运算(《论物体》第 1 章第 2—3 节)。他在推导运动学说的各个特殊原理之时,采取了相应的方式。对于霍布斯而言,首要的困难问题在于:如何通过空间和时间确定

速度？因为他知道，时间本身只能靠匀速运动来测量。不过他从那些将概念思维提升到伟大境地的学院派术语里寻求帮助，随即找到了运动单位（Bewegungseinheit）的概念。运动单位同任何一个既定运动间的关系，正如点同线的关系，霍布斯将它定义成在可设想的最小（人们可以进一步地说它是无限小的）空间与最小时间里发生的运动（《论物体》第 15 章第 2 节）。在这一点上，空间和时间的量都等于 0，但是这个 0 还是应当被算作一个有大小的量；因为一个倾向（我们可将它翻译成驱动[Conatus]或努力[Endeavour]）可以和其他的倾向相等或不等，许多的倾向将结合成一个有限的大小。霍布斯终其一生都在同这里提出的难题搏斗，致力于通过创造性的微分方法解决运动的问题。同样，霍布斯继承了伽利略的思想，为倾向赋予可能的速度，速度的量也可推演至无穷小。他称倾向的速度为倾向的冲力（impetus），将冲力乘以它自身或者冲力乘以运动物体的"大小"所得出的量定义为"力"（Kraft），将运动物体所具有的超出抵抗物的运动的量定义为"力矩"（Moment）。然后，他认为下述原理极其重要：即使可以想象的最小的冲力也必然具有一定的运动效果（否则总量就不可能有任何效果了），任何倾向，无论强还是弱，都能蔓延到无限的远方，甚至最短暂的时间点。

"即使在蔓延过程中，倾向会变得越来越弱，那也没什么关系。因为运动可以是我们知觉不到的，更何况我现在不是根据知觉和经验来考察事物，而是根据理性来考察事物。"[100]

　　霍布斯提出的这些定律似乎首先仅仅是概念的游戏（Spiel），至于它们和其他学说、和之后要去论证的力学的基本原理之间的关系怎样①，我选择忽略这些难题。对这些定律的作者而言，它们的真正意义在于同知觉学说的关系，本书随后就会谈这一点。在后来的作品里，霍布斯仍花费了大量的精力探讨运动理论，即便在某些问题上犯了错误，他也留给后世极其重要的精神启迪。他143明确地论述了力的结合与分解的概念，并在惠更斯之前，尝试证明任何运动的原因都如此地起作用，仿佛竞争者统统不存在。在天文学的现象方面，霍布斯特别强调了简单运动的概念（在简单运动里，运动物体内的每条直线都必定与其自身保持平行）以及圆周运动的概念。在圆周运动里，一个物体经循环最终返回到自己的原初位置。进而，因在某种流动的介质里运动，流体运动必然产生了，霍布斯尝试推导流体运动对异质物体和同质物体起到的作用，推导聚合的圆周运动的效果，比如轮轴的旋转。经设定物体各部分的内在运动，物质的最普遍的属性（如韧性、柔软度等）可被解释。进一步地，霍布斯提醒读者，感官表象建立在思维的基础上，因此，排除阻碍或障碍并不意味着运动的原因存在。相反，作为运动的不同变种，扩张与收缩、推动与牵引、弯曲等的原因，要被细致地区分出来。

　　在接下来的一章里（第 23 章），霍布斯探讨了平衡法则；此后探讨的是折射与反射现象，从而为处理光学问题打下了基础（第24 章）。

---

　　① 　这些问题对应《论物体》第 16—24 章的内容。

第五章　物理学

§1

【知觉】《论物体》第四部分探讨的是物理学。这个部分的编排秩序引人注目。认识论贯穿其间。不过它并不局限在人那里，而是适用于所有动物的知觉，由此一来，霍布斯与笛卡尔之间形成了尖锐的对立。霍布斯认为，因为知觉是诸感觉性质的原因，而诸感觉性质又构成了自然研究的真正对象（《论物体》第 6 章第 6 节），或者因为在一切现象之中，知觉是最值得惊奇的、最原初的现象，它不可能从其他任何现象那里推导出来（《论物体》第 25 章第 1 节），所以我们首先必须解释知觉。知觉是知觉者身体的变化，一切变化都是身体内部的某些部分的运动。我们把这些部分称作感觉器官，它必然受到隔着一定距离的外部事物的直接压力，因压力的作用而激动起来，不论这个外部事物是什么，人们总归称之为对象。刺激唤起了感官里的反方向运动（Gegenbewegung），这个运动是从内向外的，延续一段时间，并向外产生了一个幻象（Phantasma）。本书的第三章已经提到，霍布斯认为知觉的记忆和判断是根本，如今，他将它们追溯到保留在感官之内的运动。重要的是下一步的推论，在他看来，如果知觉的多样性不

存在的话,那么就不会有区分和比较了,任何感觉也就不可能出现了:

　　"假如某个人有完美的视觉,但没有被赋予其他感觉器官,而且他持续地注视着一件永远保持同样颜色和形状的物体。那么我可以说,他所看到的并不比我用触觉器官摸我手臂的骨头时所知觉到的更多。感觉到的总是同一个东西,意味着感觉不到任何一个东西。"(《论物体》第25章第5节)

145

　　在后来的一篇对话里,霍布斯饶有趣味地将此原理运用于儿童心理学:

　　"A.如果一个新生儿张开眼睛,看着蓝天,那么他难道没有感受到光吗? B.他感受不到光,如果他没有对更早发生的事情有所记忆,或者没有其他的知觉的话,那么他就处于黑暗里。因为黑暗就是黑暗,无论黑暗的颜色是蓝色还是黑色,对于他来说,都是没分别的。"(Dec. phys. E. VII, 83)

　　霍布斯进一步地认识到,统一的有机身体(尽管他对此知道得很少)必然要被视作感觉的主体。他认为所有的人都拥有一个相同的器官,对此,他援引了古代心理学理论资源,猜想这个器官处在神经根与心脏的连接之处。相应地,霍布斯提出专注(Aufmerksamkeit)的含义,它的产生源于感官活动(即"反应")的不同强度,源于已经激动的器官对其他印象缺乏倾向。只有占主导地位的激动将变成外在的知觉,它取消了其他的表象,"正如太阳光并没有阻止其他星球发亮,它只不过用更强烈的亮光遮掩了其他星球的光芒"(《论物体》第25章第6节)。

§2

【认识】正如霍布斯在其早期作品以及哲学体系之外的著作里所做的(布兰德特准确地指出了这一点,参见《托马斯·霍布斯的机械论自然观》,第361页及以下诸页),他现在将普遍的动物心理学设定为其学说的基础,其中又包含了兽类心理学(Tierpsychologie)。关于认识,霍布斯已在《法的要素》里谈到,起决定作用的环节是为记忆发明标志(Merkmalen),尤其是设置名称与词语("人生来就超出了野兽的本性",《法的要素》第5章第1节)。进一步地,名称的结合产生了判断与推论,而"科学知识"正立足于判断与推论之上,它是人特有的知识,同经验知识判然有别;经验认识基于纯粹的知觉和记忆,专属于兽类(即莱布尼茨所说的兽类的联想[①])。与此同时,霍布斯多次指出(尤其他在未发表的论光学的英文论文前言里明确提到):在感觉和激动的范围内,求知欲或探究事物原因的愿望只存在于人那里,除此之外,我们从其他有生命的造物那里觉察不出这一特性。然而,霍布斯并不将其归于人本身,因而绝不归于所有人,而是反过来将其同另一种激情结合到一起(他在《法的要素》前言里就谈到了激情)。此种激情支配着大多数的野兽,它即掠夺的倾向,在人那里则被称作

146

---

① "兽类的联想"(consécutions des bêtes)出自莱布尼茨《人类理智新论》(Nouveaux Essais sur l'entendement humain)序言第3节。参见莱布尼茨:《人类理智新论》,陈修斋译,商务印书馆1982年版,第5页。

贪婪(Habgier):"认识的愿望以及求取不必要的财富的愿望,使得人们互不相容,甚至相互毁灭。"(E. VII, 467)

§3

【对宇宙的认识】如果说霍布斯现在论述的三个环节分别是:(1) 幻象、记忆、梦;(2) 快乐与痛苦、欲望与厌恶;(3)意志。那么将它们置于物理学的范畴,于我们而言似乎是件奇特之事。无论如何,霍布斯是以系统学(Systematik)的方式对它们展开讨论的,据此,一切动物(Animalische)包括兽类与人,乃是和"身体"相关的最首要的部分。因此上述三个环节并非同一层次的三个不同对象,毋宁说,从第一个环节到第三个环节意味着从普遍者向特殊者的推进。这样一来,这里就不存在任何关于仅属于人的特征的说明,更有甚者,霍布斯明确否认了意愿(Wollen)与不愿(Nichtwollen)使人超乎诸生灵之上。他已在《法的要素》里教导说,意愿是考虑的最后一个行动,而考虑无非是倾向与反感、欲望与厌恶之间的更替:

> "当人意愿某事物时,他内心的活动和其他生灵的内心活动并没有差别,其他生灵也会根据先前的考虑而渴望某事物。"

147　　因此我们可以推断,霍布斯想要证明的是:相较其他生灵,人在意愿或不愿的方面,并没有更多的自由。以上内容都是霍布斯论知觉的相关导论性章节所阐释的。

随后，物理学越过知觉着的事物，分别探讨了以下问题："论宇宙与星辰"（第 26 章）、"论光、热与颜色"（第 27 章）、"论冷、风、硬、冰、闪电与雷等等"（第 28 章）、"论声音和其他的感觉对象"（第 29 章），最后是"论重力"（第 30 章）。从现象论（Phänomenalismus）的意义上来说，这一分类是合理的。不只如此，它在普遍知觉的意义上也是成立的。霍布斯——考察了每一个感官的对象，首先是视觉，然后他考察光的时候，把作为太阳光的伴随现象的热纳入进来。不过在此之前，他考察的是我们可知觉的最大对象，即世界本身，"正如我们立足于我们称之为地球的点上，通观周围可知觉到的一切"。至于地球，如果它是许多部分聚合到一起的统一体，那么"它很少能被我们考察，也不能构成什么东西"。对于无限者，我们不会形成任何表象。无论人还是其他生灵，除非他自己成为无限者，不然根本不会有任何无限的概念。虽然一个人希望从某一结果推论它的直接原因，并由此推出更遥远的原因，这样不断地通过正确的推理，从原因追溯到原因的原因。但他不可能永恒地进展下去，而是最终疲惫地停止追问，仍然不知道自己是否能进一步地推进：

> "尽管没有任何事物能够推动自身，但由此还是可以正确地推论出：存在着某个永恒的第一推动者。只是真相并不是像人们通常推论的那样，即这个推动者是一个永恒的不动者。相反，他是一个永恒的被推动者，因为没有任何东西能在排除外在推动者的情形下运动起来……因此，我不愿称赞那些自吹基于自然之根据，证明世界具有一个开端的人们。148

没学问的人由于不理解他们,故而对他们不屑一顾;有学问
的人由于理解他们,故而对他们不屑一顾。他们受到这两
种人的鄙视,乃是理所当然的。"(《论物体》第 26 章第
1 节)

§4

【宇宙论—光、热、火、颜色】如果说霍布斯明确地指出,自己
的真正世界观是泛神论和泛宇宙论[101],那么他将担当起对于有
神论和自然神论的批判事业。有神论和自然神论认为"神从外部
推动着世界"。同样,他要批评伊壁鸠鲁支持真空(Vakuum)的论
据。伊壁鸠鲁否认运动能在一个充满了的空间里产生,因而,一
旦世界里不存在空的空间,运动就根本不可能发生。霍布斯承
认,如果世界被设定为静止状态,那么真空论就是成立的。"但说
物体先是静止后来运动,似乎并不比说它先是运动后来静止,具
有更大的必然性。"运动概念的确需要空隙(Zwischenräume)存
在,但空隙并不等于空无(Leere),只要把空隙的物质想象成流动
之物,那么我们的要求便能得到满足。然而,"就我摘引的那些支
持真空论者的言论而言(无疑,霍布斯在此回忆起他同伽桑狄的
谈话),原子论者设想流体仿佛由坚硬物质的细小颗粒组成,就像
流食出自磨碎了的粮食。在这种情况下,他们就有可能将流体想
象成由同质物组成的东西,原子或真空本身皆是同质物"(《论物
体》第 26 章第 3 节)。

对此,最近的一位批评者①做出了准确的点评,他强调霍布斯第一次尝试"从微粒理论问题转向流体理论问题"[102]。尤其值得注意的是,后来莱布尼茨构想的连续律(loi de continuité)观点就同这个问题息息相关,即自然之中存在着所有层级(很显然,这意味着从思维物向现实的理性主义的转化)。霍布斯也毫不怀疑,一切质量概念和一切大小概念一样,只有纯粹相对的含义,因此可以比较它们,最终将它们置于一个共同的标准来评判。从这个意义上说,物质聚合成了不同的状态,故而我们同样可以探讨它们的差别。坚硬与柔软之间的关系,正如固定与流动之间的关系;正像柔软者总可以分离出柔软者,流动者也总可以分离出流动者。一切事物都无限可分,无限大和无限小都可能存在。[103]因此,人们可以用任意大小的物体和任意程度的流动性,来计算组建现实的可能要素。霍布斯认为,除了"固定的和可见的星体"之外,存在着不可见的极小原子,它们散落在地球和星辰之间的空隙里;最终还存在着完全流动的以太(Aether),以太充满了其他的空间。这样一来,没有任何空洞的空间留下来了。

就霍布斯的天文学理论而言,他本人除了致力于接续哥白尼的学说,还努力地同开普勒和伽利略的思想对接。罗伯逊说得很对,霍布斯竭尽全力地用自己的方式将日心说体系建立在简单的、可理解的原则之上,就此而言,他一点都不逊于牛顿(《霍布斯》,第119页)。霍布斯并没有认识到开普勒法则的意义,而是尝试独立地解释地球运动轨道的离心率(Exzentrizität)的原因。

————————

①　指库尔德·拉斯维茨(Kurd Lasswitz, 1848—1910):德国作家、科学史家,被称为"德国科幻小说之父"。

他承认这个原因必然取决于地球各部分的差异,他认为引力是星球围绕太阳运动的原因,但他否认了引力是一种磁力,并且否认了开普勒的观点,即引力和斥力由非物质性的质(Spezies)造成。与此同时,他无意于从开普勒的学说了解引力源自物体之间的"亲和力"(Verwandtschaft),在他看来,事实如此的话,为何一块冰不能吸引别的东西?相反,他认为,相对于陆地,海水要更容易150 被太阳吸引。霍布斯抽象地(in abstracto)证明说(第 10 章第 21 节):一个球形物体之所以能在流动的介质中做简单圆周运动,必然是因为另一个非液态的球体在同样的介质中做简单圆周运动。就此而言,霍布斯似乎要用机械的原理解释星球围绕太阳运动、月球围绕地球运动的现象。

霍布斯相信,光源自太阳旋转时对周围以太物质产生压力,它"瞬间"传播到人们眼前直至心脏。同样,他认为热不是一种物质,而是运动,它因以太的震动而存在,并且以光的形式,为我们的眼睛感受到。在作为原因和客观事实的热与热的感觉之间,霍布斯做了明确的区分。在他看来,出汗伴随着热的感觉而来,当人发热时,人的精神(Spiritus)、血液以及我们身体里的所有液体从身体内部冲向外部,人的皮肤根据热的程度肿胀起来,霍布斯把这个过程比拟为地上的水分蒸发。紧接着,他用空气和热的共同效应解释火的产生,他认为火并不是一个特殊的物体,而是处在一种特别激烈的运动状态里的物质。他将颜色视作因扰乱运动产生的光,因此是混浊的光。

§5

【其他的感觉—重力】至于其他的机械论解释,我只想谈以下几个特别的方面。

（1）首先是冷的感觉，正如身体的内部部分由于热的感觉向外运动，身体的外部部分由于冷的感觉向内运动。经验告诉我们，嘴巴呼出的温和气息使手温暖，使劲吹出气体则使手发凉。这一现象基于两种情形，其一是气流或风的全体做直接运动，其二是气流或风的微粒做简单运动。随着这两种情形中的某一方占优势，或者产生了热的感觉，或者产生了冷的感觉。之后，霍布斯尝试从地面水蒸气的上升来解释风的现象。

151

（2）至于声音以及嗅觉、味觉和触觉的对象，我们在此看到，霍布斯诉诸他一贯的、强有力的原则，提出了一些值得注意的观点。声音在不同的介质里传播，音响的差异取决于发声体的某些部分所做的或快或慢的往复运动。这些部分的振动频率越高，在相同的节拍里，由一次击打产生的声音就越响，声音就由更多的、更细微的部分组成。"一出响声和一个精细的物质一样，都由最微小的部分组成，前者关乎时间，后者关乎质料。"①霍布斯在此借鉴了他的法国朋友梅森和伽桑狄的研究。臭气跟嗅觉与味觉都没关系②，各种气味和味道不仅激起了大脑的运动，还使胃运动。这可以从它们所引起的厌恶来证明，我们无须惊讶，鼻孔、舌头和上颚（还有胃）共享同一个由硬膜（dura mater）组成的膜片。触觉只有通过触摸才能被知觉到，除了冷与热，还有许许多多的触觉，"人不仅通过触摸感知到粗糙与光滑、大小与形状，而且通过记忆感知到它们。因为尽管一些事物在某一点上被触摸到了，可是如

---

① 这句话出自《论物体》第29章第3节。

② 滕尼斯摘引的这句话似乎有误，对比霍布斯的原文，霍布斯只讲了臭气跟味觉无关，因为味觉器官和气味并不相接。

果没有一个点的持续运动,也就是没有时间,这个人就感知不到它们。要感知时间,就需要记忆"①。当罗伯逊遗憾地指出,后世的心理学诸分支并没有沿着霍布斯的这一精妙观点展开研究(除了这个基本原理本身,我们还应当补充说,记忆对于知觉也是必要的),他的看法是非常准确的。

(3) 关于重力的起源问题,霍布斯同一部分前人的看法一致,但他反对那些将引力追溯到物体的内在欲望(appetitus internus)的人,赞成重力源于地球中心的引力。进而,他要为地球引力赋予一套理性主义的解释。他的解释极其独特:地球通过旋转,持续地分离出空气原子,这些冲击了其他空气原子,后者又进一步地不断冲击着其他重物。如果我们能够回忆起,霍布斯曾讲到太阳对以太的作用,使得星球转动成为可理解的现象,它和这里阐释的重力的原理相似,那么我们就可以发现,后来牛顿也采纳了同样的重力观点。可以说,霍布斯的重力观是牛顿重力观的先驱,不过牛顿的学说有着更深刻的起源,它参照的并非霍布斯本人的观点(在牛顿看来,霍布斯的机械论必然极其粗糙),而应当是开普勒的思想。

---

① 这段话出自《论物体》第 29 章第 18 节。

第六章　人类学

我们已经知道，霍布斯的心理学以物理学及其诸分支为基础，因此人类的心理学同物理学的关系，正如部分与整体的关系。

§1

【决定论与意志自由】霍布斯人类学的核心观点是：人的行动遵循必然性，或者说，人的意志是不自由的。他已经确立了适用于一切自然事实的思想法则，而他的人类学观点无非是由其思想法则推出的简单结论。在同一位经院派主教①的争论过程中，霍布斯捍卫了自己的学说，使自己声名远播。他是那个时代第一位不靠神学酵母就酿出了思想之烈酒者，神学要素于他而言不过是点缀。后来以斯宾诺莎和莱布尼茨为首的决定论者，并没有在霍布斯的论据上增加什么新东西。我们可以确定，莱布尼茨对霍布斯的这篇论辩文非常熟悉，而且受到了该文献的影响。斯宾诺莎则可能只浏览了《论公民》里对某些问题的处理，并且阅读了拉丁文版的《利维坦》。

霍布斯知道，决定论是危险的，尤其这个观点出自他这么一位公开的神学敌人。他之所以写下这篇论辩文，似乎只是因为外

---

① 指布兰哈尔主教。

在机缘的刺激。在他看来,如下定理只是一个巨大的悖论(Parad-oxon):如果没有事物本性中的某种东西共同地发挥作用,那么任何过程都不会产生,同理,人的行动也不会产生。我们今天将它称作泛神论观点。但主教没有理解悖论的意义,正如霍布斯在其答复中指出的:

> "主教经常以如此轻蔑或厌恶的态度谈论悖论,一位简单的读者必然认为悖论等同于叛逆或可怕的罪行,要不然就是荒谬的愚蠢。相反,一位明智的读者也许知道这个词的含义,即悖论乃是一种尚未被普遍接受的观点。基督教曾经是一个悖论;主教现在持有的许多其他观点以前也都是悖论。故而,当某人将一个观点称为悖论时,他不说观点是不真实的,而是承认自己的无知。因为如果他理解了这个观点,他就会称之为真理或谬论。主教没有注意到,要是没有悖论的话,我们现在将处于野蛮的无知状态里,正像那些没有法律和政治体(或长期没有法律和政治体)的人,科学和文明更不会从其中孕育而生了。"(E. V, 304.)

这场关于意志自由问题的争论,很大程度上植根于古代智慧同现代科学思维方式的对立。古代智慧和它的复杂术语体系乃至学术尊严一道,同现代科学思维方式及其启蒙效果遭遇,展开了你死我活的搏斗。就此而言,我们特别地注意到:古代智慧实际上包含了一切自然的、习惯的、神圣的道德观念。如果某一信仰同时具备这三种观念,那么它就是支持意志自由的信仰。如果

信仰立足于此,那么就没有哲学能攻击它。在基督教时代,信仰
塑造了神学家的十字架(Crux)。这个十字架随之结合了上帝全
知全能的观念,后来因为神学家相信上帝创造的世界是合目的
的,故而这个十字架又同世界合乎法则的观念结合在了一起。托
马斯·阿奎那学派的伟大功绩,就是实现了上帝与世界的统一;
通过更高的言辞,情感与思想和解了。在此基础上,阿奎那学派
支撑起教会的纯粹正统的观念。不过它自身仍然包含着上帝与
人的对立。从司各脱到极端唯名论者奥卡姆(逝于 1347 年),上
帝与人的对立愈发激烈,此后的宗教改革就亲和于唯名论。宗教
改革有许多思想成分,但与此同时,它为自身的混合思想形态投
下了一道鲜亮的历史之光;它亦亲和于严格的奥古斯丁主义,路
德与加尔文就借此否定了意志自由。他们通过恩宠(Gnade)概念
使神学再度成为可能,教会不再陪伴他们(尽管教会仍然是加尔
文派教义的组成部分),而是要靠自己重新找到通向健全的人类
知性的道路,这对他们来说是必然选择。阿明尼乌派①的学说在
荷兰被斥责为自由思想,在英国却成了正统。霍布斯认为(E. V,
2),该学说是在教会发迹的最快途径,然而,它催生出狂热的反对
派,是公民骚乱的原因之一。[104]

§2

【霍布斯的决定论与斯宾诺莎的泛神论】霍布斯提出的哲学
决定论,发展成为这样的思想:一切事物和事件都相互关联。对

---

①　阿明尼乌派兴起于 17 世纪初,以开明的观点反对加尔文的预定论,认为上
帝的权威与人的自由意志互不矛盾。该派因荷兰莱顿大学改革派神学家阿明尼乌
(Jacobus Arminius, 1560—1609)而得名。

此，古代教会里致力于探索世界智慧（Weltweisheit）的神学家并不会感到陌生。我们可以用两种方式表述霍布斯的决定论，它们彼此分离，却又总能一再地结合到一起。

第一种观点即世界自身是有逻辑的。它有其经典的学说形式，即认为普遍观念与永恒目的实在地存在，近代思想家如霍布斯、斯宾诺莎、莱布尼茨、康德、黑格尔、斯宾塞都在探索这一学说的新形式。

第二种观点即存在（Sein）与思维（Denken）之间无共同性，机械的、物理的结果才是唯一现实的东西。尽管从认识上讲，它们合乎规则，但我们只能从它们在经验里表现出的随机性来观察它们。

这两种观点的交汇形式多种多样。总体说来，第二种观点如今变成了自然科学的观点，它以第一种观点的新形式作为基础，构成了后者的主要因素。① 因此这两种观点常常被混淆到一起，它们明显地同古老的形式对立。该对立十分重要，要理解它，就需要对物质与精神的统一有更深入的认识。斯宾诺莎明确地用新的观点来回答意志自由问题，他指出：机械的运动只能产生机械的运动，精神的运动只能产生精神的运动，它们相互间不影响。因此，当我们说意志使我们的手臂运动，或者用惯常的话说，太阳升起来了，如此表述都是不准确的。机械运动与精神运动作为彼此独立的因果序列，必须从各自的来源（Antezedenzien）来考察，

① 滕尼斯紧接着用斯宾诺莎的例子解释了这两种观点如何结合到一起：斯宾诺莎认为人心和物体的因果性各自独立，这对应第二种观点，但它们都源于神或自然这一唯一的实体，这对应第一种观点。因此，第二种观点以第一种观点为基础，又是第一种观点的组成因素。

它们都源于神，即源于无限的、永恒的联系。这样一来，事物的本性只可能由直觉的（intuitive）认识推导出来，人心因此获得了完全的安宁与真正的自由。现在的认识就是要去同永恒与无限结合在一起，对此的确信乃投身于这一认识活动的心理学结果，为了重新赢得确信，理性便要摧毁对自由的想象（仿佛行动的自由即意志的自由）。

尽管霍布斯的思想尚且同斯宾诺莎天才般的构思有所差距，但它无疑同后者处于相同的方向，而且为后者也即更高超的直观做好了准备。到了 17 世纪后半叶，人们已经习以为常地把他们二人（霍布斯和斯宾诺莎）同视作无神论者，无情地谴责他们。

§3

【同布兰哈尔主教的争论①】我们的哲学家同布兰哈尔主教的争论，源于布兰哈尔主教的攻击。对比霍布斯撰写了反驳文，再之后主教写下答辩文，霍布斯又对此做了第二次辩护。霍布斯收集了上述所有文献，以《论自由、必然性与偶然性问题》为书名出版（E. vol. V.）。在这里，我们有必要从复杂的对话线索里摘录有关理性根据（Vernunftgründe）的讨论（之前讨论的是神学根据）。

主教首先抛出了五个难题。第一个难题，邓·司各脱就曾探讨过，因而霍布斯完全有理由认为根本不值得再回答。这个难题涉及芝诺②的一段轶事：他的奴隶因为偷盗被抓住，他要鞭打奴隶，奴隶却想钻主人的空子，说必然的命运决定自己去偷盗。于

157

---

① 从本小节直到第 7 小节，共用了这个小标题。

② 指古希腊哲学家芝诺（Zeno of Elea，约公元前 490—公元前 425），埃利亚学派代表人物，"芝诺悖论"的提出者。

是芝诺就更狠地打这个奴隶,并且说,同样的命运决定了他要被责打。主教这样评价道:任何否认自由的人必然更适合挨鞭子,直到他坦白,一切都取决于鞭打他的人的意愿,是接着抽打还是停下来。

对此,霍布斯仅回答说:在这个故事里,受惩罚不应是坚持必然性的人,反倒应是嘲笑必然性的人。不过在这里,他并没有把自己通常所做的行动自由(作为主观的自由)与意志自由(作为客观的事实)之间的区分带入论争。

第二个难题十分著名,布兰哈尔指出,假如自由被取消了,那么一切社会和政治的秩序都被推翻了,因为根据霍布斯的论据可以推出:(1)禁止某种行动的法律就成了不合法的;(2)一切劝导都是无意义的;(3)劝告理性人如同劝告儿童、笨蛋和疯子,皆是盲目的行动而已;(4)称赞、咒骂、奖赏和惩罚都是无意义的;(5)—(6)建议、责备、武器、书本、告诫、学习、教师、药品,一切都是无意义的。

霍布斯首先郑重地指出,真理始终是真理,对真理的运用源于真理本身。他承认,误用真理的情况很可能发生,但他否定了由布兰哈尔臆想出的种种推论。针对(1),霍布斯写到(正如他在自己的政治著作里指出的):制定刑法并非为了伤害犯罪者,而是为了让他和其他人遵循法律来行动;同时,针对死刑,霍布斯引证的是自然权利(Naturrecht),即对野蛮人以及野兽的自卫行动是合法的、理性的。

针对(2),霍布斯写到,某种选择越被确定为必然的,劝导就越不是无意义的,因为好的建议就越有用、越有效。针对(3)的理由与此一致。

针对(4),霍布斯指出,称赞与咒骂、奖赏和惩罚都是喜欢与不喜欢的态度的表达,它们尤其通过例子的方式确定下来,并且对意志起到了一定作用。比如维利乌斯·帕特库卢斯①给予加图崇高的褒奖,称加图本性上就是善人,因为他不可能成为别的什么人(et quia aliter esse non potuit)。

针对(5)—(6),霍布斯再次总结了前述的结论:由于结果的必然性而认为手段乃多余,这种认识是错的;事实上,这些被提及的事物都是必要的手段。

§4

主教的答复内容十分丰富。(A)首先,主教指出,如果说让法律命令自己做绝对做不成的事情,那么这就是不合理的;如果法律不能服务于公益(Gemeinwohl),那它就是不正义的。事实上,刑法权衡的并非一个被决定的、必然的意志,而是一个自由的或理性的意志。因此,它不会惩罚任何孩子,因为孩子缺乏思考的能力,故而缺乏真正的自由。除此之外,相较谋杀(Mord),误杀(Todschlag)受到的惩罚应当更少,因为它是在不经考虑的前提下发生的。尽管我们通常将误杀者称作怀着更多意志(more voluntary)的人,理由是误杀者因激起的热血,杀人时更没有什么阻拦的意志;然而谋杀怀着更多的恶意(more wilful),因此应当受到更多的惩罚。

---

① 马库斯·维利乌斯·帕特库卢斯(Marcus Velleius Paterculus,约公元前19—公元31):古罗马历史学家,他的《罗马史》从特洛伊战争结束写到公元29年。

（B）针对霍布斯政治理论的一个说法，即"没有任何法律是不合法的"。主教指出，如果这句话是想说不合法的法律不是真的法，那么霍布斯就说对了；但如果他是想说不合法的法律压根不存在，那么他就犯了历史错误。

（C）主教继续针对霍布斯政治理论的另一个说法，即"任何人都潜在地（implicite）同意他所在的国家的法律，因此，所有官员原初都是经选举产生的"。主教认为，无论从其基础还是上层结构来看，这个说法都是错的。为了批驳它的基础，主教搬出了父权制的理论。随之，他如此批驳它的上层结构：民众绝非选出了他们的立法者，毋宁说是相信他们的立法者，相信立法者会给他们公正的法律。进一步，主教举了神法、自然法、征服者之法、祖先之法的例子，对抗霍布斯的理论。

（D）主教反对一种异议，即认为法律不允许以外部强迫（比如受到了强烈的诱惑）为理由的申辩（主教从霍布斯的言辞摘引出这个论点）。从这一论点来看，不可战胜的困境就是一个强有力的辩护词，就像不可战胜的错误那样。然而事实上，根本就不存在任何外在的必然性（比如偷盗乃必然的行为）。鬼怪可能诱惑我们，但不能决定我们的行动，鬼怪尚且如此，别的事物就更不用说了。感官欲望会产生偷盗的倾向，但不会产生偷盗的必然性。因此，任何时候都不存在自然的必然性，说到头也只有假设的、道德的必然性，它并非绝对的必然性；它是与其他条件并存的（koëxistente）必然性，而非先行的、外在的必然性。从其起源来说，它是自由的，我们以自由的方式统治着我们自己。

（E）主教批评如下论调：法律塑造了人的朝向正义的意志。

"造出 1000 条让火不燃烧的法律,火还是会燃烧。对托马斯·霍布斯来说,人总会做某事就意味着他必然做某事,正如火必然燃烧。同理,如果一个人不可避免地被决定了要去偷盗,即便吊死了 1000 名盗贼,他还是会去偷盗。"

(F)主教反对相对的刑法理论(即认为目的和结果是不同的东西),相对的刑法理论认为:目的指向未来的善,而刑罚的行动理由是惩罚过去的恶。然而为了震慑其他人,把无辜者当工具来使,这本身就是不合法的;相反,单单报复(Vergeltung)就证明惩罚完全合理,因为它并没有外在于自身的其他目的。

(G)主教批评自卫的理论,因为根据自卫理论,杀死作恶者就不再是由法律授予的权利,而是人面对国家时仍然保留的原初权利。主教认为:(a)不存在没有统治者、法律和社会的时代,人自诞生起即政治造物;(b)没有任何像这样的时代,在其中,私人通常被允许为了自我保存而杀死他人;(c)自卫权并非一种更高的权利或权力,而是上帝授予一种首要的权利(Vorrecht),有了它,人足以应对一切外部的危险和不可战胜的困境;(d)人没有的东西,就不可能给出去,民众没有决定生死的权利,他们就不能通过选举,将生死权授予别人;(e)从一位理性的而有天赋的人①那里听说,人之间的谋杀和非理性的牲畜之间的打斗无异,这是很令人惋惜的。主教写道:

(H)"元素相对于植物,正如植物相对于牲畜,牲畜相对于人。""凡流人血的,他的血也必被人所流,因为神造人是照

---

① 指霍布斯。

自己的形象造的,即便最强大的造物,如狮子与熊剥夺了人
的统治权。上帝想要指明,由于亚当的堕落,人失去了其卓
越的统治地位,甚至对最弱小的造物,如飞虫和蚊子都失去
了统治权力。如此一来,上帝指明人堕入到何种被蔑视的境
地里。然而,其中最有价值、最有用的动物,如羊和牛在一定
程度上仍服从人的统治。"

　　(I)针对劝告的根据,主教指出,霍布斯至少承认,正确的理
性具备了一定的权力。只要任何处于上帝统治之下的造物具有
正确的理性,那么他们就能决定自己的意志。不过,主教同时指
出,理性决定意志的方式并非物理性的、绝对的,更不用说是外在
的、因果性的。

　　(J)主教反对原因和结果统统被决定了:

　　　　(K)"让我们设想一下,钟的大轮子带动所有小轮子转
动,正如上帝安排好的那样,钟就毫无差错地持续地根据内
在原则运转,如同上帝的决定毫无错误、永恒且对一切有效。
让我们进一步地想想,小轮子是次级原因,它们毫无差错地
遵循大轮子的运动而运动,正如次级原因明确地根据第一因
的规定起作用。在这种情形下,我想知道为什么还要叫一批
钟表师傅过来,商量怎么调试、配置已经被安排好的钟表运
动呢? 小轮子的运动乃是让钟表鸣响的必要手段。"

　　(L)霍布斯以下述推论来表述自己的论据:如果我明天应该

还活着,那么我明天就要活下来,即便我今天仍然可以用剑刺穿 161
自己。主教则认为,如果人今天有杀死自己的自由和可能性,那
么就不会存在任何所谓"他明日就能活下来"的绝对必然性。

(M)主教认为,关于劝告,霍布斯完全没注意到,要一方面区
分出儿童、笨蛋和疯子,另一方面区分出理性的人。

(N)霍布斯指出,称赞某个事物,就是说它是善的。然而,在
主教看来,我们在此关心的是道德意义上的善。道德意义上的称
赞和指责,同良好地或败坏地行使自由息息相关。如果说一切都
是必然的,那么道德的自由就根本不存在。加图可能具备善的本
性,然而帕特库卢斯在此称赞的是人物本身(Sache),而不是行
动;是自然性的内容,而不是道德性的内容。

(O)主教批评霍布斯并没有回答关于奖赏和惩罚的问题。我
们习惯于将两者运用到所有的兽类那里,但道德自由不存在的地
方,就无所谓道德(Sittlichkeit)与不道德,因此也就不存在真正的
奖赏和惩罚。

(P)主教认为,兽类仅仅根据它们的记忆或感性的恐惧与希
望行动。如果说在他们的行动中存在着任何功绩,那么功绩说到
底要归结到他们的驯养者身上。

§5

霍布斯的第二次辩护文用新的形式重复了部分早先的论据,
借此强化了自己的立场。我在这里按照编码的顺序,将他的主要
观点罗列下来。

(A)所谓"绝对的或就其自身而言不可能的",这一提法就是

矛盾的,就此而言,没有任何法律命令人去做不可能的事情。不过,要是说正确理性的规定即公正的法律,那么该说法也犯了错误,正因为许多人认识不到这点,所以他们丢掉了姓名。事实上,只要是拥有主权权力的人,他们的理性"无论正确还是错误,都必须是正确有效的,只要没有持续存在的叛乱理由的话"。主教认为由法律实施的惩罚就是一种报复的方式,然而在霍布斯看来,不管出于何种动力,那些用合法的特权伤害他人者都不是善人,善人应该有意让自己或他人过得更好。

162

(B)如果公布法律这一行动建立在罪恶动机的前提下,那么公布法律就是一个不正义的行动,但公布出的法律本身却并非不合法的。因为当法律出自拥有合法的立法权的人,这就意味着它出自公民团体(Volksgenossen),只要遵循法律行动,没有人会干出违法的事了。

(C)《圣经》是由教会权威颁布的法,教会权威和共和国权威一样,都有自己的首脑,而共和国的首脑不是别人,只是由公民大众选出的人。"如果事实并非如此的话,那么为什么《圣经》在别的地方不像在君士坦丁堡那儿起到如此典范性的作用呢?"同样,其他任何一种类型的法律都证明了,法律通过公民的沉默的一致同意达成,故而法律应当对这些人有效。

(D)主教认为,法律不仅仅命令人们去做什么,而且命令人们去愿望什么。"要给我们的激情施加一种超越于我们的统治权力",这句话或者什么也没说,或者意味着我们具有支配我们意志的统治权力,或者意味着我们的意志具有凌驾于我们自己之上的统治权。这也就是说,要么我们自己,要么我们的意志是非自由的。

(E)与(F)建立在误解的基础上,而且我们已经回答过了。

至于(G)与(H),很有可能自创世以来,就不存在人类完全没有社会的时代。然而,"在每一次内战爆发之时,因此也就是在我们这个时代,无论法律、共和国还是社会统统不存在。存在着的仅仅是一个个暂时的联盟,任何不满的士兵一旦有可能的话,就会摆脱它。因为每个人只追求自己的利益,这里没有人再去理解什么是良知的义务,因此任何时代都存在着不守法的人"。

假如主教将自卫称作一种由上帝赋予的权利,以应对不可战胜的困境和外部的危险,那么他想到的无疑是一位主教被派下来,去判断每个情形是否符合良知案例(casus conscientiae)。所谓人对野蛮的兽类的统治,就在于人通过其技艺尤其通过他同别人的结合(人仅仅在语言的帮助下才能创造这种结合)反复盘算,再做出决定。换言之,人已经不是生活在森林里的没有武装的人了。所谓人对温顺的牲畜的统治,并非意味着我们实施统治,而是以敌对(Feindseligkeit)的方式对待它们。因为我们要驯养它们,让它们为我们劳动,我们要杀死并消耗它们。

(I)主教承认理性决定意志,然而这并非物理性的决定,而是他在别处说到的"道德的意义上"的决定。主教不会否认,他之所以写下这段文字,是因为要回复我的质疑,而且他的写作是由他的手做出的位移运动,而位移运动的原因又只能是物理性的。因此,他的意志是物理性的,而且源于我的质疑。换言之,我的质疑在先地、从外部决定了他的写作活动。

(J)主教认为,上帝使自由的手段适于自由的目的,使偶然的

163

手段适于偶然的目的,使必然的手段适于必然的目的。事实上,这种说法对于行动或运动的主体、对于主体本身是成立的,但对于手段与目的是不成立的。一个自由的能动者(Agens)的运动或行动不受阻碍,自由的行动就是源于他自身的行动。

(K)"但因为人们通常会想象,当某个东西无来由地就产生了,他们看不出它的原因,那么他们习惯于将行动和主体称作偶然的。不过,只要存在着最终活着的生命,他们就将它称作自由的。"霍布斯从来没有否认行动的自由,他否认的是意志的自由。

(L)霍布斯指出,主教没能在发生了的必然性和没发生的必然性之间做出区分。如果某人明天还要活下来这件事是必然的,那么他今天必然不会产生什么稀奇古怪的念头,比如把自己的头砍下来,感受一下砍了头后自己到底有多疼。

(M)对于孩子和笨蛋来说,劝告起不了任何作用,因为他们缺少经验,因此认识不到劝告中的理性内容。此外,疯子的激情太过于强烈,以至于他们无法正确地理解劝告者跟他们说的东西。

164　　(N)主教区分了形而上学的善、自然的善与道德的善。事实上,这里所说的第一种善根本不存在,因为一切善与恶都关系着行动,它们源于行动,关系到因行动而受益或受损者。至于自然的善与道德的善之间的差别,完全取决于法律。道德的赞美指向的并非对自由的良好使用,而是对法律的服从。

没有任何人可全面地掌握、权衡某一行动所带来的一切善与恶的结果。某人能看到的、令他觉得好的东西,那对他而言就是善,我们在道德的意义上称作善的所有事物,无非是那些不和政治法或自然法冲突的东西。因为一个人的理性可能同另一个人的理性冲突，所以我们建立了一个凌驾于我们之上的共同的理性，我们希望承认它的效力。"正如人要在纸牌游戏里谋求胜利，而道德的要求就在于他要跟好花色牌，在公民间的交往中，一切道德都取决于人不拒绝服从法律的规则。"

（O）霍布斯认为，在为非理性的动物提供的报酬与为人类提供的报酬之间做出区分，乃是愚蠢的行为。当主教谈到驯兽这件事，即人用鞭子抽打兽类的臀部，用甜面包给兽类的肚子解馋，以此为自己开辟道路。"他没有认识到，难道不是诗人、历史学家、教士、哲学家和艺术家的胃教导着他们吗？人们不是同样考虑到他们的后背、脖子和甜面包，才如猎犬、诱鸟和鹦鹉那般履行着自己的义务的吗？"

（P）即便人没有挨打，但他也会受到另外类型的伤害。话语和思想都是由具备普遍性含义的词语组成的，如果我们暂且不谈话语和思想的情形，那么就会看到，我们心灵的表象就同其他生灵的表象一样，一切表象都源于各个独立的对象，都同这个对象相关。主教的第三个论据指出：有了必然性学说，一切悔恨、自责、善意以至于祷告都成了无意义的、无效的活动。霍布斯承认，人们从前所做的事情就证明了，相较于实践这些神圣的活动，纯粹在言语上讨论它们更有损虔诚（Frömmigkeit）。事实上，主教的推论完全错误。虔诚取决于两个方面：第一，人从心里尊崇上帝，也就是说，尽可能地将上帝的权力视作最高的权力；第二，人用言辞和行动表达对于上帝的情感。所谓"必然性的学说"无非指一切都源于上帝的永恒意志，谁这样想，谁就将上帝视作全能者,谁就比其他不这样想的人更倾向于用言辞和行动承认上帝的全能。悔恨(Reue)意味着陷入迷途时的悲伤,渴望回到正确的道路上,无论悲伤还是渴望的情感都有共同的基础,人们同样可以认识到,迷途必然由外部处境导致。祷告(Gebet)不能改变上帝的意志,一般而言,它仅仅指对上帝赐福的感激之情。因此,如果说祷告表达的是一种愿望,那么它同时意味着我们只能期盼上帝做出什么,而不是我们的意志做出什么。

　　主教同霍布斯针锋相对,他认为,如果霍布斯的说法是真的,那么魔鬼就和最优秀的基督徒一样,有同样多的内心虔诚。事实上,内心虔诚不仅是一种知性的行动,而且是意志的行动,是信仰、爱与希望,是人归于上帝的东西。相较于上帝的伟大本身,他的其他属性引发人的更真诚的崇拜。但霍布斯的学说取消了上帝的真、善、义的品质。除此之外,预定论让歌颂上帝和感受圣礼成为不可能之事。假如人把自己比作由上帝拧好发条的时钟,悔恨也不可能存在了。假如人没有能力改善自己,那么向善的意图又有什么用呢? 就像要求飞翔却没有翅膀,要求口袋空空的乞丐去建造疗养院。悔恨难道不是一场快乐的逆转? 迄今为止,禁食、麻衣、灰烬、眼泪陪伴着人类的悔恨情感。欢乐可能随着悔恨而来,但欢乐绝不构成悔恨的一部分。对于必然陷入迷途的悲伤,将不再是对自己所犯之罪的悲伤。"我们设想一下,这就像某个教导我们写字的人操纵着我们的手写字,无论字写得好还是不好,我们似乎都没有理由快乐和悲伤。因为没有人会说,写字的行动是自己做出的,而非他的教师做出的。"主教从神圣文字反驳了霍布斯关于祷告的观点。主教认为,霍布斯没有认识到在"要去改变意志"(mutare voluntatem)与"希望去改变"(velle muta-tionem)之间做出区分,前者是上帝不可能做的事,后者则是上帝常常做的事。我们必须将我们自身同上帝的意志结合起来,但上帝并不希望在没有他作用的前提下,外部(ad extra)事物能必然地存在;上帝也不希望一切中介原因(Mittelursachen)在所有时候都必然地发挥作用。

§6

霍布斯回答:上帝的善从属于他的权力;如果魔鬼不认为上帝有对抗自己的能力,那么魔鬼就不会因上帝的善而尊重上帝。那么,我们如何理解魔鬼呢?"魔鬼"这个词有双重含义:第一种含义是敌人、造谣中伤者、毁灭者,在这个意义上,魔鬼无非指坏人;第二种含义是神灵(daemonia),它乃异教徒虚构出来的神祇。神灵既不是物体,也不是精神性的实体,而纯粹是受到惊恐的心灵的想象物和虚构物。"除了上帝、世界以及世界的各个组成部分,没有任何具有实存的存在者存在,除了由人类大脑虚构出的东西,没有任何虚构的存在。"

同"善"这个属性一样,上帝的其他属性也包含在全能里;这些属性是不可把握的,它们从属于一个不可把握的存在者,它们存在,只是为了让人去尊敬上帝。从主教的观点,我们可以进一步地推出:上帝是残酷无情的。因为根据主教的看法,上帝永恒地折磨一切有罪者,即不信仰耶稣基督的人;而在不信仰者这里,其中相对较少的人听说过耶稣的名字,这样一来,主教的观点便否认了上帝的全知。不过,如果人将自己视作钟表,那么他如何

167

因自己的罪而谴责、诅咒自己呢？在霍布斯看来，这种情形并不构成阻碍，因为人想的只是再被上好发条，而不是去悔恨。基督教的悔恨，就其本质而言是改善的意图。怀着改善的意图的基督徒知道，这样的意图已经由耶稣基督给予他们，基督徒甚至将它看作喜悦。当主教发现喜悦乃描绘悔恨的第一个词语，他无疑会感到震惊，就像长久以来生活在黑暗里的人对光感到震惊。麻衣与灰烬绝对不是已经结束了的悔恨，毋宁说是悔恨开始的标志。上帝给予人的悔恨属于人，正如上帝赐予人的信仰属于人。把祷告比作乞丐的行乞行动是错的。乞丐的行动是要激起他人痛苦的同情感，然而我们根本就无法激起上帝的同情感。

主教的第四个论据是：世界的秩序、美好与完善就要求宇宙里存在着一切类型的有效力量，其中一些是必然的力量，一些是自由的力量，还有一些是偶然的力量。霍布斯承认这句话可能是正确的，但前提是我们如此来解释这句话：一些力量无须考虑就发挥作用了，一些力量需要考虑才发挥作用，还有一些力量的情形不为我们所知。主教认为，霍布斯在此误解了这些概念：

> "我将偶然理解成一切能发生或不能发生的东西之是否发生取决于原因的不确定或原因的诸偶性之间的竞争。现实存在(Dasein)的必然性源自创造本身，然而这个必然性是有条件的，它不是绝对的、作为先行者的必然性。"

相反，霍布斯指出：一切必然性都是先行者，都始于第一个必然性，第一个必然性推动了随后的必然性；如果人们看到了整体秩序以及原因间的关联，那么他们就洞察到每件事的必然性；然而狂妄者会理所当然地以为他不知道的东西就不会存在。不确定的东西不能产生任何作用；假如它产生作用，这就意味着某件事在同一时间既发生又不发生，故而导致矛盾。

霍布斯反对的第五个论据是：如果自由被取消，那么罪的本质与形式根据也被取消了。在霍布斯看来，罪的本质在于它随意志一道产生（至于意志如何产生，我们在此不做探讨）并且违背了法律。相反，主教认为：霍布斯的观点会让罪变成善的、正义的、合法的事情，因为它本质上由第一因决定，此外别无他。一个怪物并非自然的合法秩序的产物，而是诸多自然原因偏离正轨、共同作用的产物。尽管如此，怪物的创生乃是一种假设的必然性。对此，霍布斯说，从他的对手的论据里，我们同样可推出：任何由上帝创造出来的人都是善人和正义者。罪不是一个被创造出来的现实事物。反倒说，只有在禁令出现的地方，某些行动才会变成罪。罪的形式根据存在于意志本身之中，它可能是必然的，可能是不必然的，这都取决于它同法律的关系。法律不会对就其自身而言不可能的东西有所要求，但因为立法者认识不到未来隐藏着的必然性，所以有时法律会要求实现那些因永恒隐秘的外部原因而不可能实现的情形：

> "在其整个的回复里，主教试图证明：只要人愿意，他就会自由地行动。我并不否认这一点，由此一来，主教认为自己已经证明了：只要人愿意，他就拥有了意志的自由。这就是他所称作的意志的自由的自我确定（freie Selbstbestim-

mung des Willes)。主教指出,自然绝对没有打算产生畸形的东西。也就是说,上帝没有打算产生畸形的东西,故而畸形的东西违背了上帝的意志。这样的宇宙观是荒谬的,因为作为自然物之聚合的宇宙压根没有意图。"

§7

进一步的论辩涉及许多概念,主教试图通过区分这些概念,摆脱必然性学说。霍布斯则抓住这个机会,突出地强调了一组实在的差异:一方是必然性;另一方是对他者的强制或强迫。霍布斯曾在第二次答辩文里再次为自己辩护,此后,他在结尾部分重新整理了他和对手各自的主要论点,简明扼要地总结了自己的观点:

"我的看法是,没有人能从自己现有的力量里产生未来的意志。未来的意志可能会由于他人而改变,也可能会由于外在于他的事物而改变。如果它改变了,那么它既不是由自己改变的,也不是由自己决定的。如果它没有被决定,那么意志就不存在,因为任何有所意愿的人都希望获得某些特定的东西。人和野兽都具备考虑(Überlegung)的能力,因为考虑即不断改变着的欲望,而非思维;存在于其中的最后的行为或欲望直接产生了行动,最后的行为或欲望就是唯一能被别人认识的意志,也是唯一能呈现在公共判断面前的、作为自由意志的行动。'自由'无非意味着只要某人愿意,他就去做出行动或放弃行动。因而，这涉及的并非意志的自由，而是人的自由。意志不是自由的，而是服从于外部诸原因的作用，因它们的作用而变化。一切外部原因都必然地依赖于第一个外部原因也即全能者，全能者则通过陆续原因的传递，影响我们的愿望和行动。因为不论人还是其他的事物都不能影响自己，所以一个人在塑造自己意志的方面不能同上帝竞争，他毋宁只是上帝的代理人或工具。如果没有任何作为原因的偶然事件存在，没有任何一个原因或诸竞争着的原因存在，那么就没有什么事情足以成为现实。任何像这样的原因以及它们间的竞争，都源自天意以及上帝的恩宠与劳作。因此，尽管我将许多其他事件称作偶然事件，并且说它们偶然地发生，但我同时想说的是任何事件的发生都有它们的充足的原因，这个原因又有更早的原因，故而该事件的发生是必然的。尽管我们不认识这些事件是什么，但偶然的事件有其必然的原因，正如我们总能认识它们发生的原因。否则它们就不可能被预先地知道，如同全知者预先地知道它们那样。

相反，主教认为意志不受强制，而是自由的。相应地，知性的判断不总是实践活动（practice practicum），它本身并不具备将意志合一且决定意志的本性，尽管自发性与规定性确实能共存于一身。意志自我决定，假如外部事物改变意志，那么它的改变就不是自然意义上的改变，而是道德意义上的改变。也就是说，它的改变并非通过自然运动，而是通过道德的和隐喻的运动实现。如果意志以自然的方式被决定，那么它就不是因上帝的普遍影响(一切陆续的原因都始于此)被决定,而是受到了事件的特殊影响,上帝作用于其中,将一些东西注入人的意志里。意志如果不终止它的活动,它的活动就成了必然的。由于它能终止活动并拒绝赞同活动,故而它不是绝对必然的。罪行并非源于上帝的意志,而是消极的、不进取的意志的表现,它给人施加了消极的负累。人的意志存在于他自己的力量之中,尽管意志的第一推动力(motus primo primi)不存在于其中。因此,意志不是必然的,除非为它假设一种必然性。改变的意志并不总是等同于意志的改变。不是所有事物都产生于充足的原因,还有一些事物就产生于非充足的原因。如果当前的意志力是第一现实性(in actu primo),那么它就不缺少成为现实的动力。某一原因能是某一后果的充足原因,尽管由于它缺乏意志,构不成必然原因。一个必然的原因并非总以必然的方式产生效果,只有当效果必然地产生出来,我们才能这么说。主教为了证明意志是自由的,还诉诸了一个普遍的概念,即世界的诞生源于一个选择;因为如果在六位选帝侯①那里的票数一样,那么波希米亚王的那一票就是关键的一票。虽然上帝有预知能力,但他并没有预设任何被预设了的事物的未来的必然性,因为上帝不是永恒的,毋宁说他就是永恒本身。永恒本

---

①　选帝侯指德意志诸侯中有权选举神圣罗马皇帝的诸侯。1356 年,查理四世皇帝颁布了《黄金诏书》,以诏书的形式,确认皇帝由选帝侯选举产生,并规定了具体的程序。选帝侯一共有七位,包括三个教会选侯和四个世俗选侯,三位教会选侯分别是科隆大主教、美因茨大主教、特里尔大主教;四位世俗选侯分别是莱茵-普法尔茨伯爵、萨克森-维腾堡公爵、勃兰登堡藩侯与波希米亚国王。

身是持续的现在,无所谓时间的序列;因此上帝以直觉的方式,通过在场性(即拉丁文 nun stans 所指的'现在在场')预知一切事物。在场性意味着上帝在自身之中结合了一切过去、现在与未来,这一行动并非形式性的,而是永恒的和潜在的。所谓意志自由,乃是从整体而非分割的意义上来说的。'被创造'与'永恒'两者共存,因为上帝的决定就是被创造出来的东西,所以被创造者并不缺少永恒性。世界的秩序、美好与完善,需要宇宙中存在各种类型的能动者(Agenzien),其中一些是必然存在的,一些是自由存在的,一些是偶然存在的。尽管'明天会下雨或不会下雨'这句话是对的,但两种情况中的任何一种都不是在被决定的意义上是真的。必然性学说是一种诋毁上帝的、悲惨的、摧毁性的学说。也许做一个无神论者,都比坚持这样的学说要好些。对于秉持这一学说的人,相比于同他们论辩,莫不如用荆条抽打他们。"

最后,霍布斯总结说:"是主教的学说还是我的学说更好理解、更理性、更合乎上帝的言辞,我交由读者来判断。"

§8

172

【批判——一种自由学说的开端】如果说霍布斯对意志的判断已经从总体上确立起来了,那么我们应当说,这位伟大的思想家在此预先照亮了未来几个世纪的思想世界,我们有必要再做一些补充,进一步地澄清他的正确观点。因此,我们首先要追随他的脚步。

　　探讨人的意志问题时,霍布斯完全成了一位经验主义的研究者。他面对着现实,而现实在他眼前展现为无穷无尽的关联体(Zusammenhang)。这无非意味着他是一个实在的人,意味着他将现实与必然性视作等同者。因为当我们将某物视作现实的东西,我们无非是想说,它独立于我们的思维存在,所以我们无法想象两个物体在同一时段内占据同一个空间,同样无法想象一个事件或运动在同一时段内同时发生或不发生。如果某一事件在现实里发生了,那么它未发生就是不可想象的。故而我们用"必然"这个词,指称某事不发生乃不可想象的情形。就此而言,现实的东西才是可能的东西,也就是说,这个东西在某一时间内、某些条件下可能存在;如果我们因此将某些可能的东西同现实的东西区别开来,那么我们只有将这些可能的东西称作在另一时间内、另一些条件下存在的东西。

　　上述原理仅仅是我们思维模式(Modus)的体现,它不会随现实改变。霍布斯因此洞见到人类行动的独特之处,即无论如何,对可能者的思维都变成了决定现实的共同原因(Mitursache)。思维本身展现了一种力量,任何像这样的力量都绝非空洞的、纯粹想象的可能性,毋宁说它是一种明确的、朝向现实的倾向。不只如此,它仿佛可以转化成一个量值,即一个确定的概率。霍布斯在《论物体》里已经宣告了他这方面的预见:一切可能的东西(即一切在现实里可能的东西)都必然在时间的进程里变成现实的东西。霍布斯的对手们则对他的思想奠基保持警惕,在他们看来,因为霍布斯根本没有探究人类意志里的理性的因果律,他无非想售卖机械论原则(认为意志的运动同样由外部事物激起)而已,所以他的学说不合理。但对霍布斯来说，表象是足够简单的，正像他在另外的许多地方指出的，客体会引起知觉者对它本身的感觉，同时促进或阻碍了血液的流动，让知觉者产生朝向它或远离它的倾向。故而考虑无非是这些倾向的交替，意志则是每一次考虑里的最强大的倾向，它仿佛不断地扩展为行动。

从霍布斯的认识论，我们可以推知：一切身体都有其现象特征，由于兽类的记忆机制，身体的关联复杂化了，被提升到了更高的层次，最终通过人类的思维实现了它的最高复杂性。霍布斯在意愿或欲望（Wollen＝Begehren）与行动（Handeln）之间做了明确的区分，人们只能说行动是自由的，即行动由人自己做出且没受到阻碍，却绝不能说意愿是自由的。然而如此一来，霍布斯就陷入矛盾了，因为他无法阻止将感官的感觉本身视作活动与反应。感觉在幻想和记忆里保存下来，并得到（明显的）更新，继而人运用词语将它们转化成话语，这就展现为了自由的活动，因为只要我们有所意愿，就会根据喜好（Gefallen）开始和结束运动。由于我们感觉到我们的喜好，故而喜好并非任意的产物，它是属于我们自己的东西，它意味着我们自身的表达，因而它完全在其他的意义上是自由的。[①] 霍布斯绝没有否认当人有所意愿便能去做的自由，他仅仅是想证明欲望是不自由的，因为人不能去希望掌握自己的欲望。于是，他就误解了自由的另一种含义，即便他的自由观根据的是前一种含义，即便他常指出自由不仅意味着人想做什么就能做什么，而且意味着人去做的时候不受阻碍且自己感到

174

---

① 关于喜好与自由的正面讨论，可详细参见滕尼斯的《共同体与社会》第 2 卷第 6 节。

不受阻碍。这种观念的确合乎我们的一切活动，当活动发生的时候，我们认识到活动的必然性；记忆和幻想的行动似乎尤其是自由的，因为它们不受任何外在对象的阻碍；高贵的自由之意乃自我规定（Selbstbestimmung），也即由自己的活动来规定自己的活动，不过自我规定只是从记忆与幻想而来的更高潜能。从这个意义上讲，霍布斯所想的"希望产生某种愿望"（das Wollen zu wollen）绝非荒谬。

霍布斯不应忽视的事实是：人具有面向未来行动的思想，思想预先确定了行动，尽管它并没有让这一行动成为必然。这样一来，我们完全有理由遵循语言的惯用法，用如下的称谓来表述意志的诸形式：打算、决定、意图、思虑等等。它们从根源上来说即意愿本身，并且包含着实践的意义。它们的基础不是思维，而是同样的自愿行动。对此，我们应当正确认识到：只要人愿意，他就有考虑一切可能的意图的自由；只要人愿意，他就有去做一切可能的事情的自由。和（直接的）行动一样，做决定需要动机，至于它是否成功，这不仅取决于动机的强度，也取决于人本身的特质（Beschaffenheit）。正是人的特质，使人因某些动机而行动。霍布斯正确认识到，当他探讨人的性格和天赋的差异时，他实际上主要致力于从物理的事实和原因来做解释：

"我们从经验中得知，快乐和痛苦的原因因人而异。由于人的身体结构各异，故而同样的事物，在一个人身上起到促进作用，令此人感到快乐；却在另一个人身上起到阻碍作用，令这人感到痛苦。"（《法的要素》，第1部第10章第2节）

由此,我们可进一步地确知,知性的能力受欲望的方向决定: 175
愚蠢遵循着感性消遣指引的方向,机智则遵循着精神闲思指引的
方向;然而,不同的天赋有时等于、有时源于精细各异的身体结
构,以及精神"围绕着心脏"所做的速度各异的运动(参考《利维
坦》,第1卷第8章,与《论人》第13章)。在随后的论述里,所谓人
的总体性格也源于习惯、个人的经验、外在生活遭遇、自我评价以
及教育者和其他权威的影响。

§9

【激动学说】毋庸置疑,霍布斯的激动或激情学说同他的意志
理论紧密相关[105],在其中,我们的哲学家常常做出令人惊异的高
超判断与阐释。激动学说在霍布斯的早期作品里有极其完善的
体现[106],他一开始将激动视作心灵的运动。由此,动物的运动传
达给身体,快乐、热爱、欲望皆为吸引性的运动,与此相反,痛苦、
厌恶、恐惧乃是排斥性的运动。它们既伴随着知觉与表象,也是
知觉与表象的结果,因而促进或阻碍了血液的流动。但物理性的
快乐与反感同精神性的快乐与反感截然有别,前者同诸单个的身
体器官相关,后者则并不局限于任何身体的部分,而是关系到整
个身体。特别的激动由特殊的表象或思想唤起,当它们关系到当
前事物时,它们是知觉;当它们关系到过去事物时,它们是记忆;
当它们关系到未来的事物时,它们是期待。谁期待着快乐,谁就
在自身之中感到一股获取快乐的力量。力量本身,说到底即一种
力量超过另一种力量而得出的剩余。对占优势的力量的承认就
是荣誉(Ehre)。"人通过被给予的尊敬与不敬的符号感知到快乐

与反感,而独特的激情的本质就存在于快乐与反感之中。"由此一来,诸多激情得以彰显(尽管并非遵循严格的因果关系),并得到
176 解释:骄傲、努力、自负;恭顺、羞耻、勇气、愤怒、复仇欲、悔恨;希望、失望、怀疑、相信;同情与冷酷、恼怒;奋发与嫉妒;笑、哭、肉欲、爱、仁慈;惊讶与好奇;希望看到危险的激情;崇高感与沮丧。总而言之[107],人生就像一场竞赛,除了成为第一,便再也看不到其他的目标与桂冠,这乃是一幅真正的自由竞争的画面[108]:

　　　"发起运动即欲望,

　　　　耽于松弛即享乐,

　　　　转头看落后者即骄傲,

　　　　抬头看领先者即恭顺,

　　　　因回头看落后者而失去领先地位即虚荣,

　　　　感到自己停下来了即憎恨,

　　　　往回走即悔恨,

　　　　不止步地向前走即希望,

　　　　疲惫即失望,

　　　　试图赶超前一个人即奋发,

　　　　想要取代或压倒别人即嫉妒,

　　　　决心克服面前的障碍即勇敢,

　　　　突然遭遇意外的障碍即愤怒,

　　　　轻易地克服障碍即崇高,

　　　　由于微小的障碍而停滞即胆怯,

　　　　突然地摔倒即想哭,

看到其他人摔倒即想笑，

看到不愿意被超过的人被超过即同情，

看到不愿意胜利的人获胜即恼怒，

靠近他人即爱，

拉着停下脚步的人继续前进即仁慈，

匆忙地伤害自己即羞耻，

持续地被超过即痛苦，

持续地超过眼前的人即幸福，

离开跑道即死亡。"①

　　然而，直到竞赛跑道的终点，幸福也是不可得的吗？难道不存在努力争取的最后一个目标、一个"最高的善"，只要人占有它，由于不再要求和期待更多的东西，他的激情就会沉默？在后来的著作里，霍布斯断然拒绝了这样的观点：

　　　　"人在当前的生活里根本不可能遇见最高的善，或被称为至福或最后的目标的东西。因为如果一个目标是最后的目标，那么人们就不再渴望、不再追求什么了。如此一来，在这一时间点上，不但没有什么东西对人来说是善，而且人对此压根不再有感觉。因为一切感觉都同某种欲望或厌恶联系在一起，不再感觉就意味着不再生活。"

---

　　①　这段话出自《法的要素》第 1 部第 9 章第 21 节，此处根据滕尼斯的德文翻译译出。

　　他的思想可以被归纳为这样一句话：“最大的善就是最少阻碍地通达无穷遥远的目标。”[109]用另一种方式来表述幸福的定义的话，可以说幸福不取决于已经据有的东西，而是取决于不断据有的行动本身。“因为人是由共同的材质构成的”，这句话可以被我们恰当地称作霍布斯人类学的题眼。对霍布斯而言，人似乎具备自然的自由，他乃野蛮的野兽里的最野蛮者，他不仅被眼前的饥饿驱动，而且受未来的饥饿驱动（《论人》第5章第3节；L. II，91[110]）。人努力追求着无限的权力，当他先于其他人获得权力，他就感到最大程度的快乐；当他在其他人之后获得权力，他就感到最大程度的悲伤。霍布斯淋漓尽致地刻画了无条件的利己主义，揭示了伪善的面貌，他自己则隐藏于背后。故而每个人都将自己喜欢的、对自己有用的东西称作善的东西，并且坚信它们本身就是善的，对别人也是善的，尽管对一个人有用的东西可能对他人是有害的。同样的东西一旦被敌人占有，人就会用一个恶毒的名字称呼它；一旦被自己占有，人就会为他装饰一个美好的名字。没错，大多数人由于自身的利益关系，都相信法本身就是善的，而且试图为此提供传统的效力和理性的根据，因而后果似乎如下：

178　　　　“这就是为什么是非之说永远争论不休，有时见诸笔墨，有时诉诸刀枪，而关于线与形的学说却不是这样。因为在这一问题上什么是真理，人们是不关心的，这种事对人们的野心、欲望和利益并没有妨碍。我毫不怀疑如果‘三角形三角之和等于两直角’这一说法和任何人的统治权或具有统治权的一些人的利益相冲突的话,这一说法即使不受到争议,也会由于有关的人在力所能及的情况下采取把所有几何学书籍统统烧掉的办法,而受到镇压。"(《利维坦》第11章;E. III, 91)

在《法的要素》的致辞里,霍布斯已经指出:对待数学的对象,人的利益和真理并不相违背;然而对于教义的对象,"其中不存在任何没有争议的内容,因为人会将它们相互比较,并且将它们同自己的权利和利益牵扯到一起。所以理性常常与人对立,人也常常与理性对立"。

由于人与人之间意见的不同以及其他的各种原因,人们产生了争斗。争斗的第一个主要原因是竞争;第二个原因是猜疑,猜疑是自然的、理性的激情,因为任何人都要在他人的贪婪、嫉妒与傲慢之前将自己置于保护之下;第三个原因是虚荣。在第一种情形下,人使用暴力去奴役他人及其妻子、儿女与财产;在第二种情形下,人要保全被抢夺的财富,因为最佳的保全之法正是在适当的时候经深思熟虑的攻击;在第三种情形下,人由于一些鸡毛蒜皮的小事而纷争和争吵,如一言一笑、一点意见上的分歧,以及任何其他直接对他们人格的藐视,或是间接对他们的宗族、朋友、国家、职业或名誉的藐视。

§10

179

【基础本能】同以上论述相关,我们应当强调的是:这里的论述明确地有别于对意志的纯粹经验性的考察,而是立足于一种概念性的建构。它指明人身上存在着自发的主动性，他不停地追求财富、权力与荣誉，不断地谋求手段。激情同时也是行动，此观点与霍布斯学说的基本原理一致；与此同时，根本的欲望与嫌恶并非由对象激起，而是处在一切经验的背后。对此，霍布斯宣称：

> "有些欲望与嫌恶是与生俱来的，如对食物的欲望、排泄和排除的欲望，以及其他几种不多的欲望皆如此，后两者也可以称作嫌恶。"（《利维坦》第1部分第6章；E. III, 40）

如果说这里探讨的是植物性生命的基础本能，即生命的维持和生长，而且霍布斯并没有承认本能和意志之间的本质性差异（只要动物性的意志仍然是成问题的，只要人类经思维活动的反思性的意志基于无思想的本能），那么他仍缺少中间的环节，将作为基础本能之衍生和变体的一切本能与激情展现出来，进而得出以下结论：单独的意志活动更多地由人的本性决定，即由人现在的、直到当下塑造出的意志决定，而更少地受制于意外的、相对偶然的外部对象的刺激。由此一来，"自由的"意志概念的真相获得了其恰切的有效性。

§11

【作为道德哲学家的霍布斯】正如我们注意到的，在后期作品里，霍布斯讨论人及其心灵诸特征的学说之时，不断强调善与恶、适意与不适、有用与有害之间的相对性；人的差别取决于他们能力的差异，以及实在的善要与看似的善区分开来。霍布斯还强调了人在努力追求时毫无差别，普遍说来，他们不仅希望享受眼前的东西，而且总是要求确保未来享受的道路：

> "因此，所有的人的自愿行为和倾向便不但是要求得满意的生活，而且要保证这种生活，所不同者只是方式而已。这种方式上的差异，一部分是由于不同的人激情各有不同，另一部分则是由于各人对于产生所想望的效果的原因具有不同的认识或倾向。"（《利维坦》第 11 章）

在此基础上，霍布斯鲜明地表达了一种普遍的状况，一位 19 世纪末的晚近思想家①将此称作"权力意志"："得其一思其二，死而后已、永无休止的权力欲。"（《利维坦》第 11 章）权力同价值、地位、荣誉与才干紧密相关。

在此前的章节（《利维坦》第 10 章）里，霍布斯深刻地提到：权力等同于当前的手段，可用来取得未来看似的利益。权力有两种，一种是原始权力，如优越的体力、才智、慎虑等等；另一种是工具性的、获得的权力，它来自原始权力或运气，并以之作为取得更多权力的手段或工具，如财富、名誉、朋友、好运。权力的增长就像名誉愈来愈大，也像坠落物体愈下降速度愈快。一个人的价值等同于别人使用他的力量时将付与他多少，因此，价值取决于旁人的需要与判断。高度评价一个人就是尊重这个人；一个人在公众中的价值，也就是政治体赋予他的价值，即他的地位；才干即一个人具备的某种特殊的权力，他有这样的能力来取得特别的

---

① 指尼采。

成就。

关于人类行动的理由，霍布斯采取了一些简短的警句来说
181 明，这些警句包含了经深思熟虑得来的生活智慧，比如："对人显
示爱或畏惧的任何迹象都是尊重，因为爱或畏惧就是高度评价。"
"以尊敬的态度说话或谦恭有礼地对人就是尊重，因为这说明唯
恐有所冒犯。""倾听对方的任何一种意见或议论就是尊重，因为
这说明我们认为对方有卓见、口才或聪明机智。"等等。

除此之外，霍布斯最后的论著《论人》也探讨了这些问题。关
于激动学说，他在第 8 章"论天赋与道德"（De ingenio et moribus）
里写到，人的倾向各不相同，乃是源于以下六个方面：（1）性情；
（2）经验；（3）习惯；（4）命运（包括财富、高贵的出身、等级）；（5）各
人具有的观念；（6）权威（教师与读物）。接下来的一章是论宗教。
不过，第 11 章讨论的内容是先于以上两章的，在本章里，霍布斯
谈到了除欲望与嫌恶之外的善（美、适宜、有用）及其对立者的不
同名称。他还在此处区分了享受与使用，随后谈到的是若干关于
善的普遍定律，其中大多是简短而枯燥的格言，其中作为最高定
律的是至善乃自我保存，这些定律有：

　　"出众的权力是善的，因为它能起到保护作用，安全就取
　　决于保护。""友谊是善的，因此是有用的。""智慧是有用的，
　　因为它自身包含着保护的作用，故而它本身是值得追求的，
　　也即令人适意的。""看到别人遭难是件愉快的事，并非因为
　　所遭的难本身是好的，而是因为遭难的是别人这一点不好，
　　故而人们相互伤害，致力于让他人处于危险的境地，甚至杀

死他人。""相应地,看到别人幸福(即拉丁文 bonum 所指的)
是件沮丧的事,并非因为幸福本身不好,而是因为幸福的是
别人这一点不好。""最高的善,或者正如我们说的,至福及其
最终的实现(finis ultimus),乃是我们在当下生活里不可遇
到的。"

§12

182

【生命问题】霍布斯以机械论的、物理学的方式深刻地解释了
意志的因果关系,但这没有解决生命及其起源的问题。无论霍布
斯,还是所有他那个时代乃至下一世纪的思想家,都不足以彻底
地回答生命问题。事实上,《论人》这部著作并没忽视生物学的事
实,它甚至对人类起源做了解释。霍布斯阐释了一种古代哲学的
观点,同摩西的创世史观点截然对立:最初,天地不分;后来,各个
星球彼此分离开来;地球一开始是柔软的,由于阳光照射,它变得
更坚硬了;因为地球柔软,所以沼泽地边上长出肿块和水泡,它们
由柔软的膜片包裹着,随着太阳的炙烤,逐渐孕育出所有的动物
与人类。这种遗存至今的科学解释(它似乎可追溯到阿那克西曼
德)足够证明,无须神的启示,只靠哲学思考就能获知足够多的东
西,而且它们绝非无意义的。的确,人们对《圣经》里关于人作为
上帝的额外创造物(Ausnahme-Schöpfung)的解释沾沾自喜,这种
行为乃是莫大的反讽(L. II, 2)。

当霍布斯在补充的简短章节里谈到生命的滋养与起源时,他
做出了正确的预言。在此,他的观点同哈维以及笛卡尔的学说紧

密相关,即唯独纯粹物理学的、机械论的解释才有足够的说服力:

> "心脏从哪里开始运动? ……我们可知,生命或者说心
> 脏的运动依赖于空气,因此空气或那些随着空气吸入的东
> 西,就是心脏运动的起源。……存在于空气中的、将其运动
> 传给血液的东西,促使心脏舒张。然后,心通过动脉释放血
> 液,这个运动就被称作收缩。但为了认识什么存在于空气之
> 中……人就必须思考,自己是否在任何气体里皆能存活。相
> 反的情形是很明确的。如果空气是纯粹的以太,那么它们就
> 是同质的,因此人就可以在任何气体中生存,或者不能在任
> 何气体中生存。因为纯粹的空气不能让血液运动,也就是
> 说,不能让心脏舒张和收缩。此外,经验证明人能在空气稀
> 薄的海底坚持六个小时,他们可将空气挤进一个水袋并吸入
> 少许,假如这些被挤进水袋的空气不是空气,那么人就不可
> 能在海底存活六小时了。因为一旦吸入空气再呼出它,即使
> 它冷却下来,也对维持生命无所用处。故而空气中必然存在
> 着可无限分割到再看不见的物体,它们因自然的运动促发了
> 静脉里的血液的运动,并因此促发了心脏的运动。也就是
> 说,正如大海里有盐,空气里存在着盐的同质物,比如说硫
> 磺,人通过呼入空气将此吸收到血液里,它促动血液并在血
> 液里发酵,继而使静脉和心脏扩张,随之通过动脉收缩,将它
> 分给人的整个身体。"

在此,霍布斯在多大程度上做的是独立的思考,这一点我们

183

无须讨论。不过这里涉及的氧气问题，以及对于生命的化学过程而言最重要的若干发现，都应当被突出地强调。除此之外，他撰写了一些生物学格言，它们涉及死亡与生殖，因此涉及一切根本问题，这些格言被划分为四个简短的段落。借此，他希望将详尽讨论的任务让给其他人，更准确地说是医生。不过，他认为即便研究者充分看清了生殖与营养的机械过程，但如果并非以知性的方式认识它们，而且没有将它们同它们的功能放到一起来看的话，那么它们必定会被人看作没有知性力的人。在生物学的领域里，目的论观点总归是科学发展的最大阻力，因此霍布斯的怀疑出乎他真诚的心灵。

这里的全部论述为我们指明了当时的生物学知识状况多么贫乏，尽管像霍布斯这样一位如此看重建立在自然科学基础上的心理学之人，也没能提供完善的生物学知识。即便到了今天，我们仍不具备这样的知识体系，以此充分地考察生命的事实和理念。

§13

【光学】基于《论人》的导言部分的讨论，霍布斯深入地探究了光学，并从光学与人的特殊关系加以考察（《论人》第 2、9 章）。至于他的这一探索在科学史上居于怎样的地位（霍布斯极其看重自己的光学研究），迄今尚未得到充分的考察。[111] 不过可以肯定的是，他的思想沿着这条道路前进，必然遵循一切物理学和生理学的方式来解释感官活动。而他的这一做法，又和开普勒以及笛卡尔学说提出的要求息息相关。霍布斯立足于由笛卡尔奠定的基础,他自己在(未公开出版的)英文手稿里就承认了这点。

霍布斯首先探讨了简单的视觉及其干扰现象、对象的可见位置、不同视角下的对象的表象,随后考察了反射光学与折光学。其论述有价值之处,在于他认为望远镜和显微镜都具有无限完善的能力,它们的发展仅受制于材质和技工的熟练程度。就此而言,我们看到他的自然观的视野如此宽广,后人则习惯于将这些视作莱布尼茨的杰出发现:如我们已经熟悉的物体的无限小和无限大的观念,还有运动、时分以及其他连续性的观念。

185

§14

【诸感觉性质的主观性】霍布斯在《论人》里探讨光学时,并没有回返对诸感觉性质与知觉的讨论,因为他此前已经处理过这些问题,在他看来,诸感觉性质与知觉都是动物性生命的事实。与《论人》一书相对,霍布斯更早的两部著作《法的要素》与《利维坦》展现出两重关于人性的论述。《法的要素》尤其详尽地讨论了这一点,同时提供了论证诸感觉性质的主观性的最深刻的证据。它的主要论点是:即便对象并不明确,我们仍然能形成关于它的感觉,因而我们的感觉既和对象分离,又和对象相连;我们通过反思,在脑海里产生了画面和色彩等诸如此类的东西,由此一来,我们绝不相信它们具有客观实在性;击打刺激了我们的视觉神经,产生出光的显像;发光物的运动既传到眼睛又可传到视觉神经,比如地上燃烧的火焰;我们毫无理由怀疑,在这样的运动关系里,太阳通过其交替的舒张和收缩,将运动向周围的介质扩散,这一运动从人的眼睛一直传到大脑。不过当大脑对压力产生的发作用[112]时，我们不会将它们感知为压力，"它是向外运动的思维，我们将它称作光"。同样，我们可以用这一原理解释声音以及其他的感觉性质。"那些在世界里的实在地存在于我们之外的事物都是运动，显像由此产生出来。"[113]

§15

【想象—记忆—梦】霍布斯重点强调用机械论的方式解释想象与记忆，它又同惯性定律这一新的理论形态直接相关，即从运动的保持出发来解释现象："我们在水中见到，风虽止而浪则经久不息；人们看见东西或梦见东西时，其内部各部分所发生的运动也是这样。"（《利维坦》第 2 章）想象不过是渐次衰退的感觉，由于有新的感觉出现，我们过去的感觉变得模糊；如果没有新的感觉出现，那么旧的感觉仍然强烈和清晰，这就是在梦中的情形。霍布斯反驳笛卡尔的《沉思集》时已承认：在梦与现实知觉之间，不存在任何区分的标准，所以醒着时的表象不能作为外部世界实存的证明。"感官的不确定"（我们常常由于特殊的误解，将它归于康德理性批判的发现）已经由柏拉图和其他古代哲学家提出来并充分地解决了，所以这位从事新的思辨活动的杰出作者（笛卡尔）提出了陈腐的问题，这是很令人惊讶的（L. V，251）。相反，霍布斯致力于谈梦的生理学原理及其规律，除此之外，他安然地接受如下前提：人在醒着的时候，他的梦常常是无意义的，但人在做梦的时候，他醒时候的思想从不会降临。正如知觉因外部刺激产生，梦通过内部刺激出现。这一思想由三重表现发展而来，它们分别是：(1)感觉器官的激动传导至心脏；(2)血液流通受到促进或阻碍;(3)快乐或痛苦激起。直到睡着以后,心脏的激动还在延续。正像人在醒着的时候,大脑会产生快乐与痛苦的画面,人在睡着的时候,快乐和痛苦或者相应的热和冷的感觉也会让大脑产生画面:大脑的运动与心脏的运动交互作用着:

　　　　"寒冷产生了梦中的恐惧,叫醒了思想以及令人恐惧的对象的画面……正如我们在醒着的时候,愤怒让我们身体的一些部分发热。于是,在睡眠中如果这些部分过度受热,也会引起怒感,从而在大脑中形成敌人的表象。"(《利维坦》第 1 部分第 2 章;E. III,8;《论物体》第 25 章第 9 节)

　　同样的道理,一个可爱的对象的表象使人产生欲念,而欲念又使身体相应的器官发热。"如果我们醒着,运动就从一端开始;如果我们睡着,运动就从另一端开始。"进一步地,霍布斯列举并解释了梦的五个经验特征。(1)通常梦没有秩序,梦之间也没有关联,秩序与关联一般都和目的相关。换言之,和考虑相关,入睡后,考虑的活动就不存在了,因此表象的序列也不再和睡眠有任何关系。故而霍布斯在另一处讲道:"我们的思想就像漂浮在云雾里的星星。"(《法的要素》第 2 部第 3 章第 3 节)(2)我们梦见的一切都由过去感官感觉的表象混合而成,因为感官停止活动时,我们就不再接收到对象的新的运动,因此不再产生新的幻象,除非我们希望用新的名称称呼此前组建的表象,例如客迈拉①或一

_____

　　① 客迈拉(Chimäre)是古代希腊神话中会吐火的怪兽,它由三部分组成:头部是狮子,身子是山羊,尾部是蟒蛇。

座金山。（3）梦有时产生于醒着时的表象，这些表象多少会被搅扰，而且会因睡眠过程而断裂和改变，梦有时产生于睡着时。第一种情形的原因很明显，即一些器官保留了感觉，另一些器官则像犯病时那样没有保留感觉；第二种情形的原因已经被我们指出过了，即器官间的交互作用。（4）梦除了跟醒着时的知觉一样清楚之外，还比醒着时的想象更清楚，究其因，一方面是梦摒弃了一切其他的印象，单单由内部运动支配；另一方面是醒着时的幻象构造里的一部分因其他新虚构部分的修补或增添，而衰退和消耗。（5）在睡梦中，我们既不会对地点又不会对显现于我们面前的事物感到惊奇，因为一切惊奇都有前提条件，即事物是新的、不寻常的，只有在醒着的时候，才有对过去显像的记忆，而梦中的一切都显现为当下的存在物。

　　梦因此还具有一个特别的含义，也就是说，它常常不被当成梦。人们总将梦里的图像当作现实的东西，称它们为"视象"（Visionen），正如醒着的人受到惊吓和陷入迷信时，也会遭遇这些幻象。在这里，霍布斯（他是第一位积极倡导这一观念的人）确立起一切精灵信仰和鬼神信仰的起源，它们反过来又构成了宗教的自然起源。对此，他进一步地补充说：由于人不认识起作用的原因，故而他会服从那些让他恐惧的东西，他会将偶然的东西当作未来的标志（《利维坦》第1部分第12章）。霍布斯的这一思想必然具有极其重要的意义，因为它致力于摧毁人类的幻觉，进而将他的认识论学说的要素同他的历史哲学和社会生活哲学的最终根据结合在了一起。

§16

【观念的结合—符号—语言】如果说霍布斯展现了现代思想先驱的风范,那么我们同样看到,当他构造出普遍的观念结合的法则,以此奠定智性(Intellekt)的整体理论的基础时,他在努力地强调兽类的思维与人的思维的连续性,用机械论的方式展现两者[114]:

> "在感觉中一个紧接一个的那些运动,在感觉消失之后仍然会连在一起。由于前面的一个再度出现并占优势地位,后面的一个就由于被驱动的物质的连续性而随着出现,情形就像平桌面上的水,任何部分被手指一引之后就向导引的方向流去一样。"(《利维坦》第 1 部分第 3 章)

思想序列分为两种情况:(1)思想迷走时的混乱与无序;(2)受到某一愿望和目的的控制。后者又可以分成两种情况:(a)从结果到原因或手段,(b)反过来,从原因到结果,这个过程只在人的意识里体现出来,人从求知欲出发开始思考他能造出什么样的东西。

一切定向的思想无非一场寻找(Suchen),这尤其像记忆,为了找到一个确定的时间点,它不断地回溯时间和空间;同样,对未来事件的预见或预期建立在经验的基础上,根据符号做出预测。过去的事物也一样可被推测出来;谁具有最多的经验,谁就能最正确地做出推测,因而谁就是最聪明的人。同符号相连的是词语或语言的理论,同词语或语言的理论相连的是理性或科学的理论。那么在这里,心理学再度融入逻辑学和方法论,《论物体》一书已经预先对它们做了系统的考察。

霍布斯认为语言是一个发明(Erfingdung),它比文字的发明更高贵、更有益,正如文字的发明在重要性上胜过了印刷术的发明(《利维坦》第1部第4章)。动物间的语言相似,皆为它们情感的自然的、必然的表达,而人的语言由它们任意构造的音标符号组成。在最后的一部论文(《论人》第10章第2节)里,霍布斯写道:

> "人类某天聚集到一起,开了一次会议,通过决定,定下了词语与词组的含义,这压根不可相信。可信的毋宁是一开始,世上只有少量关于众所周知的事物的名称。因上帝将第一个人①领到若干动物面前,这个人按照自己的意愿,为它们定下了名称,此后又给其他的、大多数人都可知觉到的事物定下了名称。再后来,父将这些名称传给子,子又接着传给他们的后代,在这个过程中,新的名字又不断被发明出来。"(115)

有些人认为,人们根据事物的本性赋予它们名字,这一说法是幼稚的。如果这成立的话,那么为什么会有不同的语言存在呢? 某一名称和某一对象又有什么相同之处呢?

---

① 指亚当。

§17

【文化的诞生】我们在此遭遇的是通常所谓的理性主义的观
点,历史的、遗传论的观点则与之尖锐对立,那些没有认识到霍布
斯立场的理性主义者认为人类聚集到一起,共同决定了词语的意
义,这无疑很可笑。正如我们看到的,霍布斯虽然将词语视作"任
意的"符号,但随着他思想的发展,他形成了一个完全正确的理
念。即便他同样错误地相信,一些确定对象的名称就是它们的第
一个名称,而且他没有认识到第一批名称的起源,它们的自然之
声并不对应事物,而是对应人的感觉。尽管霍布斯秉持激动与愿
望的学说,但就像他在某处提到的那样,他始终认为,思想就像巡
逻者和密探那般出现,它系于一种明确的唯理智论(Intellektual-
ismus),但唯理智论并没有朝向确定行动(它可能是天生的,也可
能是习惯的与学习后的反应)的自然倾向做充分的解释。

　　在这里,人的概念有时指一个有意识的思想者,他令其手段
符合其目的;换言之,一个做志愿行动(willkürlich)的人的概念产
生了。这个概念呈现了一个合乎现实人类知性的适宜模式,它至
少反映出一个成熟的人,这些人都是一样的,他们努力追求着相
同的东西,区别只在于他们为实现幸福的目的,对使用怎样的手
段、使用多少手段的看法不同。在这种人的概念被视作绝对之
处,人性随历史而改变的情形压根不存在,也就无所谓由文化
(Kultur)而来的人性发展了。霍布斯的学说代表了理性启蒙观
的典范,尽管理性启蒙观完全同理性动物(animal rationale)的概
念相合,但文明(Zivilisation)的观点与它对立。文明的观点坚信,

人性乃是从与兽类相似的状态里走出来的,而文明的观点也是霍布斯坚决支持的,他在探讨语言问题的篇章,以及探讨从语言问题中凸显的科学问题的篇章里,皆道出了自己的文明观,这在当时是一个全新的、极富成果的观点。直到 19 世纪,涉及语言和理性的问题,也仍然有许多争论。就此而言,近来新产生的"本质意志"(Wesenwille)概念①的正确性与重要性极清楚地显露出来了。

　　对霍布斯来说,困境是一切发明之母。他也知道,发明就是要节省劳动。语言本身首先充当了记忆和传达的器官;有条理的思维因使用语言才成为可能,语言是构造一切普遍定律和规则的手段,只要发现了普遍定律,我们就不必在心中计算时间和地点,就能从所有心灵劳动里摆脱出来(《利维坦》第 1 部分第 4 章;E. III,22)。作为语言使用的榜样和模范的是对数字的使用,"看来以往曾经有一个时期,这些数字的名称还没有通用,人们想计数就不得不用一只手或两只手的手指头来数。因此,现在任何民族的数字名称便都只有十个,有些民族中还只有五个,数完就得从头起"(《利维坦》第 1 部分第 4 章)。数字是经精确定义的词语的榜样,借此,只要不是傻子,任何人都可以做简单的计算,一切科学都奠基于此。错误很容易便会潜入冗长的计算中,术语越缺少精确的定义,错误就越容易潜入科学里:

　　　　"于是迷信书本的人就会像有些人一样,只把许多笔小数目加成大数,不考虑这些小数目到底算得对不对,最后发现错误显著时,还满心相信原先的基础,不知道怎样才能搞

---

　　①　"本质概念"是滕尼斯本人创造的概念,具体参见《共同体与社会》第 2 卷。

得清楚,而只是浪费许多时间在账簿上来回翻找。其情形就
好像是一些鸟,从烟筒进来后,发现自己被关在一间屋子里
一样,由于没有那样聪明,认不出是从哪条路进来的,于是便
对着玻璃窗上那种非真实的光线乱扑。"(《利维坦》第1部分
第4章;E. III,24)

因此,霍布斯总是将语言的益处和害处拿来做比对,语言的
害处乃是更大的、更危险的错误,包括错误的学说、谎言与自我欺
骗。总的来说,就是词语的误用。"语词是聪明人的筹码,但却是
愚笨者的金钱,他们根据权威来估价这些金钱。"霍布斯强调要在
聪明(Klugheit)与智慧(Weisheit)之间做出区分,即区分经验知
识与科学,区分关于事实的知识与关于原因的知识,区分绝对的、
单个的判断与相对的、普遍的判断。

在此,我希望返回之前的讨论,重申我们必须从霍布斯的体
系里提取其最强有力的思想,即一切纯粹的科学都和虚构相关,
一切应用的科学都和经验相关。当然,应用科学本身有它的方
法,它的工具就是关系的概念与各式各样的比例的概念。

§18

【文化的进步—战争与和平】从经验和经验的序列、纯粹科学
与应用科学等一切方面来看,霍布斯尽管认为人的本质是不可改
变的,但仍相信人性的进步是可能的、现实的。他也并没有和他
的同时代人(比如培根与笛卡尔)的期望背道而驰,即认为知识的
使用会带来越来越多的、越来越好的关于自然的认识。至少霍布

斯没有明确谈及他和同时代学者的意见相悖,不过在他们眼中,他们那个时代的物质文化已经发展到顶峰。从其中的一切技艺里,霍布斯看到了科学结出果实,也就是几何学和物理学的完善:

> "不论是观察星辰、测绘陆地、计算时间和远洋航行给人类生活带来的诸多好处,还是建筑之秀美、工事之坚固、机器之神奇。总之,凡是使现代世界有别于古代野蛮状态和美洲未开化状态的事物,几乎都是几何学的馈赠。"(《论公民》"献辞";L. II,137;E. II,IV;参考 E. IV,450 以及《论物体》第 1 篇第 1 章第 7 节)尤其值得注意的是,科学理论如何被当作更优先者和原因被提出来。

《利维坦》的作者还希望从科学提炼出更高级的文化,即自然法(Naturrecht)。自然法就其本质而言是科学的组成部分,霍布斯希望用自然法为伦理学与政治学奠基。在他看来,自然法学说的任务就是要终止争端和战争、避免公民内战,"内战之所以爆发,是因为人们还没有认识到战争与和平的原因";由此一来,所有困境、贫乏以及让人感到可憎的东西都出现了。这足以证明自然法这门科学还不存在。无论这门科学本身,还是讲授这门科学的活动,都明显是极有用处的。但这里尚需一个标准,被用来衡量合法与不法(《论物体》第 1 章第 7 节)。这个标准迄今为止还未被建立起来,也就是说,人们不知道他们希望去做的事情是合法的还是不法的,换言之,一旦他们遵循了错误的标准,他们的判断就是错的。

§ 19

【迷信与宗教】错误的标准有一个根基：迷信或宗教。迷信和宗教实际上是一回事（霍布斯所说的"真正的"宗教①除外）。它们都基于相同的观念，即世上存在着许多超自然的、不可见的力量。只要这个观念被世俗权威承认，那么它就被称作宗教；如果它没被世俗权威承认，就被称作迷信。恐惧是一切像这样的观念的内核，它将人置于"黑暗之中"，长久以来，人都没有用对原因的认识来照亮黑暗。在什么也看不见的地方，除了不可见的力量，没有任何事物会造成人的幸福和不幸，人们想象它们如同梦里的现象一般，并且将它们称作"灵"。

除了许多错误和幻觉，所谓超自然启示的观念也建立在对灵的信仰的基础上，它令人误以为自己做的一切事情都是善的、正义的，无论他的所作所为多么背离共同的和平。进一步地说，教士的权力和黑暗王国的建立都依据于此：他们用超自然的永恒惩罚来威吓人心，控制人的思想和良知，这些大多是罗马教会所做的事情。在霍布斯看来，真正的哲学的实践目标，就是要禁止罗马教会的幽灵和一切类似的小幽灵。

§ 20

【课程和教育的改革】霍布斯已经暗示的内容，如今很明白地显露出来了：对于我们的哲学思考而言，课程和教育构成了人性

---

① 霍布斯在《利维坦》第 1 部分第 6 章对"真正的宗教"的定义是：当所想象的力量真正如我们所想象的一样时，便是真正的宗教。

进步的本质要素。由于霍布斯看到公民内战和无政府主义的罪恶都源自不正确的学说，故而他必然希望传播正确的学说，以实现决定性的进步。民众的观念主要从教士那里获得，而教士和所有其他有学问的人都是在大学里受的教育：

> "因此，我们便可显然看出对民众的教育完全取决于正确地教育大学中的青年。""但某人也许会问：我们英国的大学难道不已经渊博到足以担当这一任务了吗？你（霍布斯）难道要来教导这些大学吗？这真是难以答复的问题。然而关于第一个问题我可以毫不犹疑地答复说：直到亨利八世王朝结束时为止，支持着教皇的权力以反对国家权力的始终主要是各大学。许多教士、很多在大学中受过教育的法学家以及其他人所操的反对君主主权的说法就充分地说明了这样一个事实，即各大学虽然没有创立这些错误教义，但也不曾懂得怎样去培植正确的教义。在这种意见的矛盾中，有一个事实是极其肯定的，即他们没有得到充分的教导。因此如果他们直到现在还保留着一点当初自己曾受其熏陶的反对世俗主权的那种淡薄的酒味，那就不足为奇了。"（《利维坦》第 2 部分第 30 章；E. III, 332）

至于第二个问题（即他是否要自告奋勇地教导大学），霍布斯认为自己既不宜于置可否，也没有必要这么做。"因为任何人看到我现在所做的事情以后，就很容易看出我所想的是什么了。"也就是说，他事实上是想为高等学校（Hochschule）提供教导，随着

¹⁹⁵

年岁增长,霍布斯明显越发希望在认识和教养的层面重塑国家以及国家生活的形态。因此,他在《比希莫特》里再次强调了大学的问题,他并未隐瞒一个事实,即世上的大国皆不曾摆脱过暴乱局面。与此同时,对他而言可能的事实在于:只要世界还存在,所有基督教国家都要经历"暴乱的侵袭"。只有通过改善大学,这些错误才有可能被纠正(参见由我编辑的版本的第70—71页)。

　　霍布斯同样冷静地看待宗教的变革。在《论人》这部克伦威尔统治时期出版的文本里,霍布斯提出了两个导致宗教变革的原因,它们和教士阶层息息相关:第一是教士的荒谬教义;第二是教士的生活作用。它们皆同有教养的宗教生活格格不入。关于第一个原因,霍布斯在此做了极其重要的说明(弗里德里希·恩格斯也热衷于引述这段话):"民众一点点地受到教育(Paulatim eruditur vulgus),最终理解了他们曾服膺的话语的意义。"[116]这将导致一个重大的后果:

　　　　"如果说人们察觉到,那些传播宗教的人不仅语无伦次,而且还以宗教的名义要求其他人说和他们一样的话,那么人们就会鄙视这些传播宗教者,或者会对宗教产生怀疑,认为宗教本身就是虚假的,进而他们将改善宗教,或者将宗教从他们的国家驱逐出去。"①

---

　　①　这段话出自《论人》第14章第13节。

第七章　伦理学说与自然法

§1

【善的相对性与和平的相对性】正如机械论的自然哲学致力于将诸感觉性质主观化，霍布斯也希望确立起诸道德性质的客观实在性。传统的和宗教的思想方式想要在它们的上帝那里洞见到善（即"一、真与善"），霍布斯的做法则不啻一道深刻而明晰的裂痕。在霍布斯看来，要是某人将并非源于自己欲望的东西称作善、将并非自己喜欢的东西称作善，将不利于自我保存或自我提升的东西，尤其是那些不能充当达至其目标的手段称作善，那么这都是不可能发生的。

善首先是令人适宜的东西，此后才是有用的东西。它总是相对的，根据人员、时间与地点的不同而有所不同。善与恶总相互缠绕，很少有人能够预见到最终的结果。对任何人来说，"现实的"善（与看似［apparens］相对的真实［verum］）由于善的方面在整个链条中占据优势而表现出来；相反，"现实的"的恶则由于恶的方面占据优势而表现出来。首要的善即自我保存，首要的恶即死亡，尽管在非同寻常的情况下，死亡甚至能被我们看成善。

人必然要追求生命与健康，而且只要可能的话，他们也必然要确保未来的安全。如此一来,任何人都会将那些看起来能满足自己利益的东西视作善,而这些东西常常在别人眼里是恶。昨天,某人还将某个东西看作好东西,然而到了今天,他认为它成了坏东西。对待同一个东西,一部分人觉得它好,另一部分人觉得它坏。不过,所有的人都能在一些确定的普遍事物上达成一致,比如"偷窃""通奸"等诸如此类的行为是坏的,或者说这些是"恶行"。这似乎意味着,所有被人用词语命名为恶的东西,通常就被人从恶的意义上来理解。因此,人们区分出了德性与罪恶。

毫无疑问,不和、口角与争执是所有人都觉得的恶的行为,因为它们是危险的。人们基于充分的理由彼此恐惧、相互猜忌,因为任何人都可以杀死他人,或者在一定程度上伤害他人。而且因为每个人都知道,为了维护自己的既得利益或相信能在此取得利益,任何其他人都会杀死或者伤害他。人们必须总要准备攻击他人,也要准备自我防御。这样一来,当人没有攻击他人之时,就得保护好自己。

故而所有的人都希望和平,也就是说,只要他们是理性人,无须太多的思考就可知晓口角与斗争只能产生恐怖的恶事。他们至少可以就此达成一致,即和平对所有人而言都是"善",如果他们不仅仅考虑暂时的利益,而考虑到未来的、长久的利益的话,那么和平就更是如此。因而可推知,一切达到和平的必要手段就都是善,谦虚、公正、忠诚、人道以及同情就是善,人们将这些属性或行为方式称作德性(Tugenden)。

如果说所有人都赞同奖赏德性,那么他们一致赞成的并非奖赏德性本身。毋宁说,一个人做出的善行常常引起另一个人的不满,后者就用和这一行动本身相对的"恶行"一词来命名该行动。同理,假如他人,尤其自己的卑鄙行径令人欢喜(也就是说,满足了自身的利益),人就用和这一行动本身相对的德性一类的词来命名该行动。故而,假设同样一个行为受到某人的赞赏甚至歌颂,那么它就会受到另一个人的非难与控告。在这里,道德哲学必然立足于手段并指向手段,行动的善取决于和平的倾向,取决于人所意愿、所努力追求的东西。相反,行动的恶取决于同前者相对的信念,换言之,一切都以行动的动机为基准。

§2

【霍布斯作为近代自然法的奠基者】霍布斯将道德哲学与自然法视作一样的东西,对此,他明确宣称自己依据的是传统(《论公民》第 3 章第 31 节)。自然法至少应当构成道德哲学的一个部分,它体现为人们为避免争执而来的危险、为自我保存确立的规则。除此之外,还存在着其他德性,它们依据的是自然理性的其他规则,比如说节制与勇敢。后来,在托马修斯①、古德林②等人的论述里,自然法与道德逐渐区分开来,最终经费希特、康德与费尔巴哈的阐释,自然法与道德实现了彻底的分离,不过在霍布斯这里,区分的萌芽已经存在了。[117]

根据自然法的基本特征,霍布斯将它阐释为抽象法学。后来

---

① 克里斯蒂安·托马修斯(Christian Thomasius, 1655—1728):德意志法学家、哲学家和教育家,他寻求建立一门独立于神学,奠定在人类自然理性基础上的自然法学说,除此之外,他还是哈勒大学的重要创始人。

② 尼古劳斯·贡德林(Nikolaus Gundling, 1671—1729):德意志法学家,托马修斯的学生。

198

各个大学,尤其德国学者都接受了这个判断,同样,无数教科书与论文也如此讨论自然法学说。最精通此领域的作者们都知道,霍布斯是这一学科的奠基者,他为此奠定了一个严格的理性主义的体系。"霍布斯是第一位从经院哲学的自然法(Iuris Naturae)体系摆脱出来,并提出了一套全新体系的作者",哥廷根的枢密官约翰·雅各布·施茅斯①如此表达了自己的看法(《自然法的新体系》,第 220 页,1754 年),而且他认识到学界评价格劳秀斯时犯的错误,这些错误直到今天仍然盛行。他称之为"一些十分荒谬的偏见",并特别地指出:"格劳秀斯的自然法迈出了全新的一步,他净化了经院哲学的怪念头,因此被看作一位革新者、修复者等等。因此他为自然法带来的一切,无非是旧的经院学说。"施茅斯通过考察格劳秀斯的文本线索,来证明自己的判断。为此,他特别引述了由格劳秀斯提出的若干原理:上帝也无法改变自然法,即便如那些犯最恶劣罪行的人所希望的那样,压根就没有一个上帝,或者说上帝根本不照看人类事务,自然法规则也是有效的。听听今日大多数讲坛人士的言论,看看如今最通行的教本,上述原理被奉为划时代的革新或近代自然法的基础。不过施茅斯判断说:"所有上述详尽摘录的内容都可以在新旧经院哲学家的作品里发现,故而它们根本不是什么新东西。"他进而强调"格劳秀斯的作品里"的真正的新东西,尤其是格劳秀斯讲的万民法(Ius Gentium),"万民法首先建立在确定的原则基础上,也就是说,它建立在默认一致(consensum tacitum)和各国的默契(pacta tacita

---

　　① 约翰·雅各布·施茅斯(Johann Jakob Schmauß, 1690—1757):德意志法学家、历史学家。

moratiorum gentium)的基础上"。

§3

【自然法的基本构想】由霍布斯奠定的近代自然法首先在德意志的土地上开花结果,通过普芬道夫①的工作,自然法的发展得到了决定性的激励。普芬道夫继承了霍布斯理论的本质要素,但又通过引入格劳秀斯学说里的保守成分,从而缓和了霍布斯理论的激进性。(我们在不少地方发现普芬道夫被错误地刻画为"自然法的科学奠基者",比如《国家学手册》第三版里的一篇简短的词条。)

自然法的真正意义立足于(多少明确显露出来的)如下思想表象:个体之间的对立即权力(Macht)之间的对立,从原则上讲,每个人都是自由的、平等的,或者说拥有相同的、普遍的自由。因此,自然法学说同社会状态(gesellschaftliche Zustand)对应,在社会里,人格的自由作为标准现象,孕育出私有财产原则,继而发展了劳动分工,促成交换价值之间的常规流通,推动了货币经济与资本经济的繁荣。与此相应,霍布斯及其后继者(包括费希特和康德)教导人们说:只有经国家确认、民法执行的财产才是合法的财产。他们的思想毋宁指明了,"社会"就其本质而言(也就是从概念上讲)早于国家,基于人们共同的、明确意识到的利益,社会支撑着国家权力(Staatsgewalt)。

"个体将国家带入他们的生活,因为他们认识到国家的建立

---

① 塞缪尔·普芬道夫(Samuel Pufendorff, 1632—1694):德意志法学家、史学家,近代自然法学说的代表人物,他在格劳秀斯与霍布斯的学说之间做了杰出的折中工作。

乃是必然的,凭借国家观念,他们就彼此的利益在多大程度上背离甚至冲突达成了一致。"这一观点同罗马法发展的伟大成就是一致的,它们都认同私法的独立性与优先性。

§4

【自然状态】霍布斯从通行的学说里提取了自然状态的概念,它同国家概念,也即公民状态概念对立。关于人类原初状态的神学观念和伊甸园的神话息息相关,也和黄金时代的传说①有着异曲同工之妙。而霍布斯从伊壁鸠鲁的传统出发,描绘了一幅截然相反的图景:自然状态是野蛮的、残酷的、一切人对一切人的战争状态。他因此暗示了人类的现实历史遵循从野蛮到文化的发展进路,野蛮则源自一种类似于野兽的状态,他的这个看法和伊壁鸠鲁主义者的历史观类似。与此同时,就霍布斯笔下的自然人而言,由他那个时代的大量探险旅行得来的丰富材料,已足以呈现人类文化的早期发展阶段,对自然人的形象构建起到了不少影射作用。

不过,霍布斯考虑的也是他所置身的文化圈里的人与人之间敌对、互不信任的现实,他们的贪婪、野心、虚荣反映出的强盗般毫无顾忌的利己主义,他们争抢金钱、荣誉并因此萌生嫉妒之心。以至于壮年时代的他从暴乱和内战的无政府状态里亲身体验了自然状态,实际上早在青年时代,他就充分见证了邻国历史里的种种流血争端。对他来说,自然状态、战争状态的概念含义和普

201

————————

① 有别于伊甸园神话的犹太—基督教传统,黄金时代的传说源自古希腊神话,见于赫西俄德的《神谱》叙述。

遍意义是越来越明白地显露出来的,正像他在晚年的一封信里尝试用例子来阐明什么是自然状态:"士兵们为不同的党派服务,泥水匠为不同的营造师工作。"[(118)] 他借此想要指出,唯独许多人共同享有的主权才能将各行其是的个体结合到一起。

霍布斯在其作品里也常常用自然状态来指国际关系,即国家间、民族间或者它们的元首间的关系:"国王和其他具有主权威望之人"持续对抗,并保持着斗剑的状态和姿势,他们的武器指向对方,他们的目光互相注视。"也就是说,他们在国土边境上筑碉堡、派边防部队并架设枪炮,还不断派间谍到邻国刺探,而这就是战争的姿态。"[①]战争状态就是如此,即便它并非一直持续着的斗争状态。霍布斯总明确指出,就算受和平情感推动的人也要保持战争的姿态,无论这种姿态是攻击性的还是防守性的。

§5

【基尔克的霍布斯解释】通行的观点"坚持古老的、流传下来的信念,即人类原初过着和平的、有法的共同体生活"(基尔克[②]),这个学说的意义在于认为在自然状态里,自然法占据统治地位且具有效力。人们彼此仿佛天然的朋友一般遵守着、奉行着自然法的规定。霍布斯必然否认这一点。假如自然法的准则被遵从,那么它只在天然的敌人之间被遵从;它只是作为战争法,而非和

202

---

① 　这段话出自《利维坦》第1部分第13章。

② 　奥托·冯·基尔克(Otto von Gierke, 1841—1921):德国法律史学家,主要作品包括《阿尔图修斯》(*Johannes Althusius und die Entwicklung der naturrechtlichen Staatstheorie*,1880)以及四卷本的《德意志合作社法》(*Das deutsche Genossenschaftsrecht*,1868—1913)。

平法。

　　基尔克认为，霍布斯首先尝试在自然法的基础上，借助自然法的概念工具来消解自然法。

　　　　"因为他把自然状态里的早于国家的法贬低为无用法
　　（ius inutile），它实际上不包含任何法的萌芽；除了靠国家的
　　命令与强制产生出来的法，一切自生的法都被他清除出国家
　　之外；他坚决地拒斥这样的思想，即认为决定法与不法概念
　　的国家主权权力受到任何法律的限制。"（《阿尔图修斯》第三
　　版，第 300 页）

　　尽管如此，近代自然法的发展都直接地或间接地和霍布斯相关，那么他是这门学科的实际革新者吗？他是这门学科的新格局的奠基者吗？我们如何来回答这些问题？

　　毋庸置疑，霍布斯否认国家权力受任何法律限制。但若说他全然否认国家里存在着除国家强制之外自生的法，则不完全正确。

　　当基尔克说霍布斯的自然法（lex naturalis）仅仅涵盖了源于自保欲望、经理性推导出来的诸原理时，他是正确的；但当他进一步地补充说，"由于每个个体对他自保所需的手段拥有主权的决定权，故而自然法导致所有人对一切事物都有权利（Ius omnium ad omnia）"，他就犯了错。相反，自然法应当取消原初的任何人对一切事物的权利，或者换句话说，它应当限制原初普遍的、平等的自由。因为没有任何客观之法，也即理性的法律确保这种主观的原

初权利,毋宁说所谓主观的原初权利,仅仅表达了客观之法的缺乏,或没有客观之法对它起到有效的作用。

如果在《法的要素》与《论公民》里,两者被等同观之,仿佛主观的原初权利即包含着一种与之对应的客观的自然法。那么到了《利维坦》一书,任何混淆两者的迹象都消失了,霍布斯一以贯之地坚持两者的对立:客观的自然法只是一种自然的"律法",尽管它并非本然的律法(并非神学意义上的律法),但它否定了主观的原初权利。[119]基本的自然法是"你应当追求和平",从这里又引申出第二条自然法:"只要你为了和平与自卫的目的认为必要时,会自愿放弃你对一切事物的权利;而在对他人的自由权方面满足相当于自己让他人对自己所具有的自由权利。"这不过是对"黄金法则"的一种特殊表达,即后来托马修斯所说的正义(Justum)原则,它有别于诚实(Honestum)与礼貌(Decorum)的原则。按照霍布斯的说法,整个自然法可以被概括为"己所不欲,勿施于人"。

在我们看来,这条规则本身显然同康德及其后继者的观点对立,在后者看来,由于伦理(Sittlichkeit)关系到动机,因此要与法区别开来。故而如安东·鲍威尔[①]明确指出的,法"为人的外在自由设定了普遍的界限,它将每个人的外在自由限制在相同的行动效力所及范围之内"(《自然法教本》,第三版,哥廷根,1825年,第56页)。早期自然法学家都一致认同"法和强制权力紧密相连"(康德)或一切法都是强制法(鲍威尔);由此可以推出被伤害者的权利是无限的(战争的权利是无限的[Ius belli est infinitum];参

---

① 安东·鲍威尔(Anton Bauer, 1772—1843):德国法学家,代表作有《自然法教本》(*Lehrbuch des Naturrechts*, 1825)等。

见格罗斯①的《哲学法科学教本》,第三版,埃尔兰根,1815 年,第
967 节;这一说法本身和霍布斯的学说相互呼应)。

按照基尔克的看法,和霍布斯、斯宾诺莎、托马修斯持不同观
点的"大师们"坚信,自然法是真正地通过自然推导出的"法",因
此它本身就有外在的强制力。然而,这只在表面上偏离了霍布斯
的看法。直到今天,"民法"②(Völkerrecht)的法权特征仍然是有
争议的。但基尔克以充分的例证指出,"对那些作为自然状态里
的自由的、有道德的人格的人民而言,纯粹的自然法持续地发挥
着作用,但我们把民法定义且建构为比自然法更普遍的法"。霍
布斯本人已经指出了这一点(比如《论公民》第 14 章第 4 节),而
且事实上从民法的学说出发,我们才能准确地把握自然法的真正
意义。无论霍布斯,还是他的大多数后继者(即便不是所有后继
者)都缺少一种清晰的认识:就法而言,除了由国家颁布的强制
法,也就是刑法,还有其他潜在的集体意志发挥效力,即使它的力
量不及国家法,但它事实上不仅能同国家法竞争,而且能在国家
法管控的领域之外、在国家之内与国家之外起作用。比如强迫人
做什么或至少推动着他做什么,阻碍人做什么或至少给他做的事
造成麻烦。无论如何,它都致力于维持一个既定的和大家都希求
的秩序,即便它达不到主权的意志力量所能实现的完善程度。所
以民法本质上就是习惯法,相对于法的正式的(也就是合乎立法

---

① 指卡尔·海因里希·格罗斯(Carl Heinrich Gros,1765—1840):德国法
学家。

② 需要澄清的是,这里的民法不同于国家制定的"公民法"(civil law),而是指
某个族群或民族自生的习惯法。它可能是成文的,也可能是不成文的。基尔克的德
意志合作社法(Genossenschaftsrecht)就是这里所讲的民法。

者目的)、标准的概念,民法是有所残缺的。但与此同时,民法和绝大多数的经验现象一样,它有确定的名称,即便它的现实情形不能同它的标准概念完全对应,它们却处于可测定的比例关系之中。

至于法与道德之间的界限,我们可以遵循康德的思路,以纯粹理论化的方式确定之,正像当代学者施塔姆勒①所做的那样。就此而言,法只是外在的规则,道德则是内在的协调,或者说是对规则正当性确信的要求,法与道德的区分对应古代的外庭(forum externum)与内庭(forum internum)之别。② 我们在此面对的是法与实证道德(positiver Moralität)名义下的经验,它有别于德行的学说和伦理的理论,前者首先同等地指引人遵照外在的、合法的、正规的举止行动,它用赞美或责备、奖赏或惩罚等手段对人的行动施加影响,人对它也做出种种反应,如颁布它、遵守它、承诺遵循它、威胁它。无论前者还是后者皆能在事实上支配人的意志,除此之外,它们希望衡量善的意志,认识恶的意志的危险后果。实证道德的情形与此更接近,因为围绕它展开的讨论都是纯粹意见。当然,一旦它和法的观念结合到一起,那么必然有法庭的表象与之相随,即便民法领域内的争论,也必然存在着一个仲裁法庭(Schiedsgericht),这才是完全合规则的现象(故而仲裁法庭必须做出科学的"裁决")。

205

---

① 指鲁道夫·施塔姆勒(Rudolf Stammler, 1856—1938):德国法学家,新康德主义法学派的代表。

② 中世纪的教会法区分了所谓"内庭"(internal forum)与"外庭"(external forum),内庭管辖人的内心,外庭管辖人的行为;内庭通常通过告解的圣礼执行,外庭则通过其他教会法规执行;内庭事务主要涉及个人,外庭事务多指向公共行动。

因此法完全是形式性的、实事的东西，它无意考虑各人的声望。作为私法时，它预设（假定）了每个个体人格自由地支配其身体、行动和财产，因而每个人格都是平等的，他们有订立契约的自由，并让契约具有强制力量。虽然有些契约被法判定为不正当的，有些契约甚至被追究刑事责任，但有一个规则始终成立，即公民法以及与之相配的法庭很少会考虑契约的内容及其伦理价值，它们在帮助某些人实现他们的合法权益时，也很少会考虑这些人各自的功绩。公民法的实行以一种既定的财产分配状况为前提（即便这种财产分配状况是不合理的，在道德上是有缺陷的），由此，公民法给予"每个人应得的东西"。也就是说，它首先决定某人亏欠其他人什么，其他人又要向这个人索取什么，它服务于经济的"交往"（Verkehr），从事经济活动者皆根据各自的判断与志愿来考虑法和道德，尝试利用它们谋求自己的利益和好处，利用它们追逐收益，保全甚至增加自己的财产。

人们完全可以将这种和平的、合乎规则的交往状态称作战争状态，而且他们有时就是这么称呼的；所谓"价格战""贸易战""工资战""市民法的争论""政治的党争"等诸如此类的说法，皆令我们想起"解除了锁链"的现代社会里的无处不在的对抗。一切个体间的共同体式的关系和团体都瓦解了，拥有财产的个体彼此对立，他们为了各自的利益，既有彼此订立契约的能力，也有彼此斗争的力量。共同体的瓦解是一个历史的过程，直到今天仍在延续着，尤其它对女性造成的后果至今未明确，但霍布斯已经预见到、认识到共同体的完结，正像他在概念的层次上正确把握却也偶尔有所误解（或者说至少错误地表达出来）的，共同体的完结形态历史性地体现为现代社会和国家结构。在晚些时候的自然法学家当中,很少有人预料到了资本主义社会里的"人待人如豺狼"(homo homini lupus)将变成什么样子,尤其对那些身处中世纪遗存下来的、经济形态各异的神圣罗马帝国诸德意志邦国里的自然法学家来说,更是如此。此后,"社会主义者"(即信奉人类本性由社会规定的人)登上了历史舞台。

不过我们在此要阐释的是,无论自然的"法"还是理性的"法"都必然预设了私有财产与普遍的人格自由的存在,它们即自由契约以及由自由契约构建的社会之法。在社会之中,婚姻和家庭反倒成了奇特的现象,并引发了诸多争论。虽然到了 19 世纪,自然法被抛入故纸堆,它实际上却摇身一变为现代国家的私法;自然法学说里的很多成分直接法典化了,也就是说,自然法学说消逝了,但同时通过法典的公开宣布而安静地保留了下来,它汇入普鲁士邦国法、奥地利民法典、拿破仑法典之中。

只有最近的德意志民法典(DBG)摆出了同自然法为敌的姿态,它更多地脱胎于罗马法的博学精神,而非自然法的理性主义精神。著名的日耳曼主义者奥托·基尔克在其对民法典初稿的批评文章里指出:"古老的、根深蒂固的自然法思维方式始终支配着大多数'有教养者',它一再冲破历史积聚起的疲惫和烦扰习气,重现于我们法学家的头脑之中。"(《施莫勒年鉴》第 13 册第 2 卷,第 207 页)他也在民法典初稿里发现了这一古老的自然法思维。事实上,历史法学派就是从对抗所谓德意志通行法典的进程中孕育而生的,而制定德意志的通行法典正意味着复兴自然法。

§6

【自然法的效力】自然法与道德的区别在于:后者从根本上来说是无条件的,前者则建立在一些有条件的公设基础上。霍布斯没有认识到这个区别。但是他论述的内容,都成了此后理性主义自然法的前提、准则和基本线索。霍布斯并非根据道德塑造自然法,而是根据自然法塑造道德。"所订契约必须履行"①便是一条道德准则,"契约约束意志"则是合法的法律规则。因此第三条自然法所说的"人必须履行他们订立的契约"就包含着"正义"的源泉。既然在自然状态里不存在真正得到确保的财产,故而也就无所谓正义存在。只有建立了共同的国家权力,契约才能产生效力,也就是说,它才足以强制人们遵守他们的契约。

不过霍布斯正是用类似于这样的原理否定了自己的自然法原则。他忘记了国家本身的存在依据的是自然法,尤其从他更早期的理论作品来看,他希望且致力于阐述的莫过于自然法学说(参考《论公民》第 14 章第 4 节:"这就是我在这本小书里一直试图揭示的法。"[haec est ea lex quam toto hoc libello explicare conatus sum.])他也忘记了,他的契约理论尽管并没预设真正的财产,却预设了彼此承认的占有物,比如他说立约一方可以将约定之物先自交付,而让对方在往后某确定时期履行其义务,因此就给予了对方信用(Kredit)。所有的规则都以承认既定的财产状态为前提。民法的情形与自然法类似,也证明了自然法的性质。霍布斯还教导说,某条"自然律"规定不能分割之物如能共享,就必

---

① 这是霍布斯归纳的第三条自然法,参见《利维坦》第 15 章。

须要共享；数量允许时，应不加限制；否则就应当根据有权分享的
人数，按比例分享；如果这些东西既不能分割，也不能共享，那么
就应当要求全部权利以抽签方式决定，要不然就轮流使用，以抽
签方式决定第一次占有权。长子权也是一种抽签的方式。任何
人都不应在涉及自身事务时充当公断人。公断人应当按照平等
与公正的基本原则做裁断。无论关乎事实还是关乎权利的争端，
必须交由公断人裁断，他做裁决时，任何利益方都必须保持沉默。
在利益双方之间，有一条合乎民法的规则起着作用：和平的调解
者的安全要得到保障。上述规则广泛地运用于交易、买卖的活
动，它们造成的彻底结果就是：希求物品者不会被不公正地对待。
在《利维坦》里，赠予被明确地视作一种有别于契约的、合法的物
品转移方式。

尽管霍布斯没有清楚地提出一种不以人类动机为转移的法
权秩序(Rechtsordnung)观念，但它事实上存在着。法律准则的
可能效力以它可能被许可为前提，尽管它被许可又需要国家意志 209
及其权力发挥有效的作用。

§7

【自然的国家与设计的国家①】正如我们已经提到过的，法权
秩序本质上独立于国家，这体现为国家因契约的效力而被构建出
来，它奠基于契约的效力。国家的构建方式有两种。因为我们在
此关心的是和自然法概念相适应的国家建构，所以必须将注意力

---

① 本小节与第 8 小节，共用了这个小标题。

集中于国家的"另一种"起源方式。① 在霍布斯的著作里，它总与第一种起源方式并立，而且是他主要考察的主题。在此，我首先将他早期两部作品里涉及这方面的内容做一番对比。

在《法的要素》第一部分的结尾，霍布斯写道：

"一般说来，促使一个人臣服于另一个人的原因是恐惧，舍此之外，他便无法保存自身。因此，一个人由于恐惧，可能会屈服于那个侵犯他的人或那个将要侵犯他的人；或者，人们可能会聚集到一起，一致同意臣服于他们皆恐惧的人。假如许多人遵循前一种方式屈服，那么一个政治体（所谓 a body politic 即一个社团[Korporation]，本章第 9 节将社团与从属性的政治体视为等同者。——滕尼斯注）仿佛自然地诞生了，父权的统治和专制的统治都自此而生；假如许多人遵循后一种方式，通过相互达成一致而屈服，那么他们就制造了一个政治体，在绝大多数情况下，这样的政治体（共和国[commonwealth]）都有别于以第一种方式成立的政治体，尽管政治体这个名称为它们通用。"

210　　　到了《论公民》第 5 章第 12 节，霍布斯这样写道：

"那些因为恐惧而屈从的人，不是臣服于一个他们都恐

---

① 国家的建构方式分为两种，即自然国家和按约建立的国家，因为霍布斯在他的著作里先提的自然国家，再提的按约建立的国家，所以这里所说的"另一种"指按约建立的国家。

惧的人，就是臣服于他们相信会给他们提供保护的人。战败者通过前者避免被杀；未战败者通过后者避免战败。前一种方式在自然权力存在时就已经有了，它可以说是国家的自然起源；后一种源于集会各方的协商和决定，它是通过设计而来的国家的起源。因此，就有两类国家，一类是自然的国家，就像父权统治和专制统治一样；另一类是设计的国家，他被称作是政治的国家。在第一种情形下，主人通过他自己的意志要求公民；在第二种情形下，公民通过他们的自由意志，在他们头上加上一个主人，无论这个主人是一个掌握着主权的人还是一个掌握着主权的集会（Versammlung）。"①

§8

一旦我们比较上面两个段落，就会认识到霍布斯思想的进步。在前一个段落里，人格的屈服是最重要的，无论国家按照怎样的方式产生，屈服都被视作一个常规事实，自然的国家和设计的国家是国家诞生的两种首要的经验类型；虽然第一种类型被称为"仿佛自然地诞生的国家"，但第二种类型并没有被明确地称作人为的（立宪的、理性的）国家，而与自然国家对立起来。霍布斯在此考虑的仅仅是国家的理论，国家的"种类"有三个：民主制、贵族制、君主制。无论哪种国家，合乎自然法规定的是主权必须具有无限的权力。即便合乎目的的（理性的）国家建构的观念，也不

---

① 根据滕尼斯翻译的德文译出，同时参考霍布斯：《论公民》，应星、冯克利译，贵州人民出版社2002年版，第59页。

可能同对国家的经验性的观察分离开来,在任何国家里(参见《法的要素》第 2 部分第 1 章第 19 节),绝对的主权都必须事实上存在。不过,在霍布斯此后关于国家学说的考察里,理论与经验的关系发生了改变。

到了《论公民》,霍布斯有了更强烈的意识去讨论理念性的国家构建方式,探讨理论的真正对象是如何塑造出来的。他已经不再将第一种国家的构建称作"仿佛"自然诞生的,而是"可以说"源于自然,另一种国家即理念的国家则源于一场集会、源于自由意志、源于决定、源于一个计划(institutum)。

它们的另一个区别在于,《法的要素》所说的屈服于一个人的情形,也单纯地适用于第二种国家类型(即使霍布斯在此使用的是人的复数形式,也只不过有修辞的意义,英文将此称作"比如"[such as])。然而到了《论公民》,作者在文本的对应处提醒读者注意,主权既可以被交给一个集会,也可以被交给一个个体。因为甚至于在《法的要素》里,主权被授予一个集会的情形,已经被当作更原初的(时间上更早的)事实展现出来,它服务于我们理论上的把握。

§9

【统治与奴役①】除了在理论上探讨理念性的国家构建,霍布斯对世袭制和专制的"政治体"的考察也十分关键,《法的要素》里的这一称谓,到了《论公民》里则被直接叫作自然的国家。谈完理念性的国家构建问题,《法的要素》和《论公民》接下来都用两章篇幅分别论述主权和国家的诸形式(《法的要素》第 2 部分第 1 章和

---

① 本小节与第 10 小节,共用了这个小标题。

第2章;《论公民》第6章和第7章)。再接下来的一章就讨论主人与奴隶了,《论公民》的标题是"主人对奴隶的权利"。两个文本的相关段落如下(我将它们并置起来考察):

　　《法的要素》第二部分第3章第1节是这么说的:"以上两章探讨的是设计的国家的本质,即经许多人一致同意而产生出来。我现在则要开始谈统治,或者说经征服而成的政治体,它通常被称作世袭制王国。不过在此之前,我必须要考察一个人诉诸怎样的名义而具有凌驾于另一个人的权利,他何以支配另一个人的财产或人格。因为但凡一个人统治另一个人之处,就存在着一个小王国;所谓国王,无非是有支配或统治他人权利的人而已。"

　　《论公民》第8章则是这么说的:"在上两章中,我们一直在说设计的国家,也即根据许多人的协议而产生的国家。这个协议使他们彼此约束,相互担保信用。下面要讨论的题目是自然的国家,也可以称为以力建立的国家,因为这种国家是通过自然的力量或强力建立起来的。这里最重要的是了解,对人的人格支配权利是通过何种方式取得的。凡获得这种权利的地方,就存在着一个小王国。做一个君主意味着对许多人格的统治。那样说来,一个王国就是一个大家庭,而一个家庭就是一个小王国。"①

---

① 根据滕尼斯翻译的德文译出,同时参考霍布斯:《论公民》,应星、冯克利译,贵州人民出版社2002年版,第88页。

212　　　这两个段落之间并没有多大差异。不过值得注意的是,在《论公民》里,家庭与王国被置于一起来考察了。让我们看看文本接下来如何阐释的吧:

　　　《法的要素》第 2 部分第 3 章第 2 节是这么说的:"因此,若我们再将人置于自然状态里来考察,他们之间既无契约,也无服从关系,仿佛是刚刚被造出来的男人和女人,那么一个人只能以三种名义来支配和统治其他人。其中的两种在今天仍然占有一席之地,它们分别是自愿屈服和强制服从。第三种基于的前提是孩子是由他们生出来的。关于这三种名义中的第一个,我们已经在上两章讨论过了,因为从中产生了设计的国家中的主权者对其臣民的统治权。至于第二个名义(即一个人因恐惧死亡而服从于攻击他的人),统治的权利由此而生。因为在任何人对任何事物皆有权利的地方,为了制定所谓有效的权利,所需要的无过于一个有契约效力的承诺,被征服者承诺不再抵抗征服者。故而征服者对被征服者就有了绝对的统治权。这样一来,一个由两人组成的小政治体产生了,其中一人是主权者,也被称作主人或君王;另一人是臣服者,也被称作奴隶。如果一个人统治了相当多的奴隶,而且确保了避免邻人侵夺的安全,那么这样的政治体就是一个专制君主国。"

213　　　《论公民》接着写道:"我们假设再次回到自然状态,将人看成像蘑菇一样刚从地上冒出来,彼此不受约束地成长起来。只有三种方式使某个人可以建立对另一个人的人格支配。第一种方式是，为了和平与相互安全的缘故，他们通过相互订立的契约，让他们自己接受某个人或某个集会的统治和支配。我们已经对此讨论过了。第二种方式是，一个人在战争中被俘虏或击败，或不再相信自己的力量，他（为免一死，而）向胜利者或强势的一方做出服侍的承诺，按后者的命令做一切事情。在这种契约中，失败者或弱势的一方得到的好处是得以求生，而在人的自然状态中，生命可以经由战争权利被剥夺。他所承诺的好处是听命和服从，通过这种承诺，被征服者尽可能地为征服者提供服务，绝对地服从征服者，除非他所做的事有违神法。任何一个在知道那些命令是什么之前就有义务服从某人命令的人，完全不受限制地受缚于这个人的所有命令。从这点可说，那个如此被约束的人就是奴隶，而那个约束他的人就是主人。"[1]

至于第三种模式（即因生育而具有的统治权），这两篇文献皆辟出一章来探讨。

§ 10

我们注意到，《法的要素》里的原初说法在《论公民》里保留下来了，但也经过了少许补充。很明显，在《法的要素》里，人所自愿服从的主权者仅仅被设想成个体（君主）；而到了《论公民》，作为主权者的集会出现了。之后，被征服者的服从形式和方式得到了

①　根据滕尼斯翻译的德文译出，同时参考霍布斯：《论公民》，应星、冯克利译，贵州人民出版社2002年版，第88—89页。

更详尽的论述,在这一情形里,关键的环节无疑是合乎规则的契约,而它应当属于设计的国家的本质特征。霍布斯并没有进一步地重视这一事实,即在被征服者和主权者之间不存在什么有效的契约。"国家"的这两种类型,在此无非意味着一个人统治其他人的不同方式。因而所谓集会的统治根本就不符合"主人与奴隶"的理论模式。在霍布斯所构建的自然状态里,根本就不存在任何有意志能力和行动能力的集会。

§11

【自然状态与国家的对立】根据霍布斯的整体理论模式,自然状态(status naturalis)与政治状态(status civilis)之间的本质区别实际上逐渐被遗忘了。相比《法的要素》,《论公民》表现得更明显。霍布斯希望在此强调"自由与普遍战争"同"国家与普遍和平"之间的对立。国家的本质在于否定了自然状态,于是国家成了普遍意志的对象,与此相对的自然意志则追求彼此相争。因为正像霍布斯在《论公民》第1章第2节里讲的,人如果没有恐惧,就更渴望去统治别人,而不是和别人结成社会关系。至于霍布斯对这一动机所做的方法论建构多么不可靠,我已经在自己的第一篇论霍布斯哲学的论文(1880)里指明了。[120]

但在霍布斯这里,有一点无疑是明确的:类似于任何联合体和团体,国家要成为最高的、绝对的联合体,就只有依靠参与者的理性的意识,它是(集体的)自保意识。后来卢梭也提出了这个问题,并且(就其内核而言)以完全相同的方式做了回答:这个问题的答案最终要落脚到对授权(Mandat)和代表(Stellvertretung)的法律建构上来，国家因而变成了共同的受委托者，它凭借所有人签订的契约，以所有人的名义，统治所有人。关于这个问题，我们将在接下来的论政治的章节里做更细致的探讨。抽象的、被构想出来的国家人格通过某个具体的人或集体实施统治，这样一来，它便取代了某个具体的人对其他人的直接统治。所有像这样的直接统治皆是自然状态的表现，而自然状态又是由思想推出的必然的结果或原则。国家人格建立在契约的基础上，与此同时，霍布斯尝试为父母对子女的统治确立起一致同意的原则（也许用"默认一致"的说法更恰当），但契约无非言辞，它可能被破坏且将被破坏。因为人的激情通常比理性更强烈，所以一旦国家不保障契约的施行，不用惩罚的恫吓确保契约的法律效力，契约就会被破坏。"刀剑"则致力于"让一切都敬畏主权的力量"。

　　然而专制君主或者"世袭制的统治者"也用手中的刀剑决定什么是正义、什么是战争。就像《利维坦》里讲到的，根据法律，专制君主做出的一切行动都是被臣服者授权的，他就像设计的国家里君主或掌握主权的集会那样，拥有一切主权的权利。如此一来，专制国家或世袭制君主国是否是一种实在的、真正的政治状态的形态呢？霍布斯并没有明确地回答这个问题，不过他偶然地（针对批判）谈到：我们无法想象一个孩子处在自然状态里，因为孩子一出生就受制于那个养育他的人的权力和统治。基于此，霍布斯强调人类原始时代的母权制（他在《论公民》里是这样说的：如果母亲抚育孩子，她就被看成是在以下条件下才这样做的，他长大后不会成为她的敌人，即他会服从她。而到了《利维坦》，他更直接地指出，每个人都有责任服从养育他们的人，他们这样做

215

是为了自我保存）；这总归是霍布斯对自然状态以及适用于自然状态的自然法的明确表述，但在国家里，根据实定法，通常男性掌握了统治孩子的权利。这明显不是由自然法得出的纯粹观念的、道德的规定，毋宁说是通过对一直以来存在的秩序的经验观察所得出的规则，它无须国家意志授权，自身就确保了效力。于是我们就看到了另一个自然状态的概念，它有别于我们通常设想的普遍自由与普遍战争的图景。从通常的自然状态理论和学说意涵看来，文化应当交由完美的国家来评判（就其本质而言，经验的表象也起到了作用），故而它是一个自由创造出来的理性的概念；但与之并行的还有一个经验的自然状态的概念，其中，战胜者对战败者的权利、母亲对孩子①的权利发展成为一种统治和管制权（Regierung），故而在世袭制或专制的自然国家概念里，原本截然对立的自然状态和政治状态似乎也完全中和了。即便《利维坦》将关于自然国家的理论探讨压缩到最小篇幅，但他依然着力强调：在"以力取得"的国家，也即主权以武力得来的国家里，它的"主权权利及其结果"和以约建立起来的国家是相同的。因此它不再基于征服者的实际权力、"强势的一方的权利"，而是基于契约、"被征服者的一致同意"。同样，母权或（从中衍生的）父权以孩子的一致同意为基础，"无论这是公开道出的还是以别的什么充分的方式道出的"。

§12

【自然状态学说的内在矛盾】从霍布斯早期但不够清晰的文

---

① 滕尼斯在这里用的概念是 Leibesfrucht，其意象是母体结成的果实。

本直到《利维坦》，我们推知：希望被统治的承诺即构建国家的充分合法的根据，它要成立的话，还需要一个接受承诺并且有能力、有意愿提供保护的人格存在。于是统治者（他通常被视作一个个体人格，尽管霍布斯对早期文本的修改时，添加了"集会"的类型）和被统治者的对立关系就成了根本问题。然而从霍布斯理论的实质来看，根本问题并不是这个，而是一群人（Volksmenge）的一致与统一。用现在的话来讲：国家法在事实上展现出的内容，即 217 一个统一的国族（Nation）构建起来了，也就是说，作为一个国族之全体意志的国家亮相了。这里涉及的不仅是服从的法权（自然法）基础，而且是作为思想造物的国家的法权基础，只有当一个（个体的或集体的）人格充当了国家意志的代表，因而具备不受限制的法权权力时，国家的法权基础才成功地发挥效力。

由此推知，我们之前讨论的自然国家的情形和状态，即一个大家庭就是一个君主国，只要它足够强大，以至于没有战争的危险的话就不会服从其他任何人（参见《利维坦》第 2 部分第 20 章），那么它就直接呈现为一个国家，但它又处在类似纯粹由私法或民法规定的契约关系里，处在自然状态概念刻画的情境里。如此一来，自然状态概念意涵进一步地扩展和普遍化了：尽管它之中潜藏着战争，但它又包含了一切形式的和平关系，霍布斯并不倾向于将此理解成法权关系，至少不是真正的法权关系。因为它不仅通过国家的强制法维持，而且受制于结合了国家强制法的其他强制力。自然状态学说自身就包含着有意识地扩展这一概念形态的倾向，故而当霍布斯谈到纯粹的或单纯的自然状态（status mere naturalis, state of mere nature）时，他并没有做出清楚的区分。即使霍布斯的自然法概念不断出现新的面貌,但它的底色始终保持着,概念的内在矛盾推动着概念的发展,而且必将进一步地推动它的发展。对于如此一位具有清晰而敏锐思想的哲人来说,这无疑是令人惊讶的,而这恰恰反映了他的生活矛盾。

218

§13

【作为问题的正义】人必然总会回忆起他所希望得到的东西,这一事实并不像它通常呈现的那般简单而确凿无疑。但无论霍布斯的思想如何发展,有一点毫无疑问,即他是从正义(Gerechtigkeit)概念开始思考的,他首先遵循了这个概念的传统定义:正义意味着一种恒久不变的、赋予每个人各自应得之物("他的权利")的意志。

这引导他提出这样一个问题:一个人为什么会声称某物归他自己而非别人所有?既然正义显然不是源于自然,而是源于人们的一致认同(因为人们必然已瓜分了自然安排给他们的东西),于是这使他转而提出另一个问题:当一切东西属于一切人的时候,人们却更愿意每个人拥有只属于他自己的东西,这究竟是为了什么好处,这有何必要?他看到,对物的共同占有注定会引起战争和灾难,因为人们会为了利用它们而发生暴力冲突。而这又是大家出于天性要极力避免的事情。于是他得出了两条关于人性的绝对肯定的假设:一条是自然欲望的假设,它使人人都极力要把公共财产据为己有;另一条是自然理性的假设,它使人人都把死于暴力作为至恶予以避免。从这些起点出发,他相信已用最明白的说理证明了立约与守约的必要性,从而也证明了美德与公民义务的原理(《论公民》"献辞")。

§14

【不法与契约的效力】很明显,在这个地方而非别的什么地方,有效的社会意志(soziale Willen)的可能性显露出来了,它还没有被塑造成国家意志。然而我们的思想家是通过考察正义与不正义以及相应的合法与不法的概念,来论述这一点的。他指出:人可以放弃他的占有权利,也即他原初的、对一切事物的不受限制的占有权;除了这种简单的放弃,人还可以将它转让给其他人。他通过充分地表明自己意志来转让自己的权利;他可以出于恩惠(gratis)或不求回报的馈赠来转让权利,因而一方就给予另一方信任(信用)了,契约由此产生。破坏或违背契约就是不法,相应的行动或不作为就被称作不正义,不法或不正义包含着矛盾,因此可与逻辑的荒谬等同视之。①

但所谓正义、不正义等表述皆是模棱两可的,它们用于行动上是一回事,用于人身上又是另一回事。当我们说某人是正义或不正义的时候,我们想说的无非是他有一种自然的、受到激动的倾向,去做正义的或不正义的行动。行动意义上的正义常常分成两种,即交换的正义和分配的正义。事实上,不法并非指交换物品或分配物品的不均等,而是指某人违背自然或理性,妄求比他的同伴获得更多的东西。如果交易双方达成了一致,那么即便物品的价值和价格并不对等,也不存在什么不法的情形。只要没有缔结特别的契约,我按照自己的意愿,将我的东西的更大份额分

---

①　这一段的论述,见于《论公民》第2章第4节、第8节与第9节。

给某人,而其他人比起这人来更配得到这一份额,那我也并没有对这些人中的谁做了不法之事。①

如此一来,是否只要契约存在,不法就会存在?《利维坦》再次强调了这一点(第 1 部分第 15 章),它甚至比之前的作品更彻底地解释说:有效的契约和现实的财产一样,只存在于国家之中,因为只有国家有足够的权力迫使人们遵守承诺;"没有国家存在的地方就没有不义的事情存在"。

220　就在同一处,霍布斯反驳了那些认为正义和不正义根本不存在的人的观点;这些人愿意将破坏契约的行为称作不正义,但他们断言只要这有助于个人利益,就不违反理性。"有些人在所有其他方面都不曾允许背信的事情,但却容许背信以窃国。"他通过例子指出这一思维方式"机智却错误"。因为这里涉及的是相互间的契约,问题在于当立约的一方已经履行契约,或者已有一个使他履行的权力的情况下,履行契约是否违反理性,也就是说,这样是否违反对方的利益。"我认为这不违反理性。"为了说明这一问题,霍布斯指出应当考虑以下几点:第一,一个人必须按照规则,按照合乎常规的可预期的结果来行动,而不应该根据偶然的、无法估量的事情来行动,无论他判断这一行动多么地有理性。第二,在战争状态下,任何人都没有活下去的把握,除非依靠联盟同伴(Bundesgenossen)的帮助;要是谁宣称欺骗那些帮助他的人是合乎理性的,那么他有理由期待的保障自身安全的手段别无其他,只有从他一个人的单独的力量所能获得的手段。因此,破坏契约之后又宣称自己这样做合乎理性的人,便不可能受到任何结

---

① 　这一段的论述,见于《论公民》第 3 章第 3 节、第 5 节与第 6 节。

群以求和平与自保的社会(Gesellschaft)的接纳,除非是接纳他的
人犯了错。当他被接纳并被收留时,他也不可能不看到错误中所
蕴藏着的危机。因为按理说来,一个人不能指靠别人的错误作为
保障自身安全的手段;因此,如果他被遗弃或驱逐出社会时,他就
会毁灭;而他要是在这社会中生活下去,则只能是由于别人的错
误,但他既不能预见,也不能指靠别人的错误,因之便是违反他自
我保全的理性的。这样看来,既然说大家都没有促使他遭到毁
灭,那么这种情形便只能是由于没有弄明白怎样于自己有利才把
他容忍下来了。从通过叛乱取得最高权力的例子就印证了这一
点:谁这样做了,谁就教导别人也这样做,所以这是违反理性的,
也就是违反了个人的利益。①

221

§ 15

【自然法在国家里的实现】让我们再次回到霍布斯的下述教
导:法的概念独立于国家发挥效力,它关系到一切社会关系。因
此,尊重诸如忠诚(Treue)和诚实(Ehrlichkeit)等外在的法乃是符
合由理性得出的利益的,它们是行动的原则,即便在个别情形下,
一些偏见与它们相悖且指示着其他的行动方向,人也应当遵守它
们。它们是利己主义者和商人的道德,"诚实是上策"②的格言就
高度概括了所有这样的道德品质。很显然,霍布斯认为相较由法
明确规定的内容,也即由自然的私法、自然的国家法与民法规定

---

① 这一段的论述,见于《利维坦》第 15 章,根据滕尼斯的德文译出,参考霍布
斯:《利维坦》,黎思复、黎廷弼译,杨昌裕校,商务印书馆 2014 年版,第 110—112 页。

② "诚实是上策"(Ehrlichkeit die beste Politik)这句格言出自本杰明·富兰克
林所著的《穷查理宝典》(*Poor Richard's Almanak*,1732—1758)一书。

的内容,所有其他的道德律令都是次要的。法的核心无疑包含在平等这一基本原则里,国家及其订立的实定法的主要任务就是实现平等的原则。他以无比确信且强而有力的方式谈到法律面前人人平等("在法庭面前",也就是在主权者面前平等):

> "人民的安全要求……正义平等地施加于人民的所有等级,也就是说,要使受到侵害的人无分富贵贫贱都能得到纠正,从而使贵者在对贱者使用暴力、破坏名誉或进行任何侵害时,其免于刑律的希望不大于贱者对贵者的同类行为。这里面就包含着公道(Billigkeit)的道理。而公道作为自然法的一条规定,上自主权者,下至最卑贱的臣民,都同样必须服从。"

> 还有:"贵者所做的暴行、压迫和伤害并不能因为他们地位尊贵而得到宽宥,反倒是要加重罪行,因为他们最没有必要做这些坏事。偏袒贵者将会以如下的方式造成后果。豁免将滋生骄横,骄横又滋生仇恨,仇恨则使人不顾国家的毁灭,力图推翻一切压迫人和侮辱人的贵族作风。"①

§16

【霍布斯作为自由主义法权国家理论的奠基者】霍布斯的理论精神乃是阐明什么是法权国家(Rechtsstaat)。在他看来,国家

---

① 以上两段的论述,见于《利维坦》第 30 章,根据滕尼斯的德文译出,参考霍布斯:《利维坦》,黎思复、黎廷弼译,杨昌裕校,商务印书馆 2014 年版,第 268—269 页。

的目的就在于通过法律让自然法成为现实。霍布斯又是福利国家或警察国家的代表。他承认财产不能独立于国家意志而存在，也就是说，财产秩序要受到法律的制约（这即是合法性理论［Legalitätstheorie］）；但在主要问题上，他明显支持现有的财产分配方式，他认为国家为了满足普遍的利益、保护现有财产分配方式的做法是"自然的"和正确的。正像后来的自然法的发展所证实的，到了19世纪，法权国家的理念必然替代了似乎已失去效力的自然法。霍布斯的思想世界是自由主义体系，就此而言，18世纪的那些秉持启蒙的绝对主义思想的王公与大臣为他辩护是有道理的，同样，他的思想事实上只是部分地、表面上有别于19世纪的绝对主义。

无论对"政治自由"的错误理解遭到了怎样的批判（古人赞美的政治自由乃他们的政治体的自由，而非私人的自由），霍布斯已经在《法的要素》里指出：主权者必须努力让他的人民生活舒适，而生活舒适取决于他们的自由和富有；"自由"意味着除了必须为全体的利益牺牲，人民的自然自由不再受限制，善良的群众不会突然地陷入法律的羁绊。[①] 在《论公民》里，霍布斯更激烈地道出了自由的原则（《论公民》第13章第15节）：

> "当水完全被河岸所堵住时，就不再流动并会变臭，而当它完全敞开时则会四溢；它所能发现的出口越多，它就越自由；这用在公民身上也是如此，如果他们在法律的命令之外什么都不能做的话，那他们就丧失了进取心，而如果不存在

---

① 出自《法的要素》第2部第9章第1节和第4节。

法律限制的话,他们就会放荡不羁;也可以说,法律未规定的
东西越多,他们所享受的东西就越多。"他还对未来国家的发
展有不好的预感:"若在法律知识里还有我们不易记起的法
律,禁止理性本身不禁止的事情,这样一来,人们必然会由于
无知而并无恶意地冒犯法律,就像他们落入陷阱一般。"

更深入的探讨见于《利维坦》里的特别的一章(第 21 章),其
标题为"论臣民的自由"。在冗长地谈完自由不能是什么之后,霍
布斯指出臣民的自由只有在主权者未对其行动加以规定的事物
中才存在,比如买卖或其他契约行为的自由,选择自己的住所、生
活方式与职业的自由,按自己认为适宜的方式教育孩子的自由,
等等。更准确地说,霍布斯确立起了如下原则:但凡是未被契约
取消的臣民的自然权利,臣民就仍然保留着这些权利所涉及的一
切事物的自由。放弃自卫的契约是无效的;因此,如果主权者命
令某人把自己杀死、弄伤,或对来攻击他的人不予抵抗,或是命令
他绝食、断呼吸、摒医药或放弃其他任何不用就活不下去的东西,
那么这人就有不服从的权利。同样,人不能被强迫去承认所犯下
的罪行。如果主权者命令某人去做任何危险的或不荣誉的事情,
那么这人没有绝对服从的义务,除非他拒绝就会使建立主权的目
的无法达到的话,他就没有拒绝的自由了。因此人拒绝服役并不
是不合法的,比如他已经找到一个能胜任士兵职责的人来替代
他,或者他天生胆怯。战争里的逃亡或躲避战争可能是胆怯的行
为,但不是非法的行为。

224

§17

【保护与服从—立法的限度】鉴于今日成功的国家变革(Staatsumwälzung)①，下述原则对当今的政治决断是十分重要的:"臣民对于主权者的义务应理解为只存在于主权者能用以保护他们的权力持续存在的时期。"与此相关的还有适用于一系列情形的规则,如人身被囚禁、主权瓦解、被战胜者放逐、屈服于战胜者等等。针对所有这样的情形,霍布斯试图推导出合乎事理的规则,他希望得出必然的、根本的结论,至少要确定适宜的立法限度。尽管他相信只要在立法限度内,所有的实定法都无条件地有效,故而没有任何借口可宣称存在着一种可摆脱依法服从的"权利",然而他并不认为在某地有效的实定法能无条件地有效。虽然他到处都发现了私法与刑法的必然要素,但是所谓在现实里确立合目的的法律,于他而言明显不过是一个未来的理想,它首先关系到教化众人。服从国家意志的原则意味着:从教会的统治下摆脱出来,尤其要鼓励思想、教育和写作的自由。经过启蒙的主权者承认的准则除了理性、自然法、真正的道德与政治的科学之外,别无其他。霍布斯期许并要求主权者能通过大学传播这些正确的学说,在整个教学体制里肃清教会的影响;但他并不畏惧主权者摆脱教会干预后用权力压制自由的和科学的言论,这在霍布斯看来是愚蠢的、有害的行为。如果说他的早期著作对此保留了怀疑的空间,那么他在后来不那么有名的小书里(论自由意志的

225

---

①　对比本书第一版(1896),并无这样的说法,我们可以推知滕尼斯所说的"成功的国家变革"似指一战后德意志帝国的瓦解与魏玛共和国的诞生。

著作)极其明白地说道:"没有什么做法能像对人的理性和知性施加暴政那般产生如此大的仇恨。"(E. V, 250)除此之外,他在《比希莫特》(我编辑的版本的第62页)里这样写道:

> "一个国家可以强迫人们服从,但是不能使人们相信错误,也不能改变那些相信自己有较好理由的人的想法。压制学说只会激怒受压制者并迫使他们联合起来,这样就助长了原本相信这些学说之人的敌意和力量。"

§18

【法律的概念】我们接下来将详细地考察霍布斯的法律(Gesetz)概念。由于他认为自然法应当在国家里成为现实,故而自然法学说的核心就是法律概念。如果说英文词"法律"(Law)同时意味着我们称之为客观法(objektives Recht)的事物,那么霍布斯的法律概念的意涵便浮出了水面。他的第一部理论著作(《法的要素》)完全致力于探讨法律概念,并区分了自然法和政治法。《论公民》辟出特殊的一章(第14章)来讨论法律概念,这一章的标题是"论法律与罪行"(De Legibus et Peccatis)。最终在《利维坦》里,他花了三章的篇幅论述法律概念:第26章"论公民法",第27章"论罪行、宽宥与减罪",第28章"论赏罚"。

霍布斯用了很大的精力区分法律、建议和契约这三个概念。我们看到,他着力于强调它们之间的差异。在《法的要素》里,建议所要说的是"做这件事吧,因为这是最佳选择",法律则是说"做这件事吧，因为我有强制你去做的权利"。① 到了《论公民》，法律则被追溯到命令这一普遍概念：建议是一种指令，即听从它的理由出自事情本身；而命令是这样一种指令，即听从它的理由出自发布指令者的意志；法律是"这样一个人格（无论是一个人还是一个集会）的命令，它的指令就包含着服从的理由"。完成法律的指令是义务，采纳建议则是自由意志的事情。建议指向的是接受指令者的目的，而法律指向的是发布指令者的目的。②《利维坦》特别地用一章的篇幅（第25章）讨论建议，相比之前的文本，他在这里更强调，建议常常同命令混淆到一起。因为被建议者的利益标志着建议的本质特征，所以当建议者用劝说与劝阻强压他人遵从时，这种做法就违背了建议的本质。建议者运用劝说和劝阻的手段，煽动被建议者按照他的建议行动，其目的是他自己的利益而已。充当一名良好的建议者的首要条件是，他的目的与利益不能和对方的目的与利益相矛盾；其次是，他要在证据允许的范围内，以牢靠的推理和明确的、真实的、简洁的表达，实事求是地给对方提出建议；再次是，除了自己十分精通而又经过深入思考与研究的事务之外，任何人都不能认为自己是良好的建议者。要能对国家提供有关他国事情的建议，建议者就必须熟悉来自该国的情报与文献，以及两国之间的一切条约与其他国家事务的记录。为了更好地达到目的，分别听取每位建议者的发言，优于把他们聚集到一个会议一起听取。其理由如下：在多数人聚议时，总有一些人的利益和公共利益背道而驰，这些人由于自己的利益就会感情

226

---

① 见于《法的要素》第2部第10章第4节。
② 见于《论公民》第14章第1节。

激动,感情激动时就会滔滔不绝地大放厥词,而这样就会吸引其他人也持同样的意见,"因为人们的情绪在分开时是适度的,就像一根燃木之火一样;但聚在一起时就会柴多火焰高了,特别是当他们互相以言辞进行攻击时,更会在提意见的名义下,使全国陷于烈焰之中"①。

接着,我们要注意到法律与契约的区别。两者都意味着有义务去完成,不过前者关乎做某事或不做某事的特定的、有限的承诺,后者则关乎一种普遍的承诺。就法律而言,义务的规定先于做某事或不做某事的承诺,契约则相反,只有做某事与不做某事的承诺明确之后,才有义务产生出来。② 在《论公民》里,惩罚性的制裁和强制都被视作法律的本质要素。到了《利维坦》,霍布斯不再使用这样的说法。在此,他如此定义公民法:公民法对于每一个臣民来说,就是国家以语言、文字或其他充分的意志符号命令他用来区别是非的法规全体,也就是用来区别哪些事情与法规相合,哪些事情与法规相违的法规全体。由此可以推知有关立法者的职能、他的豁免权以及同公民法相合的习惯法与自然法的诸原理。法律的本质之一便是它要被公布出来,必须明白地让人知道,它乃是出自最高的权威或者经最高的权威批准。最后,因为公民法总是要合乎立法者的本来意思,也就是要合乎立法者的观念,所以只有法官的解释才是有效的法律;同样,不成文法也需要解释,我们知道,大多数人往往受到激情的蒙蔽,故而需要精明能干的解释者。但适用于任何既定情形的有效法律,并非解释者写

① 见于《利维坦》第2部分第25章,翻译参考霍布斯:《利维坦》,黎思复、黎廷弼译,杨昌裕校,商务印书馆2014年版,第197—204页。
② 见于《法的要素》第2部第10章第2节。

下来的法律评注,而是法官的裁断;不过任何一个裁断都约束不了同一位法官或其他法官在相似情形下做出另外的裁断。裁断先例本身不具备法律效力。要成为一位良好的法官,第一要对最高自然法,即公平有正确的理解;第二要藐视不必要的功名利禄;第三要有在审判过程中超脱一切恐惧、愤怒、憎恨、爱和同情的能力;第四是听审要有耐心,要集中注意力,并且要有记忆力,记住、消化并运用自己所听到的一切。①

关于罪行与惩罚,霍布斯是这样说的:"罪行"(Verbrechen)指任何可惩罚的行动。罪行有别于"罪恶"(Sünden),罪恶指任何做不法之事的意图,罪行仅仅是见诸外在行动的罪恶。两者都预设了法律的存在,但罪恶只预设了自然法的存在。在《利维坦》第28章里,惩罚被定义为:国家认为某人做或不做某事是违法行为而施加于此人的恶,这样做的目的是使人们的意志更好地服从国家。惩罚的权利并不是臣民赋予主权者的,毋宁是由于臣民放弃了自己的权利之后,主权者的力量加强了。因为为了自我保存,每个人都保留了使用武力的原初权利,国家只有在某些特定的条件下才能施加惩罚。在其他条件下,为着其他目的而做出的敌对行为(Feindseligkeiten)就必须同惩罚严格区分开来。因此主权者有权对叛国者做出任何敌对行为,但就其本质而言,敌对行为根本不是真正的、合法的惩罚,惩罚预设了被惩罚者自愿地服从法律。

228

———————

① 见于《利维坦》第 2 部分第 26 章。

§19

【自然法与政治伦理】大家在此必须谨记,我们的哲学家并不是要描述并解释现实社会和国家的事实,而是想要推导出法,尤其是普遍的国家法。法权状态或政治状态于他而言即一种事实性的状态,至少是他的观念里的事实状态。法权状态完全取决于人的理性意志,人生活在法权状态里,就意味着他们希望成为国家公民。他们构建起一个真正的国家,国家具有无可置疑的、绝对的主权意志,并为此配备了一切武力手段:国家的意志是一种合法的意志,它颁布、运用和施行法律。国家意志及其武力的存在乃是衡量法权状态的唯一决定性的标志,主权构建得越完善,越能实现维护内在和平、保卫国土的目的,政治状态就越整全,换言之,自然状态就越完美地被克服了。

为此,主权者还掌握了合乎政治目的的刑法,它的重要性一点都不逊色于公民私法,后者也被霍布斯称为"分配性的"法律,通过它,公民分清楚了什么属于自己,什么属于别人。因为按照霍布斯的学说,自然状态之内无财产存在(所有东西属于一切人),所以财产只奠定在法律的基础上,财产秩序因法律的改变而改变。由于财产在国家诞生以前并不存在,故而没什么东西同国家相违背。只要既定的财产秩序是合法的、适当的、合目的的,那么它就是有效的。假如立法者,也就是主权者认识到公众的幸福(Salus publica),要求改变现存面貌,他们就有义务做出改变。一切因法律而存在的事物皆具备有效的权利,公民既有义务遵循自然法,又有义务遵循合乎自然法的国家法行动。但是并非所有的

229

法都是理性的（"正确的"）法，非理性的（不正确的）法即同自然法相悖的法，难道它们没有包含在国家法之中吗？难道正确的理性不是无条件地服从国家法吗？这都是毫无疑问的。

归纳起来，霍布斯的道德学说无非指明了，"犯了罪"或犯了错误的人就是干了非理性的事情的人，故而叛国行为即"犯了罪"。但与此同时，假如主权者（无论他是一个个体人格还是集体人格）没有履行其义务，那么他也犯了罪。无论叛国行为还是主权者的失职都违背了自然法，它们并非由国家法来惩罚，而是由自然状态里的彼此敌对之法来惩罚。

不过放眼霍布斯的学说，他的整个伦理学完全是政治性的，而且只是站在外部的讨论，即便它同自然法与国家法（公共性的）的理论紧密联系。这一理论探讨了实定法的本质，因此又可称为普遍的法权理论。它属于这样一门"政治学"，该政治学探讨正确的国家（建立在自然法基础上的、合法的国家）是什么，善好的或最好的国家是什么，以及创立、建构、维持该国家的工具是怎样的。

§ 20

【分析法学】只有当我们认识到霍布斯的自然法学说和他的政治学彼此关联，甚至相互融合，我们才正确地理解了他的自然法学说。进而我们清楚地看到，他的自然法理论如何成为后世"分析法学"的榜样。这门学科由英国的边沁发展出来，并在奥斯丁①那里臻于完善，他们都意识到自己的工作和霍布斯的自然法

①　约翰·奥斯丁（John Austin，1790—1859）：英国法学家，英国分析法学与法律实证主义的代表人物，主要著作包括《法理学的范围》（*The Province of Jurisprudence Determined*，1832）等。

学说紧密相连。边沁当然首先是一位政治思想家，而且是第一流的政治思想家；奥斯丁虽然有时探讨了政治学问题，但他主要是一位法学家。奥斯丁希望建立一门实证法学，对此，他并不从国家理论着手，而是完全像霍布斯当初所做的那样，通过分析的方式探讨什么是法律，什么是法权，什么是义务，如何确定它们作为法学概念的意涵。为了解决这些问题，奥斯丁把注意力集中到独立的政治社会这一概念上来，同时还有主权概念。他肯定地指出：在所有不依附于任何他者的社会里，总存在着某一个体的或集体的人格，社会里的绝大多数成员都会服从它，这个确定的人格就是主权者。只要是一个政治社会，我们就一定能在其中发现主权者的存在，他就像一团物质的内核。至于主权以怎样的形态展现出来，奥斯丁指出，它有一个持续的特征：主权者掌握了不可抗拒的强制权力。这套理论明显是在霍布斯学说的基础上成长起来的，而且它的运用也与之合拍。但从方法论上讲，它们之间是有差别的，甚至是背道而驰的。

231　　　霍布斯本人曾宣称说，他的推理从分析起步，但他的实际论述则完全遵循综合的方法。看看他的著作名称的变化，我们就能清楚地认识到这点：他首先讨论的是法权或法律，之后是公民，最后是"政治体的质料、形式和权力"或者说利维坦。霍布斯并非将主权视作实在的事物或有效的法律的原因，而是将它设定为理念、概念性的必然物，它同冲突概念截然对立：冲突意味着许多意志陷入普遍的不和状态，主权则意味着许多意志汇聚成一个意志，成就了和平状态，而主权正是和平状态的创造者和维持者。主权与冲突的对立将进一步地衍生出如下原理：理性人更倾向于确定的和平状态。这是由主权的首要意涵推导出的次级意涵，如此的推论无异于分析性的处理方式。霍布斯的逻辑公设也与此一致：一个国家里的所有法律之所以有效，乃是因为主权者（一个具有主权的统治者或集会）意愿如此，也只是因为主权者意愿如此，法律才是有效的。

正像亨利·梅因准确指出的（《早期制度史》，第 363 页），无论在霍布斯还是奥斯丁看来，一切习惯法以及如英语的"普通法"（common law）所谓的法律体系，皆要由一定的规则来评判，"这对它们的思维方式至关重要"："霍布斯命令人们去做主权者允许的事情。"梅因进一步地写道，"由于主权者预设了他占有无限权力，所以他能在任何时刻做出改变"，只要主权权力完全存在，主权者就可以随自己的意愿允许某事或禁止某事。正如霍布斯说的，沉默证明允许。他认为自己的理论必须同这样的经验相适应，在《利维坦》里，他尤其强调了这一点，由国家意志创造出来的法权的唯一标准的表达即法律。习惯法本质上是法律的偏离表现（Anomalie）。奥斯丁的推理方式与霍布斯相反，他把经验事实摆在极其重要的位置，进而对此做抽象化的工作，将从中发现的本质性的特征拼合在一起。霍布斯的抽象工作则是富有建设性的，他希望展现的是观念类型，同时，相较政治，这些作为理论典范的观念类型只有次要意义，它们都从属于政治：

"有人宣称，那些使主权具有绝对性的基本权利是既没有根据，又没有理性原则加以支持的。因为如果要有的话，就一定能在某个地方找到。然而我们却看到，截至目前，这些权利在任何国家都没有得到承认,也没有受到诘难。在这个问题上,他们的论点是很糟糕的,就像美洲的野蛮人认为盖一幢不到材料坏时不致坍塌的房屋是没有根据的,或违反理性原理一样,原因是他们还没见到过任何建筑得那样好的房屋。时间和劳动每一天都在产生新知识。良好的建筑艺术是从理性的原理中得来的,而这些原理则是勤勉的人们在人类开始笨拙地进行建筑以后很久,才从长期研究材料的性质以及形状与比例的各种效果的过程中观察到的。同样的情形,在人类开始建立不完善和容易回到混乱状况的国家以后很久,才可能通过勤勉的思考,发现出使国家的结构除开受外在暴力的作用以外永远存在的理性原理。这就是我在本书中提到的那些理性原理。至于这些原理究竟是不是会被那些有权运用的人看到,或者是不是会被他们忽视,目前不是我个人的兴趣所在。"①(《利维坦》第 2 部分第 30 章;E. III,325;拉丁文版缺少最后一句话。)

233　　　与此紧密相关的是《利维坦》第二部分的结语,似乎也可以说是整本书的结语:

　　　"我的学说跟世界大部分地区的实践相去很远,尤其是跟我们这接受罗马与雅典的伦理学的西方世界的实践相去很远,同时掌管主权的人所需要的伦理哲学又极深。考虑到

①　翻译时参考霍布斯:《利维坦》,黎思复、黎廷弼译,杨昌裕校,商务印书馆 2014 年版,第 262 页。

这一切之后,我几乎认为自己费这一番力就像柏拉图搞出他那理想国一样没有用处了。因为他也认为在主权者由哲人担任以前,国家的骚乱和内战所造成的政治递嬗是永远无法消除的。但当我再考虑到,主权者和他的主要大臣唯一必须具有的学识就是关于自然正义的学识,他们所需要学的数学不像柏拉图所说的那样多,而只要学习到能通过良法鼓励人们学习这种学问的程度就够了;同时柏拉图和迄今为止的任何其他哲学家都没有整理就绪并充分或大概地证明伦理学说中的全部公理,使人们能因此而学习到治人与治于人之道。这样一来我又恢复了一些希望,认为我这本书终有一日会落到一位主权者手里。由于它很短,而且在我看来也很清楚,所以他便会亲自加以研究,而不会叫任何有利害关系或心怀嫉妒的解释者帮忙。同时他也会运用全部权力来保护此书的公开讲授,从而把这一思维的真理化为实践的功用。"[1](E. III,357)

在拉丁文版的对应处(L. III,263),霍布斯除了提到柏拉图的理想国,还提到了乌托邦、亚特兰蒂斯[2]以及"类似的心灵消遣物",它们被放在一起。除此之外,拉丁文版(1668)还暗示了不无重要的事实,即那些经内战而受到惩罚的霍布斯学说的反对者,并没有改变当初的想法。

---

[1]　翻译时参考霍布斯:《利维坦》,黎思复、黎廷弼译,杨昌裕校,商务印书馆2014年版,第288—289页。

[2]　似指培根的《新大西岛》一书里的"亚特兰蒂斯",不过亚特兰蒂斯神话可以追溯到柏拉图《蒂迈欧篇》等对话录。

234　　　**§ 21**

　　【霍布斯的法权学说作为理性主义体系】所有上述内容皆与
政治紧密相连。我们在此摘引相关段落,是为了证明霍布斯多么
明确地意识到自己的法权学说的观念性、综合性的特征。它们充
当了我们理解霍布斯绝对理性主义体系的关键线索。法律就是
标准,因为它具备理性的法律渊源。当然,那个时代的人们并不
知晓现代立法活动多么复杂,但经过霍布斯的启迪,他们把握了
法律的观念前提即立法者的主权权威。在霍布斯之前,没有人认
识和确知这一点,即使博丹①也没做到。霍布斯的思考模式类似
于启蒙时代的开明君主制,首先创制出一套计划、制定一部法典。
在他看来,英国人在普通法与制定法之间所做的区分必定毫无意
义,正像他去世后出版的一部对话集(《一位哲学家与英格兰普通
法学者的对话》)里呈现的:无论普通法还是制定法,它们的真正
基础都是它们的意义、合目的性以及理性,两者的区别只是由历
史决定的,而不是由逻辑决定的。直到最近,英国法学家才通过
结合私法的这两方面要素②,来实践霍布斯的洞见。在这部遗憾
地仅保留下片段的对话集里,霍布斯还谈到了制定土地所有权簿
册和刑法典,但英国人直到 1871 年才着手干这些事,最后也化为
徒劳。亨利·梅因先生透过霍布斯的这三方面预见③,看到了一
个极令人惊叹的、致力于构建理性主义法律体系的清明头脑(《早

---

　　① 让·博丹(Jean Bodin, 1530—1596):法国政治思想家、法学家、近代绝对
国家理论的开创者,代表作为《国家六书》(*Lex six livres de la République*, 1576)。
　　② 指法律与衡平。
　　③ 指结合法律与衡平、制定土地所有权簿册、制定刑法典。

期制度史》,第 397 页)。

　　至于私法的内容,霍布斯和他的自然法思想的后继者一样(尽管他只是暗示了这一点),将个体的自由和个体的财产视作自然法的基础。随着近代罗马法复兴,它们似乎得以成功地贯彻实行。罗马法的复兴受到了两方面的影响,第一是服务于自由商业贸易的万民法的发展,第二是斯多葛学派的公平(Aequum)与善(Bonum)的学说再度兴起。不过霍布斯的所有后继者都把自然法和民法等同视之,德国人塞缪尔·普芬道夫就是最极端的代表。实际上,霍布斯本人就已经谈到过这点(《论公民》第 14 章第 4 节):"我们一直在说的自然法和自然权利的要素被用到整个国家和民族时,也许就可以被理解成民法的要素了。"(pro legume et juris gentium elementis sumi possunt.)所以他为了阐明自然状态的概念,总是让读者注意到国家与国家间潜在的战争状态和武装的和平状态。

235

第八章　国家学说

§1

【利维坦】"因为号称政治体或国家(拉丁语为 Civitas)的这个伟大的利维坦是由技艺创造出来的,它只是一个人造人,虽然它远比自然人身高力大,它以保护自然人为其目的。在利维坦中,主权是使整体得到生命和活动的人造的灵魂;官员和其他司法、行政人员是人造的关节;用以紧密连接最高主权职位并推动每一关节和成员履行其义务的奖赏与惩罚是神经,这同自然人身上的情况一样;一切个别成员的资产和财富是实力;人民的安全(salus populi)是它的事业;向它提供必要知识的顾问们是它的记忆;公平和法律是人造的理性和意志;和睦是它的健康;动乱是它的疾病,而内战是它的死亡。最后,用来把这个政治身体的各部分最初建立、联合和组织起来的公约或契约也就是上帝在创世时所宣布的命令(Fiat),那命令就是'我们要造人'。"①霍布斯是如此引领读者进入他的利维坦思想世界的。

---

① 根据滕尼斯的德文译出,参考霍布斯:《利维坦》,黎思复、黎廷弼译,杨昌裕校,商务印书馆 2014 年版,第1—2页。

§2

【国家的统一性】我们并不期待这位理性的思想家用诗性的直觉(poetische Intution)方式谈论国家,但诗性的直觉启迪了他,将国家比作《圣经》神话里的巨兽。"在地上没有像它造的那样无所惧怕;凡高大的,它无不藐视,它在骄傲的水族上作王。"(《约伯记》第41章)那么这一巨兽的图像对于他的思想和理论有怎样的 237 意义呢?

霍布斯的第一部作品《法的要素》以法的概念为基础,另一部作品《论公民》以公民概念为基础。直到《利维坦》,国家概念才正式走到前台。他的著述过程,可以说是其学说视野逐步扩展的过程。《法的要素》已经谈到国家通过个体的结合被制造出来,国家的本质是统一体,同时,它暗示了许多人格合为一个人格。①《论公民》更有力地强调:"因为所有的人共有一个意志,而他被看成是有自己的权利和财产的一个人格,这有别于所有特定的人的某个具体的名字。"国家在此被明确地定义成"一个人格,它的意志通过若干人的契约被看成是他们大家的意志"②。针对第一版《论公民》所招致的批评意见,我们的哲学家在第二版的附注里做了重要的澄清:"关于支配公民的国家权力学说,几乎完全取决于对统治的人群和被统治的人群的差别认识。"③因为国家的本质不仅是公民的集聚或汇合,而且是服从命令。

《法的要素》和《论公民》里的人群(Menge)意谓彼此有别,只

---

① 见于《法的要素》第1部第19章第6节。
② 见于《论公民》第5章第9节。
③ 见于《论公民》第6章第1节注释1。

有在后者这里，人群才成了一个有意志能力和行动能力的生命，才成了一个人格。而在前者的表述里，我们可以注意到它的不稳妥之处：首先，人群的一致与国家的建立被等同视之；由此一来，每个个体都在其中表明自己的意志，要么他们中的多数者的意志，要么其中一批人（排除了其他的人）里的多数意志，要么其中某个人的意志应当被看成是他们全体的意志。不过到了《论公民》（第6章第2节），多数原则（Majoritätsprinzip）被明确下来，并且成了国家构建活动的首要条件。因此，人群展现为有决定能力的集会（beschlußfähige Versammlung）；从事构建活动的集会（konstituierende Versammlung）变成国家构建的原则性前提。人群从观念上创建理性国家，伴随着他们对不可转让的人权的确认，在霍布斯看来，人权即包含在人身安全之权利内的一切权利，安全就是目的，为此，人才会"服从其他的人"。如果安全无法保证的话，那么没有人会交出按照他自认为最好的方式去自卫的权利；在保证安全的基础上，原初集会（Urversammlung）才能讨论和决定什么对共同的和平与安全来说必不可少（第6章第3节）。

　　原初集会如今成为霍布斯国家学说的主要环节。它先于一切国家形式，或者说，它在概念上置身于全部三种国家形式①之后。民主制国家，即由一个掌握了主权权力和立法权力的集会来统治的国家，也只有通过原初集会才能被组织和建立起来。然而到了《利维坦》里，还有另一个特别的国家构建的基质（Substruktion）被创造出来，它就是人格概念，霍布斯将它塑造成了更具普遍效力的概念。

---

① 指君主制国家、民主制国家和贵族制国家。

§3

【代表①】《利维坦》开辟的一个新章节极其重要，它被添加在论述自然法（十九条自然律）的章节之后，作为本书第一部分（论自然状态里的人）的完结和通往第二部分（论国家学说）的桥梁，它就是第 16 章"论人格、授权人和人格化的事物"。因为在本章中创造出的诸概念贯穿了整部《利维坦》里的国家学说，并且为国家学说打上了新的烙印。这一烙印乃是代表思想。每位公民的意志都由主权者的意志代表，无论主权者是一个自然的（独立的）人格，还是一个人造的（集体的）人格。为了阐明代表思想，我们有必要严格区分代表者的一般含义和它的自然法含义。本章就致力于探讨这一问题。

这就是为什么霍布斯一上来就要给"人格"概念下定义。"所谓人格，要不是其言语或行动被认为发自其本身的人格，便是其言语或行动被认为代表着别人或（以实际或虚拟的方式归之于他的）任何其他事物的人格。"如果一个人格代表着自己，那么他就是一个自然的人格，否则就是一个虚构的或人造的人格。

根据词源学，人格被比作一副面具或面甲。人格是一位演员。他活动着、表演着，或者代表着某人（即便被代表的是他自己、他自己的"利益"）；假如他代表的是另一个人，那么他就以另一个人的名义活动，占据着这个人的位置，"扮演着这个人的角色"，充当这个人的代理者。故而西塞罗说："我一个人扮演了三重角色：我自己、我的对手和裁判者。"人造人格可被转让或不被

①　从本小节直到第 4 小节，共用了这个小标题。

转让全部的权力,如果代理人被转让了全部的权力,那么他就获得了授权人的权威,受后者委托,行后者授权之事。由此可以推论,代理人可以约束授权人,但唯有在授权的范围内才能这样做。只有当授权真实存在,授权人才有义务履行规定。很少有什么东西不能由一个虚构物代表,尽管它在实定法(公民法)的范围内才是有效的。

§4

更重要地,代表理论与人群的授权息息相关。人群如今选择由一个人格来代表他们,这个人格可能是自然人,可能是人造人。人群里的每个人都必须通过个别地同意,以个人的身份对共同的代表授权,授权才有效。"因为这人格之所以是统一的,是因为代表者的统一性,而不是被代表者的统一性。"类似任何授权情形,许多人可以让一个人格来代表他们,交给此人确定的、有限的或干脆无限的命令权力。当授予代表者的权力无限时,他们便要承认他一切的行动,给他不受限制的权威。由此我们推出一条合乎逻辑的自然法原则:多数人的意见必须被当作所有人的意见。从许多的个体当中必然产生出一个人格,他应当、愿意且能够作为人格来行动。这也是一个意志产生的自然模式,因为如果赞同方和反对方的票数相互抵消,那么多余的票数便无人反对了,它就展现了优胜方的意志,成了人造人格的唯一意见。因此偶数的投票者常常造成相反意见对等,故而提不出来意见,也无法采取行动,然而票数相等亦能得出肯定的结果,即不去做什么(用法庭的话来说,即宣告无罪)。另一方面,在奇数的投票者当中,也可能产生出一个沉默的人格，得不出什么意见，尤其是决定最重大事务时，当投票者的数目为三个（无论他们是自然人还是集体），其中任何人通过反对票，都有权力推翻其他人的赞成票的效力。像这样一个沉默的人格，不适于管理许多其他的事情，因此不适于管理群众，在战时尤其如此。（在这里，霍布斯从原则上预先批判了等级制度。）

§5

【国家契约】由此我们推知：国家"天然地"起源于从事建构活动的原初集会，或者说，从事建构活动的集会构成了国家的理性的、规范的（"典型的"）基础。严格说来，集会只有一个明确的、有限的职权，即制造国家，它本身还不是国家，没有主权权力。然而在它的职权范围内，它的决定对人群是有效力的，人群授予了它职权。通过任命一位主权人格，它完成了人群交托的任务，主权人格因全体人群的意志而存在并具有权利。从这时起，主权人格接受了授权者转让的无限权利，就其本质而言，它的权利是代表权，因为创建"国家"这样一个人造物的目的，就是要为普遍意志的理性精华（Vernunftextrakt）赋予一个理性的、具有意志或行动能力的主体。换言之，将它交托给一个行使统治权力的人格。

在最早的文本《法的要素》里，霍布斯的讲法相对简单：人群间和谐乃是件偶然的事情，它提供不了足够的安全保障，故而他们有必要达成一致，这意味着，要使许多人的意志包含在一个人的意志之内，或者使之包含在一个议事集会（Ratsversammlung）的意志里。议事集会通过多数人的决议确证自己的意见；任何人

241

都有义务根据这样一个人或集会(所有人为之定名,将它确定下来)的指令,令行禁止。义务的本质即放弃自己的力量和手段,这样一来,主权者就可以使用所有人的力量和手段,用震慑的方式,令所有人的意志谐和一致(第1部分第19章第7节)。接着,原初集会出现了(第2部分第1章第2节):它必须只有一个声音,除了一致地指定某个人或集会,它别无其他职责。不过到了第2章(第2部分第2章第2节),霍布斯对原初集会的构想做了一定修改:首先出现的是所有人同所有人(每个人同每个人)订立的契约,契约的内容仅仅取决于"所有人中的多数或其中一部分人中的多数做出的决定,他们在特定的时空里被召唤到一起,做决定并下命令,他们坚守自我,服从契约"。所谓多数原则已在此处确定下来了,它同国家构建本身不可分离。

到了《论公民》,对应《法的要素》论述每个人有义务服从主权者之处,后者提到的每个人同每个人订立契约的情形被舍弃了;如今每个人对其他所有人做出的承诺,本质上毋宁是消极的(Negativ),即不去抵抗他们所任命的主权者的意志,不拒绝主权者使用他们的力量和手段,他们已转让给主权者使用他们的力量与手段的"权利"。进一步地,《论公民》决定性地指出:人们首先必须一致地认识到,多数人的意志应当发挥全体意志的效力。("因为各个人的性情和愿望如此复杂多样,相互背离,如果不听从多数人的意志的话,他们就没法达成一致。")巩固这条原则之后,霍布斯在1646年版《论公民》的补注里写到,从人群里产生的一个人格能做出意志行动,"例如命令、立法、要求或转让权利"等等,"它更多地被称作人民(Volk),而非人群"。紧跟着的是他探讨从事建构活动的原初集会的段落：原初集会建议"哪些东西对和平和共同的安全来说必不可少"，哪些手段能必然地实现和平的目的；对此，契约是不够的，还需要惩罚，尤其是惩罚施加的有效威胁（"惩罚的权利被赋予了这样一个人，即大家都认为他不会去帮助任何该受惩罚的人"）。"我将这种权利称作公正之剑。""人们一般是严格遵守这项契约的，除非他们自己或与他们亲近的人要受罚的时候。"（《论公民》第 6 章第 5 节）在《论公民》里，相较国家本身的存在，原初集会更鲜明地显露出来（而在《法的要素》里，国家似乎是从地里突然蹦出来的），随着文本的展开，这一点越发明确。

《法的要素》第 2 部分第 2 章讨论的是国家的各种形式（或者说国家的"各个类型"），它以如下简明的标题作为起始——"民主制先于一切其他的政府制度"，霍布斯写道：

　　"就时序而言，民主制是最先出现的，事实必定如此，因为无论贵族制还是君主制都需要任命人员，并且人群对此要达成一致；达成一致又必然取决于人群中的多数人的一致，当多数人的意见囊括了其他人的意见，这实际上就是民主制。"与之相对，《论公民》第 7 章第 5 节是这么说的："从事建构活动的集会（*Qui coierunt ad civitatem erigendam*）几乎是一个民主制的集会（*paene eo ipso quod coierunt, Democratia sunt*）。"

对于民主制体制来说，原初集会永久存在而不瓦解乃必要的组成环节,如果它分裂了,又没有决定在什么时间、什么地点重新集会,那么人群瞬间回到了自然状态、无政府状态,也即回到所有人对所有人的战争状态。只有通过定期的、合乎体制的集会,人民(demos)才能存在,因此,仅仅多数原则和一次性的法人构建活动是不够的。这就是上文里的"几乎"之意!

　　不过到了《利维坦》,之前所说的原初集会同作为国家原始形式的民主制之间的关系,已经完全取消了。现在,立宪会议(Konstituante)①更明确地从全部三种国家形式当中凸显出来,它的任务即构建国家本身。对它而言,多数原则始终是根本的原则,多数人决定未来的国家形式(第18章第一段的标题即"建立一个政治体的行动")。多数人的决定意味着所有参与投票的个体,不论赞成者还是反对者,都将无限的权力授予他们称为主权者的(自然的或人造的)人格("他们批准主权者的一切行动和判断,就像允许自己的行动和判断一样")。在实行多数原则的地方,一切反对多数人决定的行为都是不义的。"因为他如果自愿加入这一从事建构活动的集会,这一行为本身就充分说明了他的意愿,也就是以默认的方式约定要遵守大多数人所规定的事情。这样说来,如果他拒绝或反对集会的任何决定,便是违反了自己的承诺,因之也就是不义的行为。"(E. III,162—163)(121)(122)

§6

　　【作为技艺制品和有机体的国家②】从霍布斯国家理论的发展

---

　　① Konstituante 是从法语改装的德语词,指法国大革命时期的立宪会议,滕尼斯用这个历史概念诠释了霍布斯的原初集会。
　　② 从本小节直到第 7 小节,共用了这个小标题。

过程中,我们清楚地看到:其理论的抽象的、理性的特征是如何在他自身的意识里实现的。[123] 如果说他首先思考的是经验世界里的国家的本质,那么他对国家具体形态的探讨离不开一个极明确的观点:它们同一个理性的、标准的国家理念紧密相关,所谓现实的各个国家不过多少与之偏离而已。《利维坦》的关键一章(第 20章)的结尾印证了我们的上述判断:

> "对主权概念的最大反对理由来自经验方面,人们会提出问题说:在什么地方和什么时候臣民承认过这种权力呢?[124] 那我们就可以反问道:在什么时候和什么地方有过一个王国长期没有骚乱和内战呢? 在某些民族中,其国家能长期存在,非经外患,未曾灭亡,那些民族的臣民便从来没有对主权发生过争论。无论如何,根据没有彻底弄清,没有用严格的理智衡量国家的性质与成因,而且经常由于不明白这一点而遭受苦难的人实践所提出的理由,都是无效的。因为纵或全世界的人们都把屋基打在沙滩上,我们也不能因此就推论说屋基必须这样打。创立和维持国家的技艺正像算术和几何学一样,在于明确的规则,而不像打网球一样只在于熟练程度。"①

房屋的譬喻和人造人的观念相关,人造人关乎的并非一个现实的对象,毋宁说它贴切地表达了标准的主权国家的理性概念。

---

① 根据滕尼斯的德文译出,参考霍布斯:《利维坦》,黎思复、黎廷弼译,杨昌裕校,商务印书馆 2014 年版,第 162 页。

245

对此，人群的代表作为占有主权权力的（自然的或人造的）人格，展现了国家的法律的（自然法的）品质。人造人意味着国家人格，他的"灵魂"即主权，由此一来，霍布斯用人造人的观念，成功地为他的国家法学说赋予了一种感性的形态。

但与此同时，另一种思想也潜入进来了：我们的哲学家不由自主地把现实里的国家比作一个实在的有机体。这完全是有别于理性主义的另一种想法，但是霍布斯受到了这个想法的诱惑（Versuchung），他似乎将这两种不同的思想等同起来了。国家有机体的观念经中世纪的文献传承下来，形成了多种多样的面貌。在《论公民》（第 6 章第 19 节）里，霍布斯这样说道："若用身体及其组成部分来比喻国家和公民，几乎所有的人都会说，掌握着国家主权的人之于国家，就如同一个人的头部之于整个人。"在此，他同时反驳了这一说法，指出必须用灵魂的称谓取代头部的称谓。有机体的思想一直陪伴着他，于他而言似乎是有价值的，不过他也对此做了重塑。为了阐明国家的理念性的人格，霍布斯创造了一个巨型的人造人表象，它的意义大大超出了现实国家同现实个体的类比。如今，他倾向于认为：相较理念国家，现实里的国家都是有缺陷的。现实里的人并非被有意识地构建或组装起来的，故而自然人不恰当的做作之举，不意味着他是非理性的人造人。建筑师和建筑物的譬喻就是在此处出现的。但是，和现实人类以及其他有机体一样，现实国家无疑只能暂时地存在，它是有朽的、会患病的。那么两者间的类比难道不应当是不可行的吗？难道考虑现实国家由于何种原因瓦解，不正是呈现了一个同理念的、标准的国家概念相反的图景吗？

在霍布斯早期的文本(《法的要素》与《论公民》)里,他的理论的理念性特征还未充分彰显出来,但文本都有一章的篇幅讨论国家毁灭和瓦解的原因。他在《法的要素》里区分了由征服导致的暴力死亡和由叛乱导致的自然死亡(我们今天习惯于用"革命"一词称呼后一种情形,尽管这个词是不明晰的)。在《论公民》里,生物学式的意象被舍弃了。然而到了《利维坦》,生物学式的意象再度出现,它关系到由技艺创造的超人(Übermenschen)的图景,霍布斯用一个生动的段落展开了论述(第29章)。

§7

"寿数有限的人所造成的东西虽然没有可以永生的,但如果人们果真能运用其自认为具有的理性的话,那么他们的国家便至少也可以免于因内发疾病而死亡。因为国家根据其建立的性质说来,原来是打算与人类、自然法或使自然法具有生命力的正义之道共久长的。所以当国家不是由于外界的暴力,而是由于内部失调以致解体时,毛病便不在于作为质料的人身上,而在于作为制造者与安排者的人身上。因为当人类最后对于紊乱的相互冲突、相互残杀感到厌倦以后,便一心想要结合成一座牢固而持久的建筑物。在这种情形下,一方面由于缺乏技艺,无法制定适当的法律使彼此的行动互相一致;另一方面又缺乏谦恭和忍耐,不肯让自己现在这种庞然大块的材料上粗糙而碍事的棱角削去,其结果,没有十分能干的建筑师的帮助,所砌成的建筑物就不可能不是摇摇晃晃的;这种建筑物在他们自己那一时代就

247

很难支持，而将来则一定会倒下来打在他们子孙的头上。"[125]①

我们看到，人造人成为一座建筑物，从而完成了它的形变过程（Metamorphose）。与之伴随的是自然有机体的譬喻。国家的缺陷第一源于不完善的制度，"它们和人类自然身体上先天不足所造成的疾病相类似"。霍布斯以怪诞的方式将它刻画出来：如果一位君主满足于可使用的权力不足的处境，那么当他在特定的情形下有必要扩展自己的权力时，他的做法看起来就像是一种不义的行为，这种行为一旦出现，就会使人们成群结队地起来叛乱。

"就像有病的父母所生的子女的身体一样，要不是早夭，便是为了清除先天胎毒所造成的痼疾而散发为脓包与疥癣。"

国家的缺陷第二源于蛊惑人心的谬论所产生的流毒。人们受到古希腊人与古罗马人的反暴政文献的影响，攻击君主政体（"如果没有明智的教师同时提供解毒剂的话"），霍布斯将此比作被疯狗咬后的毒。

当国家迫切地需要筹集金钱却遭到阻碍，这种恶事好比疟疾：

---

① 翻译参考霍布斯：《利维坦》，黎思复、黎廷弼译，杨昌裕校，商务印书馆2014年版，第249页。

"在这种病症中,肌肉部分凝结或被毒物堵塞,于是静脉管循着自然过程,向心脏放空血液之后,便不能像应有的情形一样从动脉管得到供应。这样就会先出现一阵冷缩,四肢发颤;然后又一阵发热,心脏大力用尽,为血液打开一条道路。在打开这条道路之前,它可能冷一会儿,自我恢复一下,一直到后来,在体质够强的人身上,心脏便能最后突破被堵塞部分的梗阻,把毒素在汗中发散掉。如果病人体质太弱的话,就死掉了。"

还有一种类似于"肋膜炎"的病,也就是国家的钱财流入很少一部分私人的手里,比如流到垄断商或包税商手里:"正像肋膜炎中的血流入肋膜一样,在这儿造成炎肿,并随之而发热和剧烈地刺痛。"(126)

§8

【《利维坦》作为政治著作】最初,霍布斯和他同时代的政论作家一样,很少在法学理论、法学体系和关于事实过程的见解(即就事实问题提出法学问题)之间做出区分。尽管他明显意识到了这点,即法学理论遵循着严格的概念思维。更不用说他区分了普通的国家法和政治学。政治哲学,即霍布斯所谓的公民哲学包含了上述一切。但随着他学说的发展,政治学的分量越来越重。《利维坦》就明显地是一部政治著作。

从霍布斯的写作规划来看,《利维坦》实际上再现了他的第一部著作,即《法的要素》。在《法的要素》里,论人性和自然法占据了一大半的篇幅,然而到了《利维坦》,它们缩减到不超过全书的五分之一。在《论公民》里,单单自然法问题就囊括了五章内容,《利维坦》则将它压缩至少量章节。《利维坦》里的绝大多数篇幅是在谈论教会政治,《法的要素》仅仅花了两章谈这个问题,《论公民》则为此开辟出了一个完整的结论部分(他为这个部分取名"宗教",该部分超过了全书的三分之一篇幅)。到了《利维坦》,对教会政治的论述扩大到了全书的一半篇幅,它是我们这位坚定的自由思想家的真挚、伟大而勇敢的尝试,他激情洋溢、全面细致地提出了改革的方案,他无所顾忌地猛烈批评教会。所有其他一般性的政治论述无非是准备和导引。

§9

【合法的绝对君主制】论国家形式的章节便属于一般性的政治论述。在所有三种国家形式里,君主制最优越。不过它也有所有政体都具有的弊病。如果所有的人都是理性的,他们都能管理自己,那么他们就不需要政府了。统治者代表的不止人民或国家,而且还有他自己。无疑,君主制有一个很大的却也不可避免的弊病,即君主会掠夺臣民的财产来养肥他的宠臣和谄媚者。但一个集会也会有谄媚者,他们也会听信游说家的坏主意,相互奉承以各遂其贪欲与野心。君主制的另一个弊病是统治权落入一个孺子之手,然而在一些情况下,由许多人组成的集会和孺子没什么两样,他们也需要一位代表或监护人来代替他们行动。

君主的私利与公众的利益是一致的。君主能挑选提建议者,能决定在什么时间、什么地点召开议事会,而且可以秘密地召开会议。在这一点上,集会是有缺陷的,它只能接受集会成员的建议,"这些人通常更善于谋取财富而非知识";集会不可能秘密地进行,因为它的人数众多。不只如此,一位君主仅可能受到他个人不稳定的性情影响,议会则要受到众人的性情影响。无论《法的要素》还是《论公民》[(127)]都花了两章的篇幅来比较各个国家的形式,比较它们的缺陷与优点,《利维坦》则对它们做了极其凝练的归纳。这些章节实际上是霍布斯在 1640 年之前写完的;他在1646 年《论公民》的"致读者的前言"里明确指出:他必须承认,这个论点是全书里唯一一个没被证明的真理,它只可能地成立。另一方面,他常常强调说法权独立于国家的形式,在任何国家的形式里,法权的权力都一样大。即便保留了这样的说法,但是这并没有帮到他。人们几乎不应相信,他的国家学说仍被今天的哲学"史"歪曲着,似乎其首要内容是构建绝对君主制。霍布斯仅仅在《利维坦》里重新讨论了一部分所谓支持君主制的可能理由(Probabilitätsgründe),而且他谈得小心谨慎。早先他提及的所有关于集会,尤其大规模集会的不利因素,都是阻碍民主制的要素,不过到了《利维坦》的"论建议"一章,他在原则层面对此做了细致的划分。

接下来的区分很有特点。霍布斯在《法的要素》和《论公民》里推崇君主制,虽然他只是顺便提了一下相关的理由("只是例子和证明,而不是理性的根据"):第一,宇宙遵循着君主制的统治模式;第二,古人以君主制来构想他们的神话;第三,上帝创世之时设定了一种父权制的、君主制的政制;第四,其他的国家形式都是在君主制被革命瓦解后,人们靠技艺,从废墟里创建起来的。在

250

《论公民》的一处注释里,霍布斯用普罗米修斯的传说来阐明这个
道理:正如普罗米修斯从天上取来火焰,人类精神借鉴君主制创
造了法律和正义;正如普罗米修斯从泥土里塑造出人类,将他们
聚合到一起,赋予他们灵魂,人类精神从"人群"的泥潭里创造出
一个公民人格,"它被称作贵族制或民主制"。就像普罗米修斯承
受着肝脏被持续啄食的痛苦,贵族制或民主制的创建者们本来能
在君主的自然统治下享受安全的、平静的生活,但他们选择被持
续的相互猜疑和党派斗争折磨。这无非一种诙谐的评论,然而用
象征的方式诠释神话乃是那个时代的风尚。培根就是这方面的
楷模。到了《利维坦》,霍布斯对君主制的推崇言论销声匿迹了,
本书的精神甚至同君主制的原则背道而驰。在此,霍布斯明确地
指出,以技艺的理性来塑造国家成了国家的本质。如果说他曾在
《论公民》里强调君主制国家(拉丁文为 Civitas,英文翻译过来是
Commonwealth)和民主制国家一样好(或者说,君主制国家不逊
于[non minus]民主制国家),在民主制国家里,"建议"起到了决
定性的作用,但君主也有自己的政务顾问,不过君主制的"悖谬"之
处在于(《论公民》第 12 章第 8 节)"君主即人民"(这适用于君主政
体);那么他在《利维坦》里集中了所有精力指出,人民的代表即国家
本身的概念,并且它只可能作为一位君主而诞生;进一步地说,在君
主制度合法存在之处,唯独君主才是国家的法权头衔。

　　于是,我们注意到,霍布斯如何以理论推演的方式,将合乎法
制的君主国同一个纯粹事实上的、父权制的或神权政治的君主国
区分开来。这还在某一特征上表现得极其明显:他的三部政治著
作都包含了讨论主权的继承权的章节,然而这个问题只对君主制

有意义,因为民主制的主权并不会死亡,他在《法的要素》第2部分第4章第11节谈到了这一点。人民不存在法权继承人,只要国家公民尚存,最高权力就掌握在同一个人格手中(《论公民》第9章第11节),整个集会也不会消灭(《利维坦》第2部分第19章,第180页)。贵族制的集会不可能瓦解(《法的要素》),它可以通过补缺选举的方式一直保持下来(《论公民》与《利维坦》)。然而直到《利维坦》,霍布斯才更深刻地阐明了对于国家而言的"人造的永恒生命"的全部问题。继承权成了君主制国家里的一个"最大的难题"。这种困难之所以产生,是因为初看起来谁将指定继位者不明确,有许多时候他所指定的继位者是谁也不明确。"因为在这两种情况下需要运用的推理,都比每一个人一般惯于运用的更严格。"假如君主死后没有给人群留下任何主权者,也就是没有给他们留下能代表他们的统一人格,因而他们就无法选出一位新的君主,那么他们就回到无国家的混乱状态里去了。为了避免这种情形,君主本人必须对继承做出明确的说明,或者通过明白的话语(vivâ voce),或者通过遗嘱来达成他的目的。除此之外,习惯法必须起到辅助作用,一旦没有明白的话语或遗嘱,人们就要遵循继承权的规则,以之替代君主的意志。无遗嘱继承权(Intestat-Erbrecht)的情形排在最末,这是一个极重要的特征,我们从中可看到霍布斯的理想君主制同真正的世袭君主制以及合法性原则之间的差别。

　　由此一来,国家法理论和"神法"理论之间的裂缝进一步扩大了,霍布斯因而放弃了用神学的相关依据和辅助性依据来做论证。在《论公民》里,他仍保留两个特殊章节探讨神法,其中一章(第4章)的目的是证明自然法即神法(Quod lex naturalis est lex divina)，这句话在此的意思有别于在《教会法大全》①里的意思；另一章②则提供了"圣书里关于君主权利的若干说法与例证，似乎可佐证之前的论述"。到了《利维坦》，这样的章节消失了，在第15章的结尾，霍布斯提到自然"律"并不是真正的法律，毋宁说当人思考自然律的理论时，仿佛它是由有权支配万事万物的上帝的话宣布的，进而它被人恰当地称为法律。接着，圣书的学说出现在第20章的中间部分，本章的题目是"父权的统治与专制的统治"，霍布斯在此对圣书的学说做了极有特点的讨论，并完结了这个论题。之后圣书的学说不再同本书的真正研究对象，即作为技艺作品的国家有任何关系。这是《利维坦》与之前的两部文本的重大差别。

§ 10

253 　　【选举君主制】霍布斯是并且始终是绝对君主制的信徒。他也相信主权的继承才是最适宜的王位更替方式。但自始至终令他感兴趣的国家的可能形式是选举君主制（Wahlmonarchie），如果以通过从事建构活动的集会建立国家这一理想标准来看，选举君主制便体现为君主制的唯一可能的起源。

　　在《法的要素》里，正如我们看到的那样，霍布斯毫不犹豫地将民主制刻画成必然的、最初的国家形式。人民集会把主权交托

---

　　① 《教会法大全》(Corpus Juris Canonici)是中世纪西欧教会法的基本文献，常用版本分上下两卷，上卷是编成于1140年左右的《教会法汇要》(Decretum)，下卷是5部《教皇教令集》。1582年，教皇格里高利十三世正式批准发布教廷官方的《教会法大全》。
　　② 指《论公民》第11章。

给一个终身为王的人；如果人民集会解散了，那么当他们之前选举出的君主死去，国家就不再存在了；如果人民集会没解散（而是在特定的时间和地点里重新聚集起来），那么他们仍保留着主权，以便在旧王死后选举出新王；就此而言，君主实际上无异于官吏，就像罗马的独裁官（Diktator）一般。

在《论公民》里，霍布斯将被选举出来的君主称作受益者（Nutznießer），随即他指出了一个特殊的情形，即君主被赋予重新召集人民集会的权利，因而他占有全部的主权。人民只有根据自己的权利重新召集起来，才能保全自身。在平时，主权是"静默的"，正如当绝对君主沉睡时，他的主权权力是静默的。

到了《利维坦》，霍布斯为选举君主制添加了有限君主制这样一个可能的形式。其实早在《法的要素》里，他就已经小心地提示了这一意义深远的补充规定，不过《论公民》撤销了如此的规定。在《利维坦》里，霍布斯写道，"主权总寓于有权限制它的集会之中"；现实里的国家形式可能是贵族制的，也可能是民主制的，即使它由一位君主行使权力。同样值得注意的是（这一点似乎一直未受到重视）：这位反对对主权做任何形式分割的严肃逻辑学家在此不置批评之辞。甚至于我们能从他的论述里推导出，他隐秘地相信，君主制的优越性取决于它在多大程度上避免种种弊病。霍布斯并不讳言君主制的弊病，但他也指出在一个民主制国家里，无限制地行使主权权力会带来各种危害，相较小国，大国更是如此。在他看来极其重要的事实是，继承问题十分棘手，任何民主制国家都会面临这个难题，任何作为民主制变体的国家亦会面临这个难题。在此，最高权力被转让给了一位独裁者，他受约束或不受约束地行使着最高权力。从这一点来看，卢梭的理论与这位伟大的先行者的理论明显一致。卢梭认为不证自明的事实是人民每时每刻都有权自由地集合起来，而且他们总保留着主权权力。霍布斯则在国家法的意义上思考得更深刻，他为人民主权设定一个条件，即作为团体的集会始终有意识地持续存在着，它通常根据自身的权利，以合法的（合乎宪法的）形式再度聚集起来，唤醒沉睡着的主权。

§11

【霍布斯作为启蒙的绝对主义与恺撒主义的信徒】为了论证君主制度的实践优势，霍布斯提出了诸多有效的根据，在他看来，基于君主制的所有国家形式根本没有高下之分。相反，他对继承的君主制不置任何友好之辞。于他而言，继承的君主制既不神圣，又并非唯一合法的制度，也没有实践上的优越性。他甚至并没有暗示，被他称赞的种种君主制的优势不能归于选举君主制；他丝毫没有批评过坚持人民主权的有限君主制，同样，他也没有剥夺选举君主制的真正的君主制声名。但可以否认的是，他对于集会统治的批评扩展到了以下情形里，即集会将行使支配的权力交托给了某一个人。霍布斯甚至在《论公民》里更激烈地鼓吹君主制，他写道："最绝对的君主制是最佳国家形式（civitatis status）。"（《论公民》第 10 章第 17 节）这样的说法在《利维坦》里就不再出现了。他还写道：

　　　　"但如果在民主制中，人民选择将对战争与和平以及立法这种事的审议集中在某个人或少数几个人手里,而只满足于任命行政官员,即拥有不具行政权力的权威,那我们得承认,民主制与君主制在这方面是一样的。"(《论公民》第 10 章第 15 节)

从霍布斯思想体系里的纯粹政治内容来讲,它的最内在的趋势既非支持传统君主制,即在他的那个时代盛行的君主制模式(传统君主制在当时赢得了胜利,也遭遇了失败),也非支持正统的神权绝对主义。毋宁说,他推崇恺撒主义(Caesarismus),恺撒主义就其理念而言乃是启蒙的绝对主义的最理性的形式,"它就像雅努斯的头,一面展现极端君主制的面容,另一面展现极端民主制的面容"(罗雪尔,《政治学》,第 590 页[128])。

§12

【《利维坦》里的自由主义政治原则】《利维坦》有别于霍布斯的更早期的著作,与其说它是一篇自然法论文,不如说是一部政治著作,它的政治性论述表露无遗。《论公民》花了两章的篇幅讨论"主人对奴隶的权利"和"父母对孩子的权利以及世袭制王国"(两章加起来一共 20 页,超过了全书篇幅的二十分之一),然而它们到《利维坦》里压缩成 7 页的论"父权统治与专制统治"(少于全书篇幅的百分之一)。而且《利维坦》辟出了全新的论题,如第 22 章"论臣民的公共团体与私人团体"、第 23 章"论主权者的政务大臣(public minister)"。《论公民》里讨论公民自由的三个段落(共 4 页)变成《利维坦》里的完整一章(第 21 章);同样,《论公民》里的

长篇章节,即第 14 章"论法与罪"到《利维坦》里拆分出了三章(第
26—28 章),分别称作"论公民法""论罪行、宥恕与减罪""论赏
罚",且篇幅大大扩展。《论公民》和《利维坦》都有章节探讨主权
者的责任的篇章,甚至早在《法的要素》(第 2 部分第 9 章)里,霍
布斯就已提及这个问题。《利维坦》第 13 章辟出三段讲述国民经
济学的主题(第 10 段、第 11 段与第 14 段),从中孕育出第 24 章
"论政治体的营养与生殖",不过这一章的写作时间要早于第
13 章。

256

　　如果说在早期文献里,霍布斯已草拟出国家治理的纲要,作
为人民的代表,政府以优良的法律和明智的管理为人民服务,那
么我们发现,《利维坦》对此做了新的阐释。除了考虑公众安全
(Salus publica),政府不应考虑别的什么东西,这也要求政府不能
放弃主权的权利。因此优良的法律对人民利益而言乃是必需之
物,它要清楚透明,其中的各项内容的原因和根据必须明确地为
人知晓。一旦人们知道立法者的意图,那么法律的词句少倒比词
句多更易于了解,因为所有词句都可能发生歧义,所以增加法律
本身的词句就是增加歧义;这样就避免了拘泥法律条文的谬误。
明智的政治家首先要做的便是正确地执行赏罚。假如政治家用
利禄贿买有野心的臣民,那么这根本不是奖赏或感激的表示,毋
宁是恐惧的象征。"像这样和野心斗法,就像赫拉克勒斯与海德
拉斗法一样,每斩掉一个头就长出三个来。"①

　　然而本书要探讨的首要主题是极端的教会政治(Kirchenp-

---

① 　参考霍布斯:《利维坦》,黎思复、黎廷弼译,杨昌裕校,商务印书馆 2014 年
版,第 273 页。海德拉(Hydra)为古希腊神话里的九头水蛇,后被大力士赫拉克勒斯
(Herkules)所杀,成为后者的十二功绩之一。

olitik)，上述章节无非序曲而已；霍布斯最后将教会比作黑暗王国，"比之于妖魔的王国，也就是比之为妖魔鬼怪的无稽之谈和鬼怪在夜晚作祟的玩笑"。"人们如果看一看这庞大的教权原来的情况的话，他就很容易察觉到，教皇之位不过是已死亡的罗马帝国的鬼魂戴着皇冠坐在帝国的坟墓上，因为教皇正是像这样骤然间从异教权力的废墟上兴起的。"[①]

§ 13

【反教权的教会政治】如果说霍布斯的国家万能（Staatsomnipotenz）信念并不在财产的"神圣性"面前止步，而是从理念上预先塑造了我们今日称之为社会主义的诸原则，那么它在许多方面尚不能满足现代的要求。当君主命令某位臣民朝自己的父亲或兄弟开枪，霍布斯本人并不认为臣民有义务去听从。他明确地教导说，自然的自由在此重新赢得了自身的权利，这是任何人都不曾放弃的权利，除此之外，没有人会放弃保护自己以及（正如这里暗含的）保护自己的财产的权利。

毋庸置疑，我们的哲学家相信任何对国家权力的法权上的、理论上的限制，皆为不合逻辑的行径，但如果有人认为他希望让法律介入人民私人生活的全部领域，则完全是一种误解了。正如我们已经暗示过的，霍布斯的政治学的自由趋向本质上是在反对教会及其管辖权：

---

①　翻译参考霍布斯：《利维坦》，黎思复、黎廷弼译，杨昌裕校，商务印书馆2014年版，第567页。

　　"臣民的最大自由源于法律的沉默","一套法律如果不为公众所知,或者说,不能令立法者为公众所知,那么它就不具有法权效力"。

　　除了主权者及其任命的法官之外,没有人能裁决任何人;至于所有其他的权威者,无论他们声称自己有怎样的头衔,或者号称受启示以及道德哲学的感召而掌握了神法,人面对他们时都是自由的。因此教会无法命令人做任何事,它只是一个教学机构(Lehranstalt),而且它所教的内容建立在对无形的鬼怪以及超自然作用的错误信仰上,但由于人畏惧永罚,只能由国家施加的尘世性惩罚的效力便中止了:

　　"如果一个人向我声称上帝以超自然的方式向他传了谕,而我又感到怀疑,我就很难看出他能提出什么论据来让我不得不相信。诚然,这人如果是我的主权者,他便可以强制我服从,使我不用行动或言辞表示我不相信他的话,但却不能让我不按理性驱使我的方式去思想。要是一个没有这种权力管辖我的人那样声言的话,他就没有什么东西能强使我相信或服从。"①(《利维坦》第3部第32章;E.III,361)

　　教士引入了一套空洞的哲学,并且通过大学传播开来,这套哲学部分地建立在亚里士多德的谬论基础上,部分地植根于大众

---

　　① 翻译参考霍布斯:《利维坦》,黎思复、黎廷弼译,杨昌裕校,商务印书馆2014年版,第291—292页。

的迷信中。他们这么做,通常是为了增加自己的权力,因而他们努力对人们的信仰进行审查和宗教审判,以此把仅仅是行动法则的法律扩展到人们的思想和良知里去(《利维坦》第4部第46章;E. III, 361)。进一步地说,教士视传播福音为一个特定阶级的特权,也就是视作自己的特权,尽管法律规定传教是自由的:

　　　　"如果国家让我传道或宣教,也就是说,如果国家不禁止我,那就没有任何人能禁止我。""除了传入虚伪哲学一事,我们还可以联系着提出那些既没有合法权威的根据,也没有充分研究成为够资格的真理判断者的人压制正确哲学的问题。我们自己的航行说明得很清楚,所有精通人类的科学的人现在都承认有两极,而且我们也可以日益看清楚年岁、日月是由地球的运转决定的。然而人们只要是在著作中假定了这种学说,作为一个基础来提出赞成与反对的理由,便都受到了宗教当局的惩罚。但这又有什么理由呢? 难道是这些见解违反真正的宗教吗? 如果这些见解是正确的,这便不可能。因此,我们便要让真理首先由够资格的审定者加以查验,或者是让声称自己知道相反说法的人加以驳斥。难道是因为它们和有效的宗教相违反吗? 那么就让教导这些说法的宣教者们的君主用法律来使它们沉默下去吧,也就是让世俗法律来使它们沉默下去吧。因纵使是教导正确哲学的人有不服从的情形时,也可以合法地加以惩罚。……总之,因为教会当局在任何服从于国家的地方根据自己的权利(虽然他们称之为上帝的权利)为自己取得的任何权力都只是一种

篡夺。"①（同上,结论部分）

§14

【自由的基督教神学与基督教国家】强烈的反教权倾向,给我
们的哲学家招来了无神论者的恶名,但事实上,他的反教权主义
在很大程度上孕育了一种自由的基督教神学。

《论公民》里提到的主要思想如下:在上帝之国里,上帝仅仅
对信仰他的人有统治力;上帝的法律通过理性、启示和预言宣示
出来,它们意味着上帝的三种语言。存在着两个属于上帝的
"国",一个是自然之国,一个是预言之国;在自然之国里,上帝运
用正确理性的命令来统治,他的权利出自其不可抗拒的力量,人
因为自己的软弱才担负起服从上帝的义务。尊崇(Ehre)的情感
源自人们对于把各种品质(Güte)结合在一起的另一种力量的信
仰,尊崇的外在标志就是用言语和行动表示出的崇拜(Kultus)。
尊崇既包括自然的尊崇,即总在所有人那里都被看作应受尊崇
的,也包括任意的尊崇;尊崇既可以出自命令,也可以是自发的;
尊崇既可以是公共性的,也可以是隐蔽性的。至于那些要求别人
尊崇或希望受到尊崇的人的意图,就在于尽可能多地受别人的服
从。自然理性为上帝安排了怎样的尊崇? 首先,上帝必然被给予
了现实存在(Dasein)的荣耀,因此,谁把他等同于世界本身或世界
灵魂,或者声称世界是永恒的,谁就没有尊崇上帝。除此之外,只

---

① 翻译参考霍布斯:《利维坦》,黎思复、黎廷弼译,杨昌裕校,商务印书馆2014
年版,第559—560页。部分词句根据滕尼斯的德文翻译做了改动。

有当人们将否定式的或最高级的特质归于他时，才恰当地尊崇了他。同样地，崇拜行动应当是人的内心尊崇的外在表现，崇拜行动包含祷告、谢恩、奉献和牺牲，而且这些活动必须公开地举行。对于一切自然的崇拜表现而言，它们要符合习俗，因此要合乎法律，故而国家有权决定是否尊崇上帝。不过但凡国家权力宣称自己要像上帝那样受到崇拜，那么它就不应当被无条件地服从。①

在谈完自然神学的基本原则之后，《论公民》接下来的章节分别探讨的是：根据《旧约》建立的上帝之国、根据《新约》建立的上帝之国、进入上帝之国的必要条件。它们是《论公民》的最后三章。其中的第一章讨论了神权政治（Theokratie），神权政治源于上帝的超自然启示。因超自然启示而来的崇拜同理性截然不同。即便在上帝之国里，上帝的世俗的或信仰的代理人也要人们的完全服从，除非他的命令冒犯了上帝的威严，比如说他否认上帝的天命，成了偶像崇拜者。根据《新约》建立的上帝之国则是一个天国，它是从末日审判日那天开始的；基督在他的世界里的统治是靠传教和劝告，而不是靠权力的支配。他并没有制定什么新的法律，只规定了圣礼（Sakramente）而已。他的命令是些告诫和建议，劝导人们去信仰；因而它们又和国家的法律有关，涉及对偷盗、通奸等罪行的规定；只有国家能决定什么合法、什么不合法。基督降临这个世界并非为了讲授什么逻辑学，也不是要传给我们什么学问；故而人因观念的不同而产生争执之时，唯独国家的主权者能对此做出裁断。对神秘的信仰事务的审查，完全属于灵魂的法权，因为神秘的信仰仅仅系于基督的话语和权威。基督教学

²⁶⁰

① 这一段的思想对应《论公民》第 15 章。

说的准绳并非圣书的文字，而是圣书的精神；故而它需要一位解
释者，由这位解释者说出来的话即上帝之言。然而只有对教义的
261 一切问题有判断力、有权威决断力的机构才能做出有效的解释。
于是教会就产生了，什么是教会？教会是一个集会，它必须以合
法的方式被召集起来，而且它是一个有意志能力和行动能力的人
格，作为一个人格，它代表所有的人。因此国家和教会乃两个名
称下的同一个机构，当它由人组成时，被称为国家，当它由基督徒
组成时，被称为教会，教会即基督教国家。故而不存在由众多国
家组成的一个教会。捆绑与释放的权力固然属于教士，判断罪恶
与否以及悔罪与否的权力亦属于教会。由此一来，我们就得出了
关于"革除教籍"（Exkommunikation）的正确观点。显然，无论一
个国家还是国家的君王都不能被合法地革除教籍，除此之外，也
不存在着什么排除出普遍教会的情形，因为普遍教会根本就不能
作为一个人格存在。解释圣书的权利从而仅仅归属政治权威，因
为政治权威必然掌握了裁定一切争端的权利。因神秘的信仰导
致的争端更需要政治权威的裁断，因为裁决的依据根本不是自然
的理性，而仅仅是更高的感召，所以必须只能由外在的权威来做
决定。至于下面的问题，即是否以及何时要更多地服从上帝而非
服从人，为得救所必需的知识又是什么？这取决于两种美德：信
仰与服从。服从完全基于善良的意志，信仰则基于对他人知识的
信任。为信仰而提出的事，超出了人类的理解力，绝不会因为解
释而变得十分清楚，恰恰相反，它会变得更加晦涩和更难以让人
相信。打算用理性的根据去证明信仰的神秘性的人，就像是吞下
苦药之前先要咀嚼一番的病人，结果是他干脆把它们吐了出来，

如果他整个吞下，它们是会让他好起来的。信基督仅仅是指，相信耶稣就是基督，就是照摩西和以色列先知的预言来到尘世的人。这是获得拯救的唯一的信仰凭据；福音书的作者指明了它，使徒的布道和圣书里许多地方也指明了它，然而也有很多神学家由于这种说法的新奇而感到厌恶。对获得拯救而言，并非只有信仰才是必要的，信仰和服从，也即正当（Rechtschaffenheit）都是必要的。在一个基督教国家里，上帝的命令和法律之间并无抵牾。要是一位基督徒活在一个不信基督的国家里，那么他必然成为殉道者；要是他的信仰是真诚的，那么他便不会抗拒成为殉道者。实际上，大多数信仰方面的争执，比如围绕教会的本质、教皇无过错、捆绑与释放的权力、对婚姻事务的判决等等，不过各方争夺世俗统治权而已。当我们说一切像这样的教义对入上帝之国而言皆必不可少时，一点都不令人惊奇。

　　这些学说的悖论没有阻碍《论公民》获得巨大成功。它在当时多被视作"国家全能论"（Erastianismus）的代表作。一个世代前，德意志自由学者托马斯·埃拉斯图斯①的匿名作品已传到英国。人们随后在《利维坦》里发现埃拉斯图斯的神学有了一个极其有力而极端的形态，这本书震撼了教会以及和教会亲善的世界。它的基本思想和埃拉斯图斯的神学一致，但论述得更系统化，言辞更强有力。它在此提出了基督教政治的原则，并以更强悍和更明智的方式呼吁启蒙理性，对抗唯灵论的黑暗，以生动诙谐的笔墨扫荡一切迷信。故而霍布斯在此添加了新的重要章节，

---

　　①　托马斯·埃拉斯图斯（Thomas Erastus, 1524—1583）：文艺复兴时期的德意志神学家。他是茨温利派学者，提出了著名的"国家全能论"（又称"埃拉斯图斯主义"）。他声称在决定教会的事务上，国家的权力高于教会。

论《圣经》篇章的数目、年代、范围、根据和著疏家，论圣灵、天使、神感、神圣、圣礼、永生、地狱、得救等词的含义，论奇迹和它的用处：

263

　　　　"我们要是看一看串通一气所行的欺诈，就会发现一桩事情不论怎样不可能实现，也不会不可能让人相信。因为如果有两个人狼狈为奸，一个人装成跛子，另一个人用符咒来医治的话，就可能骗住许多人。要是有许多人沆瀣一气，让一个人装成跛子，另一个人用符咒来医治他，其余的人都作见证，那就会骗住更多的人了。""由于思想是自由的，一个人在内心中始终有自由根据他自己对号称为奇迹的行为，在其使人相信时，根据它对于那些自称能行奇迹或支持奇迹的人会产生什么好处，来决定相信与否，并根据这一点来推测这些事情究竟是奇迹还是欺骗。"(E. III，435，436；《利维坦》第3部分第37章)①阅读这几行文字并不是件难事。

　　它们在虔诚的人们心中留下了怎样的印象呢？克拉伦登伯爵撰写的反驳文，就明白地反映了这点②，除此之外，许多次要的小册子也有同样的功用。"当他（霍布斯）为不同的经文做注解

----

　　① 翻译参考霍布斯：《利维坦》，黎思复、黎廷弼译，杨昌裕校，商务印书馆2014年版，第353—354、355页。
　　② 参见爱德华·克拉伦登伯爵，《对〈利维坦〉中有害于教会和国家的危险之邪说的简要考察》，第二版，牛津，1676年。本书于1673年首次出版。克拉伦登当时以流亡者的身份居留于法国，他将这本书题献给了查理二世，希望重新得到国王的宠信。在当时，谴责85岁的霍布斯乃是一个平步青云的有力手段。不过一年后，克拉伦登去世了(1674)。——作者原注

时，他比任何一位教父都要自信得多，就此而言，他的解释有别于
任何一位教父以及除托马斯·霍布斯之外的所有人。"霍布斯用
轻率的、诙谐的方式注解上帝的圣灵之言，供大众取乐，而这些大
众平日里只爱嘲弄《圣经》文本（第199页）。海德①声称自己的解 264
释最明确无疑，即霍布斯不相信一切基督徒皆信仰的灵魂不死、
永生、地狱、得救、来世与赎罪的信念，不相信所有在《圣经》里公
开呈现的教诲（第230页）。贯穿《利维坦》一书的线索，乃是霍布
斯对所有类型的神职人员的狡猾而尖酸的嘲弄，这既针对新教徒
也针对天主教徒，他尤其恶毒地把矛头对准了英国的教会，就在《利
维坦》出版时，英国教会正"在一片废墟上谋求重建"（第305页）。

　　尽管霍布斯并没有直接批评英国教会，而且他在一篇为《利
维坦》辩护的文章里也对此做了申诉，但是他的对手敏锐地看到，
《利维坦》就是要去根除整个教会体制。它从"依法建立机构"的
原则推出相关结论。由此来看，脱离了国家，教会就不具有自身
的权利甚至独立的存在。教会是一个机构而已，立法者可以根据
国家理性的观点建立它、改变它，这确证无疑。霍布斯所想的、所
期待的，乃是用一个教育机构（Unterrichtswesen）来取代教会，它
完全受科学的和道德的目的控制。宗教信仰与宗教需求作为私
人事务延续下去。除了这种实践的、政治的趋势，存在着一种不
可与之分离的甚至从中产生的法律趋势，它保证了国家意志的不
受限制的、形式上的最高权力。即便教皇被授予在某一地区执掌
教会的权力，但他行使这一权力并非遵循神法（jure divino），而是

----

①　即克拉伦登伯爵。

遵循政治法(jure civili)，那个世纪(17 世纪)的高卢主义^①就尝试认真对待霍布斯的学说。

§15

　　【霍布斯的政治哲学作为现代思想的表现^②】因而我们的哲学
265　家关于法和国家的全部学说，并非像流俗理解的那样，是一场任意的、古怪的思辨。⁽¹²⁹⁾它毋宁是现代思想的典范，可以说，它既发端于现代思想，又进一步地开辟出了不同的演进方向。霍布斯学说的要义首先在于它否定了各式各样的传统思想，至于这些传统思想有哪些要素，我曾在本书里做过简短的叙述。一言以蔽之，它们试图把社会生活的结构比作一个有机体⁽¹³⁰⁾，尽管在当时的时代，生物学的知识还是模糊不清的，仅仅停留于身心二元论的想象。从传统有机体理论这一不足的思想形态里产生出了许多互相抵牾的意见，然而它们植根于且合乎社会生活的事实，并指出了普遍者如何化入每一个体心中，它们以自然直观的方式看待人类，认为人类遵循习惯和信仰生活：人类生活的重心落在家庭、社团和他们所身处的等级里，货币经济还很薄弱，因而私人财产尚未发展起来。

----

　　①　高卢主义(Gallikanismus)是法国教会和政府用来限制教宗权力的政策，反对拥护教宗权威的越山主义。它在中世纪政教之争中扮演了重要角色。经过国王和教宗之间的几次冲突后，法王查理七世在 1438 年颁布《布尔日国事诏书》，宣称教宗应服从大公会议，教宗权限应由国王决定。之后的几个世纪，法国与罗马教会一直纷争不断，这争执在 1682 年法国圣职人员所通过的宣言中达到白热化。高卢主义派别众多，但主要有以下三个特点：法国君主的世俗权力不受干预，大公会议高于教宗，教士与国王联合反对教宗干涉法兰西内部事务。
　　②　从本小节直到第 16 小节，共用了这个小标题。

这种状况的消解过程是很缓慢的,发展的进路常常被阻碍甚至被打断,曾经支配着人们的情感和思想逐渐被改变,每个拥有财产的个体都渐渐变成典型的社会人。他在思考,在盘算,在估计利益。对他而言,所有的手段都为着实现目的。尤其他同别人的关系,乃是有别于任何结合(Verbindung)类型的关系。他遵循着自己的利益,同别人缔结或取消契约以及联盟关系,也就是说,他把契约和联盟当成达到自己目的的手段。假如某些关系是他与生俱来的、难以摆脱的关系,那么他仍然会去反思它们的益处,至少他会在思想上让它们隶属于自己。在此情形里,人们必然意识到了,所谓关于事物的客观观点是不可能获得的,存在着的事物的本质(根据古代的术语,即具有客观存在[esse formale]的形式存在[esse objectivum])是由感知它的主体的头脑建构出来的;现代的种种关于社会生活的"有机体"理论根本无法在概念上贯彻,是因为它们误解了微妙的社会事实。行动者同他订立的契约之间的关系,并不像同一个有机组织之间的关系,仿佛他是这个组织的细胞一般,毋宁说是缔约的双方共同制造了契约。契约就像一架观念机器,它被制造出来,就是为了驱使缔约者做出明确的行动。

社会契约理论被用于解释国家的起源,它合乎现代国家的特殊品质;就像有思考能力的公民所理解的那样,公民越自由,它就越合乎现代民法;最后,它合乎现代国家的本性,现代国家的内核是经营财政,因此它的内核既是其私法意义上的人格,也是国家拥有的资产。事实上,社会契约理论并非霍布斯的发明,在更早的学说里,社会契约理论的要素已经存在了,它依附于古老的民间信仰(Volksanschauung),民间信仰将一种自然的、宗教的神圣性赋予了所有的契约。霍布斯则从中剥离出理性的契约因素,同时重新形塑了它们,把它们当成契约的唯一基础,明确了它们全新的机械性格。从古代的领主和人民之间的契约,霍布斯抽象出所有人同所有人订立的契约总体,进而构想了唯一的国家契约,国家契约并非创造了国家,而是为国家奠定了基础。

§16

从社会契约理论的积极内容上来说,它同样合乎现代生活与思想的趋势,在此后的几个世纪里,它起到了支配作用。该理论的强大力量在于展现了一种绝对普遍的法权,它面对着且完全独立于一切个体的权利,甚至明确地统治着个体的权利,于是,公法(ius publicum)与私法(ius privatum)分离开来。随着罗马法的科学复兴,私法的诸领域彼此分开了,超乎它们之上发挥效力的是唯一的公法,公法被强有力地贯彻实施,但人们已经感受不到建构国家私法的必要性。究其因,乃是恺撒制的发展:即便国家还保留了罗马民社(Bürgergemeinde)的名称,但它事实上已经和最高权力(Prinzipat)无异,为了确保自身,它总在古代的残余以及新近产生的迷信里找到决定性的力量,新的迷信试图阻止理性的国家立法原则扩展其势力。

当然,正像我们从19世纪的历史里看到的,由于理性国家建构的缺陷,以下的事实并未在根本上被阻止,因而发生了:除了个体与国家的对立外别无他物,换言之,除了个体与国家的对立外,无法设想还存在着其他独立的权利主体。在现代的发展进程里,我们可以清楚地发现个体间的孤立以及他们同国家的对立。这个过程基于公法的集中化趋势，公法仿佛将各个共同体的领域吸纳到一起，或者说国家吸收了它们，只要国家摧毁并压制着一切明显不具有私法性格的团体，或令它们从属于自己。这也是现代意义上的国家与教会对立的根本内核，而霍布斯对此做了极端的表述。

§17

【国民经济学的开端】同时，霍布斯并没忽视经济生活的现象，在他的书里，我们看到了英国政治经济学的开端。[131] 他把"陆地和海洋"称作我们大地母亲的双乳；财富除了源于自然的馈赠，只从人类的辛劳和努力中得来；劳动即一个可以被交换的商品；至于土地如何分割，这必须由主权意志来决定；主权意志应根据公正的原则或自然法，分给每位公民各自应得的东西。国家必须管理外来商业，以防有害的效果。对财政来说，间接税是最适宜、最合理的税了。黄金和白银是最便利的国际价值尺度，在一国之内，货币可以由任意的材质制成，经过戳印，它就有了自己的价值。货币可以被拿来同血液相比，商品转化成货币，继而货币充当持久的、可传递的价值，这个过程类似于消化活动（《利维坦》第24章；E. III，232ff）。

霍布斯还提到了国家靠建立殖民地来拓殖。比他在此提到的理论更值得重视的，乃是他的一段对话，在那里，我们的哲学家注意到了资本主义生产方式的开端及其本质[132]，它的最早期的形态表现为经销体制（Verlagsystem），同贫穷的手工作坊截然有

别,正像羊毛制造业在当时已经控制了广大织工群体。对话的引言人说道:

　　"当反叛者披着委屈抱怨的外衣时,那些大的首府城市必然需要一个反叛的政党。这是因为那些市民,也就是商人所抱怨的不过是税收。他们的职业给他们带来私人所得。税收自然而然地成为不共戴天的敌人。他们仅有的荣耀就是以买和卖的智慧发财致富。"对话的另一方则说:"但通过给较贫困的人安置工作,他们被说成是各行各业中最有益于政治体的。"引言人对此回答说:"也就是说,让穷人按他们的要价出卖自己的劳动。这样比起纺纱、织布等其他所能做的工作,绝大多数穷人通过他们在布莱德威尔[(133)]的劳动,可以过上相对更好的生活;除了他们的工作会使我们的制造业略微脸上无光。"①

269　　　　霍布斯有时还谈到了贫困化、失业、城市过度膨胀的问题,人民因此养成了虚伪、易变、烦闷的品性,就像空气的流动、压抑和混浊(E. IV,444)。他还看到了人口增长带来的危险。

§18

　　【霍布斯的政治哲学对 19 世纪的影响】霍布斯政治哲学的整体指向,同英国当时的实际发展进程背道而驰,尽管从那时起,英

---

　　①　翻译参考霍布斯:《贝希摩斯》,李石译,北京大学出版社 2019 年版,第150—151 页。

国的发展就领先于其他诸国。故而我们无须惊讶,英国的公共意见是多么谨慎地提防着神学和金权政治的敌人。直到改革法案①的时代,一批杰出学者受到边沁和詹姆斯·密尔②的影响,让霍布斯的思想重见天日,恢复其政治哲学逻辑的权利。威廉·莫勒斯沃斯先生③就是"哲学激进主义"圈子里的一员,他牺牲了大量的财富和精力,投入霍布斯著作全集的编辑事业。

　　同样值得一提的,是著名的历史学家乔治·格罗特④的判断(134),格罗特与上述改革派政治家团体交好,他也批评那些把培根置于优先地位的人。在他看来,这些人习惯于以"迷信的崇拜"方式来对待所谓的"智慧的大师",他进一步地说:

　　　　"事实上,正是对特权阶级的任何一个观念的蔑视和嘲笑,导致霍布斯的政治理论在英国被看成讨厌的东西。这些嘲弄者错误地声称自己为最高权力设置了障碍,然而他们实际上为了自己的目的,和最高权力同流合污而已,以至于人民被压制了……霍布斯必然因既反寡头又反暴民的观点而承受着被嘲笑的代价。"接着,格罗特又说道:"在我目力所及的范围内,那些对霍布斯的作品有极大兴趣的人,通常是抱

①　指英国在1832年通过的关于扩大下议院选民基础的法案。该议案改变了下议院由保守派独占的状态,加入了资产阶级的势力,是英国议会史的一次重大改革。

②　詹姆斯·密尔(James Mill,1773—1836):英国哲学家、经济学家、政治理论家,功利主义学说代表,约翰·密尔之父,代表作有《政治经济学要义》(1821)等。

③　威廉·莫勒斯沃斯(Sir William Molesworth,1810—1855):英国政治学家,霍布斯著作全集的英文版和拉丁文版的编者。

④　乔治·格罗特(George Grote,1794—1871):英国古代史学家,代表作为12卷《古希腊史》(1846—1856)。

持激进主义原则的人,他们雄心勃勃地要去塑造政府的功能,并且尽可能地去培育公民,他们和霍布斯一样反感于一切阶级私利,阶级私利本身是塑造伪代表制君主国的有效力量,但他们和霍布斯不一样的地方在于,他们在一个组织良好的代表制体系里看到了将理性服从和理性政制合而为一的最佳契机。"

毫无疑问,今日无论在英国还是法国,民主制都在持续地发展出自己统一的主权形态,它将历史的权利抛入故纸堆,将政制的种种虚构撕得粉碎。于是霍布斯的天才毕露无遗,尽管他当时只是期望从开明的绝对君主制向现代国家转化。[135] 然而到了现在,即便在德意志帝国和奥地利帝国,二重的、等级制的国家体制残余已被摧毁殆尽,绝对的人民主权原则深入人心,尽管新的政制形态更多遵循着卢梭的模式,而非同他一致的先行者(即我们的霍布斯)的模式。

第九章　纪念

§1

【霍布斯的世纪】从多方面的意义来看,霍布斯之后的三个世纪构成了一个整体,而霍布斯本人就站在这个整体的高处和中心。新科学一直在为自己奋力斗争,最终取得了决定性的胜利。16世纪时,新科学缓慢而艰难地发展起来,到了18世纪,它已经能安然地享受着自己的胜利;它不断地推广着既有的胜利果实,让它日益一般化和通俗化。在物理学领域里,重复(Rückfälle)现象发生,既可以归结为力的重复作用,也可以说,只要辨认出运动,就可以感知到物质的存在。在道德和政治学领域里,乐观的幸福论(Eudämonismus)成了主流观念,即便开明君主和政治家的绝对主义仍吸引着大批拥护者,但是自由主义的舆论已决定性地导向了混合政制。一门全新的大学哲学(Universitätsphilosophie)和形而上学占据了支配地位,它要使人理性地信仰,或者说信仰理性本身;它试图证明在世界之外存在着一个最高的本质,证明一个非物质的灵魂的不死本性,证明人类意志的自由;它提供了一个临时的基督教宗教观念的替代物,外表上看来,它似乎只是要去适应神学教义,但从内在看来,它已经转化了神学教义。与此相比,旧的神学教义衰败了,且受到人们的蔑视。其中最伟大的蔑视者就是伏尔泰,他对后世起到了不可估量的影响。

除了以伏尔泰为代表的蔑视时代者,更勇敢的思想家们在诸科学和哲学的领域做出了卓有成效的探索,他们或多或少地为 19 世纪的思想奠定了基石,而康德无疑是他们中的佼佼者;19 世纪的普遍世界观包含着许多颠倒的、不清楚的、混合的要素,然而它也萌生出更深刻、更阔大的思想;在这个世纪里,自然科学经历了难以想象的蓬勃发展的历程,对有机体和人类文化的认识尤其如此,因此它能有意识地同更早几个世纪里的文明成果恰切地对接起来。

§2

【效果史】奥古斯特·孔德指出[136]:"如果追溯历史的话,最重要的批判思想大多要追溯到霍布斯那里,至今人们都没明白这一起源,他们仍习惯于将此归给 18 世纪的法国哲学家,但法国哲学家之所以能提出这些思想,本质上且必然地是因为霍布斯学说的传播……霍布斯是真正的革命哲学之父。"

事实上,霍布斯的革命哲学因其激烈和辛辣的批判,深刻地撼动了他的时代,因而招致了恶魔(Schreckgepenste)的骂名。针对种种谩骂,霍布斯的猛烈抵抗一直持续到 17 世纪,尤其在英国,"评论界爆发了各种争论"[137]。霍布斯对后世的影响是极其重要的,无论这种影响是直接的还是间接的,是消极的还是积极的。至少在物理学的领域里,笛卡尔被公认为新哲学的代表,到了牛顿的时代,新哲学取得了最终的胜利;不过霍布斯的认识论学说和心理学因洛克的改造,而变得温和且更容易为大众接受;他的形而上学经贝克莱之手产生了轻微的形变,贝克莱极敏锐地以机械论的原则组织唯名论的、感觉主义的要素,这样既避免了看似无可避免的唯物主义,又奠定了一个纯粹唯灵论的形而上学。道德的革命导致论战与调和:如果作为人类与生俱来之品质的善无法得到保存,那么人类的社会倾向、自然的善意和良知就更需要被强调:在英国,坎伯兰①、卡德沃斯②、克拉克③是最激烈的霍布斯学说的反对者,巴特勒④、莎夫茨伯里以及自然神论者则试图缓和、柔化霍布斯学说的激进性。政治学的领域出现了同样的情形,霍布斯曾试图尽力驱赶教会和等级制,然而洛克再度恢复了它们;一位政治经济学家就对此做过评论。(138)同霍布斯精神相合的后继者乃是休谟,但休谟的书写遵循着另一个时代的风格。

在法国,笛卡尔主义同伽桑狄主义长期在争夺科学界的优先地位,它们的争论实际上是关于物理学与心理学的理性论—唯灵论的解释,同感性论—唯物论的解释之间的斗争,不过两者皆立足于机械论原则。霍布斯的思想似乎和伽桑狄的思想保持着紧密的联系,伏尔泰就很了解霍布斯。然而在这里,最有可能的事实是,霍布斯这位英国哲人的思想间接地影响了后来的法国哲学家。对心灵的自然主义的解释逐渐取得胜利。法国的唯物主义

---

① 理查德·坎伯兰(Richard Cumberland,1631—1718):英国哲学家,代表作有《关于自然规律的哲学探讨》(1672)等。

② 拉尔夫·卡德沃斯(Ralph Cudworth,1617—1668):英国哲学家、神学家。

③ 塞缪尔·克拉克(Samuel Clarke,1675—1729):英国哲学家、唯理主义哲学代表人物。

④ 约瑟夫·巴特勒(Joseph Butler,1692—1752):英国神学家,代表作为《自然宗教与启示宗教之类比》(1736)。

者和百科全书派随即举起极端主义的大旗。霍尔巴赫翻译了霍布斯的部分作品；卢梭重新改造了霍布斯的国家思想；狄德罗为百科全书撰写了"霍布斯主义"词条，并且自称是霍布斯的狂热崇拜者。当他为俄国政府的一所大学规划教学方案时，他向艺学院(faculté des arts)首先推荐的经典著作是《波尔-罗亚尔逻辑》一书①，在此之后就是"托马斯·霍布斯的杰出的论人类知性或人类本性的小书(139)，这本书简洁而深刻，超过了我所援引过任何一位作者的著作……""这是一部关于逻辑学和理性的杰作。"在另外一处地方，狄德罗谈到普遍的道德时写道："在霍布斯的这篇小论文的内容之外，我对人类的认识没有更多的了解。"他称这本书为"人值得终身阅读和注释的一本书"："在我看来，同霍布斯相比，洛克是啰唆而软弱无力的，拉·布吕耶尔②和拉罗什富科③是贫乏的、狭隘的。"奈格翁④在《百科全书》里对霍布斯的那本小册子做了摘抄，并且认为，人们只有通读，甚至一字一句地阅读了霍布斯的原始手稿，才能对他的思想有深刻的感受，并且公正地评判他的全部功绩。(140)几年后(1804)，德斯蒂·德·特拉西⑤翻译

274

---

① 在 17 世纪的法国，一批聚集在巴黎郊外的"波尔-罗亚尔修道院"的詹森派哲学家组成了"波尔-罗亚尔学派"(Port-Royal)，代表人物是笛卡尔派哲学家安托万·阿尔诺(Antoine Arnauld，1612—1694)、皮埃尔·尼柯尔(Pierre Nicole，1625—1695)，因他们在 1662 年匿名合著的《波尔-罗亚尔逻辑》一书而闻名。

② 拉·布吕耶尔(La Bruyère，1645—1696)：法国哲学家、作家，著有随笔集《品格论》(1688)。

③ 弗朗索瓦·德·拉罗什富科(François de La Rochefoucauld，1613—1680)：法国作家，代表作为《箴言录》。

④ 雅克-安德列·奈格翁(Jacques-André Naigeon，1738—1810)：法国艺术家，唯物主义哲学家，《百科全书》编撰者和通信者。

⑤ 德斯蒂·德·特拉西(Destutt de Tracy，1754—1836)：法国哲学家、政治学家，代表作是《意识形态的要素》(*Elemens d'Idéologie*，1796)，特拉西通常被视作"意识形态"概念的发明者。

了《论物体》的第一部分，让它充实自己的《意识形态的要素》一书。

斯宾诺莎的学说是一元论，他的法权和国家理论尤其同霍布斯的学说切近，甚至深刻地受到了霍布斯的启发，这是毋庸置疑的事实。他们俩的名字常常被尖刻的批评者置于一起，被称作两个无神论者，或者像理查德·巴克斯特①称作的两个"野蛮人"。"霍布斯与斯宾诺莎是他们那个时代的两个最遭到无情指责且最受到误解的人。"(141) 更要命的是霍布斯陷入被人遗忘的境地，多亏莱布尼茨的挽救。他常常提到霍布斯的名字，而且大多数时候都是以崇敬的口吻提及的，比如说，他称霍布斯为最深入地探究一切事物原则的研究者，而且他在年轻的岁月里就曾写信给霍布斯，想要更多地了解事物的原则。(142) 后来，莱布尼茨以惊人的勇气和决断力，处处为霍布斯辩护。哈勒大学的教授尼古劳斯·贡德林在崇拜霍布斯这件事上，一点都不逊于莱布尼茨，比如他在1708 年的《学人期刊》(*Journal des Scavans*)②里发表了为霍布斯辩护的文章。普芬道夫的自然法与民法思想亦步亦趋地跟随着这位伟大的英国哲学家，不过部分地出于他的博学，部分地出于他对人类的善意，他努力压制着、隐藏着霍布斯学说的冷酷的一面。自此，自然法学说主要在德意志扎下根来，蓬勃发展，而它的发展又总和贡德林与普芬道夫二人的工作息息相关。

直到 19 世纪中叶前后，德意志大学里从事自然法研究，当然还包括从事形而上学和心理学研究的教师大多都已知晓霍布斯

---

① 　理查德·巴克斯特(Richard Baxter, 1615—1691)：英国清教领袖、神学家。
② 　《学人期刊》是欧洲最早的学术期刊，由丹尼斯·德·萨洛(Denis de Sallo)创办，它发表的主要内容是名人讣告、教会历史与法律报告等。

的主要著作,尽管他们了解得还相当不够。实际上,早在18世纪末19世纪初,就已经有许多德文作品在探讨霍布斯的国家学说了。1798年,费尔巴哈①的《反霍布斯,或论最高权力的界限与公民反统治者的强制法》首版(也是唯一一版)在埃尔福特问世,他旗帜鲜明地批评霍布斯的国家学说。在这部青春之作里,费尔巴哈这样评价霍布斯:"作为法学教师,霍布斯是专制主义的最狡猾、最一贯的代表,他鼓吹奴隶的服从。"但费尔巴哈因此就错失掉了霍布斯的法学学说的关键点。与此相对,布赫霍茨②以同情的口吻撰写了《新利维坦》(图宾根,1805年)一书,歌颂拿破仑。18世纪末,《利维坦》的德文译本(哈勒,约翰·克里斯蒂安·亨德尔出版社,1794—1795年)出版,它明显是为了抨击法国大革命的信徒。(143)康德的《法学的形而上学基本原理》(1797)完全是在霍布斯的精神感召下所写的。此后,叔本华和康德一样,向霍布斯这位法哲学家和心理学家表达了崇敬之情(凯·冯·布罗克道夫男爵使我注意到了这一事实)。

§3

【霍布斯的重要性】霍布斯宣告了理性王国、光的国度和启蒙之国的来临。但他也察觉到商业社会的到来,随之而来的是野蛮的竞争和资本主义的剥削。他的著名言论"人待人如财狼"和"所

---

① 指保尔·安塞姆·费尔巴哈(Paul Anselm Feuerbach, 1775—1833):德意志法学家,他的主要成就是改革巴伐利亚刑法,推动酷刑的废除,让新的巴伐利亚刑法成为其他国家的榜样。

② 指弗里德里希·布赫霍兹(Friedrich Buchholz, 1768—1843):德意志作家、历史学家、政治思想家。

有人对所有人的战争"经常被用来描述现代社会的境况。当我们说贪婪的人类并不因发达的理性而过得更好，反而过得更差，或者说一旦竞争的跑道打开，思想本身就在这种条件下孕育出贪婪的品性，那么这些说法都是符合霍布斯的思想的。对此，霍布斯肯定会说，为了维持和平，为了在强者面前保护弱者，为了在贪婪者面前庇护贫穷者，就必然需要立法者的理性，需要国家权力的集中。但我们不能认为只靠这些手段就能解决社会问题，实际上，霍布斯仅仅瞥见了近代的曙光。他对科学的见识抱有更多的期待，他期盼的不仅是统治者的启蒙，而且是人民的启蒙。霍布斯乃是典型的近代思维方式的代表，同中世纪的思维方式针锋相对，正像兰克正确地称他为"划时代的哲学家"，"向天主教的观念宣泄着最高贵的反感"（《英国史》第5卷，第468页）。作为圣西门助手的孔德，比历史学家兰克看得更深刻，当他刻画了霍布斯的"革命"性格时，也就同时把握了霍布斯哲学的局限性。根据孔德的正确认识，他所处的整个时代是革命的、否定性的。正像当时各国在国家权力和国民经济领域的激烈竞争，精神生活和哲学领域也充满了斗争，这使得他提出一套可塑性极强的哲学观念，包容新的实证性的、综合的内容。这位上世纪最伟大的思想家播撒着新思想形态的种子。

　　但霍布斯也并不缺乏提出新思想的创见力，在其影响下，斯宾诺莎和莱布尼茨发展了他的思想。经过康德，斯宾诺莎主义在19世纪再度焕发生机。它反过来又影响了一位英国思想家赫伯特·斯宾塞，斯宾塞的思想同斯宾诺莎主义相合，受此激发，他用生成与消逝的概念充实自然科学的知识，并视有机体的发展为自然科学的首要主题。同时，他的观念里包含着思维的辩证原则（尽管他本人隐藏了这一事实）。在斯宾塞之前，黑格尔赋予了辩证法最高的思想地位。如果 20 世纪的哲学想要有所成就的话，那么就必须让霍布斯的思想种子发育出来。

注　释

（1）更准确地说："她感到的恐惧是如此强烈，因此她同时诞下了我和恐惧。"

（2）狄尔泰（《哲学通史》第 5 卷，第 501 页）之所以称这本小册子为划时代的著作，是因为它似乎提出了宗教认识论的问题。关于霍布斯的兴趣，参见本书第 15 页。霍布斯在给佩恩先生（Mr. Payne）的一封信里提及了自己对这本小册子的兴趣，不过佩恩在回信中坦白地承认自己并不理解它（这封信未发表）。

（3）这份题词曾交给小卡文迪什的遗孀审查，参见我撰写的《霍布斯辑录 I》（*Hobbes-Analekten I*，A. G. Ph. XVII, 3 S. 291ff）。

（4）阿图罗·波萨诺（Arturo Bersano）恰当地认识到，对修昔底德的熟识在霍布斯的精神世界里留下了浓墨重彩的一笔。他并非没有根据地指出，修昔底德成了霍布斯未来的法哲学和国家哲学的一个重要来源。他尤其提到米洛斯的故事和修昔底德对此事的评论，以及修昔底德笔下"悲观的"人性论观点及希腊人的野蛮出身，这些都影响了霍布斯对人性的普遍评判。

（5）毫无疑问，《对话》出版于 1632 年，随即因受罗马教廷的迫害而广为人赞赏。霍布斯用复数形式来指对话①，就犯了个错

---

① 指霍布斯用德文 Dialogen 这一复数形式。

误(参考 C. v，Brockdorff，Vjschr. f. wies. Ph. N. F. I. S. 275)。狄尔泰多次谈到(《哲学通史》第 13 卷，第 450 页)卡文迪什圈子以及卡文迪什的使命，尽管纽卡斯尔伯爵属于卡文迪什家族世系，但用卡文迪什来称呼他是不正确的。

(6) 第 16 页，霍布斯撰写过一篇有趣的小论文《论马做直线与环线运动的能力和困难》，如果他写作的时间不早于他同自己第一位心爱的学生一同从事马术运动之时，那么他就是在此时写下这篇文章的。霍布斯这篇文章的手稿藏于威尔贝克，新近由斯特朗编撰出版(*A Catalogue of Letters etc.* exhibited in the library at Welbeck，London，1903)。

(7) 参见布兰德特《托马斯·霍布斯的机械论自然观》，第 163 页及以下诸页。他指出，1637 年之前，霍布斯已经放弃了他在《短论》里将光视作放射过程的做法，而是从介质的角度来理解光的理论。然而布兰德特认为霍布斯关于光的传播的观点只是对笛卡尔学说的修改，霍布斯的《光学论文》直到 1644 年才问世。

(8) 第 18 页，参见由我编辑的《比希莫特或长期议会》，第 33 页。

(9) 霍布斯并没有针对朋友隐匿这本书，现存放于巴黎大学图书馆的一本极稀有的第一版副本就可证明这一事实。霍布斯亲手题写了如下献辞："献给肯尼姆·迪格比先生，这位由上帝创造的出身最高贵、最具美德、最有学问并且做出了最杰出成就的人士。作者签章：托马斯·霍布斯。"[①]我要感谢安德烈·莫里茨

---

① 原文为拉丁文：Domino Kenelmo Digby, genere, virtutibus, scientiâ et factis clarissimo. In signum obsequii ab Authore Tho; Hobbes.

(André Morize)先生(1913)，他善意地送给我一张精美的献辞复印版图。

　　(10) 第22页。这封信写于1646年5月16日，是我所引用的信件里的编号1的信，参见：Archiv für Gesch. der Philosophie Band HI, Heft 1。

　　(11) 第23页。狄尔泰称霍布斯这样讲"既令人震惊，又让人疑惑"(《哲学通史》第13卷，第461页)。在他看来，认为霍布斯禁止梅森向笛卡尔提及他即将出版的著作乃是错误的；梅森既没参与过这件事，也没有谈到过霍布斯禁止他向笛卡尔汇报。对比上一条注释，我们就能得出这个结论。但狄尔泰的疑惑，同他对笛卡尔的美好却也过分完美的"不可思议之人"(同上书，第348页)的形象并不协调。谁要是稍稍研究一下现藏于巴黎国家图书馆的《梅森通信集》，就不会赞同狄尔泰塑造出的笛卡尔形象。笛卡尔其实是一个极其自负傲慢的人，当然，我的这个判断会引来许多人的批评。很有可能还存在着一些尚未被发现或研究的材料，足以更清楚地说明霍布斯与笛卡尔之间的关系，以及霍布斯针对索比埃尔所做的看上去粗野的猜测。把以梅森为中心的学者圈子称作"笛卡尔派"圈子是不正确的。虽然在这个圈子里，正像在其他圈子里那样，笛卡尔有许多忠实的崇拜者(霍布斯的朋友查尔斯·卡文迪什先生也是笛卡尔的崇拜者)，但是他在这个圈子里有更多的对手甚至蔑视者，伽桑狄的信徒的势力明显更大。福里塞森-科勒精彩地论述了梅森的重要性，尽管他谈得并不详尽。参见福里塞森-科勒《哲学通史》第15卷，第394—397页。

　　(12) 英文作品《光学第一手稿》(*A Minute or First Draught*

of the Optiques）收藏于大英博物馆（Harl，3360）。除了结论段落，霍布斯致纽卡斯尔伯爵的献辞也印制出来了，见 E. VII，467-470；这篇作品第一章里的一部分收录于福里塞森-科勒《哲学通史》第 16 卷，第 71 页。第二章经过一些删节并被翻译成拉丁文，最终成了《论人》的第一部分。

（13）多亏布兰德特的贡献，他在梅森的《物理学与数学的思考》（*Cogitata*）一书里发现了梅森做的笔记。布兰德特猜测，霍布斯的这部手稿即《论物体》的完整底稿。《论物体》包含了 30 个章节，其中的第 28 章处理的是硬度问题，根据梅森的说法，第 28 章就在手稿里。这的确值得我们重视，按照霍布斯自己所说的，他本人在近乎十年前便已制定好了关于这三部作品的计划，但他不可能用另一个名称来称呼第一部作品的底稿。根据霍布斯的说法，这部手稿仅仅成了《论物体》的一部分，而且这个部分在后来明显经过了全盘修改。不过布兰德特正确地强调说，梅森手头的这部霍布斯手稿的创作过程，完全没受到笛卡尔《哲学原理》的影响，它同样于 1644 年面世。布兰德特在他的著作的第 178 页错误地引用了卡文迪什写给佩尔的一封信，这封信写于 1644 年 9 月，信里谈论了霍布斯的"形而上学"，但并没有提到布兰德特所引述的以下内容：卡文迪什相信，霍布斯并不喜欢笛卡尔的新书《哲学原理》里与"自己的形而上学"重合的内容，也就是说，不喜欢笛卡尔的沉思。布兰德特教授后来写信给我，承认了他的这个错误。涉及霍布斯致索比埃尔信里所谈的《论公民》的版本问题，布兰德特的说法是有道理的，即霍布斯表达出了对笛卡尔的深深的不信任感。霍布斯当时想要尽快出版他拉丁文版的光学著作

（他最后用英语完成了这部作品，并且将此献给了纽卡斯尔公爵）。他想必知道，笛卡尔不愿看到他的书出版，这从笛卡尔的内心来讲完全是有可能的。

（14）许多年前，我从汉堡市立图书馆获得了这篇文献以及相关未出版信件的副本，原稿就收藏于汉堡图书馆。它已经被翻译成了德文，收录在《吕贝克的约阿希姆·雍吉同其学生和朋友的来往信件》一书里（第 436—442 页），编者为医学博士阿维-拉勒曼（Dr. med. Robert. C. B. Avé-Lallemant）。编者错误地提到了"卡文迪什伯爵"。我打算将我手头的原稿的副本放到"霍布斯辑录"里一道出版，只要材料收集完备且最终能以一本书的形式问世。雍吉曾回信说自己并没理解霍布斯提出的定理，不过似乎在他看来，这些定理将在未来发挥强大的作用，人们将更好地判断它们，只要霍布斯能完成他的推理。

（15）根据伯奈特主教（《我自己时代的历史》第 1 部分，第 161 页）的说法，白金汉公爵本应积极推动此事，以此来"腐蚀"未来的国王。不过这没有排除我的推测。在查尔斯·卡文迪什写给佩尔的一封未发表的信里，哲曼勋爵（Lord Jerman/Jermyn）被称作授予霍布斯"恩宠与荣誉"的人："因为我确认他（按：指霍布斯）在此的朋友们没有插手此事。"（巴黎，1646 年 12 月 7 日）

（16）圣日耳曼，1646 年 10 月 4 日，1. c. 第 194 页。

（17）巴黎，1647 年 3 月 22 日，1. c. 第 199 页。

（18）卡文迪什致佩尔的信，1645 年 5 月 1 日或 11 日。瓦勒的报道见奥布里《名人小传》，第 336 页。1648 年 8 月 2 日，卡文迪什从鹿特丹致佩尔的信里也证实了，笛卡尔最后一次居留巴黎

280

时,会见了霍布斯:他们二人做了交谈,在一些观点上达成了一致,却也在另外的一些问题(比如硬度的本质)上的分歧越来越大。卡文迪什亦确证了我们从奥布里那里看到的报道(S.233,n.76),霍布斯承认笛卡尔是一位好的"几何学家"。他说,如果笛卡尔把所有时间都投入到几何学研究的话,那么他将超越其他所有的人,不过我们还是应当将罗贝瓦尔(Roberval)、卡瓦列里(Cavalieri)、费马(Fermat)以及托里拆利(Torricelli)放在更高的位置上。卡文迪什在1644年(8月16日或27日写于汉堡)就曾表达过自己的心愿,即让霍布斯先生与笛卡尔先生彼此了解、相互欣赏。

(19) *The Life of the Thrice, Noble, High and Puissant Prince William Cavendishe, Duke etc. of Newcastle...* 伦敦,1667年,第143页。

(20) 教皇使节孔戴·巴贝里尼(Conte Barberini)以独特的方式刻画了纽卡斯尔,后者当时正统管着威尔士亲王的教育:"伯爵对宗教是很冷淡的,他憎恨清教徒,嘲笑新教徒,极少信任天主教徒。当我同他交谈时,我总感觉自己有必要让他接受普遍的原则,承认为人处世的公理,即人在怀疑的境地里,最好去选择更安全的方案。"(R. Gardiner, *History of England VIII*,第244页。)这位勇敢的将军(按:指纽卡斯尔)显然没有给耶稣会士(似乎更准确地说是罗马使节)的活动留出多少余地;他们的交流也只限于通常的宫廷侍臣间的交往模式,且纽卡斯尔把关系处理得恰到好处。值得关注的是纽卡斯尔侯爵在几年前撰写的论文《论政府》,在查理二世返回英国后,他将这篇论文作为一篇国家纲领献给国王。我们可以想象,他同霍布斯不断相互激发思想,可参见斯特朗编撰的信件集。今日看来,他们关于飞翔的讨论想必尤其令我们感兴趣。

(21) 见于奥布里《名人小传》,安德鲁·克拉克(Andrew Clark)编,伦敦,1898 年。在迄今我们所知的唯一一封霍布斯写给伽桑狄的信里,霍布斯最后如此写道:"我想要见到您,但万一我见不到您的话,我希望的不但是您过得好,而且是我知道您过得好。因为当我研究人的时候,我知道人都是有朽的,但是您的美德是超越这种有朽的知识的。"①索比埃尔在《伽桑狄全集》的前言里报道说,霍布斯并没能对伽桑狄的《形而上学探究》(*Disqui-sitio Metaphysica*)一书感到足够的惊叹,伽桑狄撰写这本书是为了反驳笛卡尔。霍布斯曾说,英雄(伽桑狄)似乎从来都抵挡不住虫豸们的反击,这些虫豸们很轻易地就能在轻盈的空气中散开,刀剑触及不到它们,木棒打击不了它们。"这位充满才智的人(vir emunctaenaris)是这样理解笛卡尔的沉思和伽桑狄的上述研究的。"

(22) 1649 年,乌尔费尔德在海牙任国务大臣,他同荷兰各省签订了海峡条约;在此,索比埃尔结识了他(参见 *Voyage en An-gleterre*,第 149、154 页)。索比埃尔在《论公民》法译本献辞中写道,霍布斯花了 30 年时间思索世间事物,之后,他通过观察,创造出了一套精致的理论结构,这体现在《论公民》一书里。索比埃尔为自己的译本加上了一篇短论(Discours),首先要去澄清别人针

---

　　① 原文为拉丁文:Opto interea praesentiam tuam: quâ si cariturus sum cupio non modo ut valeas, sed ut idipsum te valere sciam, qui quantum ego in hominem inspicere possum, scientia. omnes mortales, ut scientiam virtute superas.

对他的异议,也就是说,他只是作为译者翻译了《论公民》,而对本书的内容不负有责任。然而他特别要为指向自己的两项指控辩护:第一项指控说他作为一位公民,却在荷兰共和国出版一本支持君主制的书;第二项指控说他作为改革宗的支持者,却选择翻译一个将所有宗教等同视之的作者的书。索比埃尔为这两项指控提供了详尽的反驳意见。鼓吹君主制的国家形式的确是霍布斯理论体系的唯一要点,而且他只认为这种国家形式是可能的,只认为它是值得探讨的问题。许多人都相信霍布斯的目的在于在英国重建君主制国家,因而内战期间,他仍然忠于前任国王,遭受到和其他忠于国王的人同等的待遇。"但实质上,如果人们不带任何感情色彩地看待他的思路,那么他们就会认识到,他并没有比赞成许多人的统治更多地赞成君主的统治。"他其实关心的只是建立绝对的国家权力。一位如此机智的学者懂得要在公海航行,绝不能靠近某一海岸,因为这样做必然会招致危险。至于宗教问题,人们在此要理解,霍布斯探讨的是人类的和平与和睦。"因为宗教争端往往是我们产生意见分歧的主要原因,所以霍布斯试图去根除宗教争端,他提出'基督就是耶稣'乃是救赎的唯一信条,所有其他的信条皆植根于统治的野心、对利益的追求,最后还有对名声的渴望,因而一切宗教社团里的神职人员以及致力于教导民众的人皆如此。"索比埃尔坚定地站在这一立场上,他最后表达了自己的期望,即理性的人懂得尊重霍布斯,莫要误解他的意图,他实际上在教导我们彼此宽容,切断一切通往争端的道路……从霍布斯的同时代人及其朋友的言论里,我们可以发现一条诠释他的主要思想的确切线索,这条线索特别值得我们关注,因为今日各国的解释者（他们实际上相互抄写而已）仍将霍布斯视作君主政体和英国“高教会”①（很多人习惯于这样错误地称呼英国教会）的维护者，进而荒谬地称他为不宽容政策的辩护士。

（23）佛罗伦萨，1636 年 4 月，E. VII，454；巴黎，1636 年 6 月 23 日至纽卡斯尔的信。荷兰人格劳秀斯针对塞尔登的书，撰写了著名的反驳文《海洋自由论》。

（24）书名全称为《利维坦，或教会国家和市民国家的质料、形式和权力》。第一章“论人类”；第二章“论政治体”；第三章“论基督教国家”；第四章“论黑暗王国”。

（25）综述与结论，E. III，701—714，这里引自第 713 页。

（26）兰丁手稿，见于乔尼对培尔的《历史与批判词典》一书的增补。

（27）*A Brief View and Survey of the Dangerous and Pemidous Errors to Church and State in Mr. Hobbes's Book, Entitled Leviathan*，伦敦，1676 年，第 7 页及以下诸页。此前，海德在致伯威克博士（Dr. Berwick）的信里（这封信标明来自布鲁塞尔，日期是 1659 年 7 月 25 日）写道：“托马斯·霍布斯是我的老朋友，但我无法饶恕他对国王、教会、法律以及国家犯下的罪恶。”他已听闻现在许多教师（显而易见是牛津的教师）不带学生读其他的书，只读《利维坦》了。参见 *Life of Dr. Berwick*，伦敦，1724 年，附录，第 429 页。

---

①　高教会（Hochkirche）是基督教圣公会的派别之一，与“低教会派”相对。最早于 17 世纪末开始在圣公会使用，在 19 世纪因为牛津运动和英国天主教会派的兴起而流传于英国。它主张在教义、礼仪和规章上大量保持天主教的传统，要求维持教会较高的权威地位，而得“高教会”之名。

（28）弗朗西斯·哥多尔芬的兄弟悉尼·哥多尔芬是一位才华横溢的贵族青年,不幸在内战中丧生,最后为霍布斯留下了200英镑的遗产。霍布斯首先从海德那儿了解到泽西岛上发生的事情。事实上,霍布斯将《利维坦》题献给了弗朗西斯·哥多尔芬,不过他本人并不认识弗朗西斯。

（29）据说现在收藏于大英博物馆的手稿副本（Egerton,1910年）同当年被驱逐的王子收到的手稿是一样的。参见罗伯逊《霍布斯》,第11页;斯蒂芬《霍布斯》,第41页。

（30）参见拜里（Robert Baillie）,*Letters II*,第388、395页。第一封信写于1646年8月13日,第二封信写于1646年9月8日。

（31）"很多学者来巴黎觐见国王,他们被祖国放逐,痛苦、贫乏而艰辛。"[①]*Vita c. e.* L. I, XCIII.

（32）*Vita carm exp.* L. I, XCIII. 当霍布斯说一个教会的党派（即长老会）强迫他从英国到法国,另一个教会的党派（即圣公会）则强迫他从法国返回英国,这是符合事实的。参见 L. IV. 237。

283　　（33）巴黎,1651年9月22日,lettre CCCXCVIII à Falconet,Lettres publ. Reveille II, 593。关于霍布斯生的这场病,一段由奥布里报道的轶事很可能是真的（《名人小传》,第357页）,他从普巴克公爵夫人（Gräfin Purbac）口中听闻了这个故事。"托马斯·霍布斯先生在法国生病时,一些神职人员来看他、烦扰他,其

中有罗马天主教士、圣公会教士、加尔文派教徒，因此霍布斯对这些人说：'让我安静，要不然我就揭露你们所有的骗局，从亚伦直到你们这帮人。'"

（34）Evelyn，*Diary and Correspondence I*，第 268 页。

（35）参见我编辑的《比希莫特》，第 169 页。

（36）致哈顿勋爵（Lord Hatton），*Publ. Camden Soc*. I. S. 第 286 页，比较 *Clarendon State papers* Vol. II，第 122 页。

（37）Mercurius pol. Nr. 31 (den 1. /9. 1651)-34, in *Bodleian library*，Oxford.

（38）卡莱尔（Thomas Carlyle）《克伦威尔的信件与演说》第 3 卷（*Cromwells letters and Speeches III*），第 59 页，第 62 页。

（39）只有霍布斯的一位对手证实了这一点，参见约翰·道威尔（John Dowell）《异端利维坦》（*The Leviathan Heretical*），第 137 页，伦敦，1683 年。我在伽迪纳的书里也发现，克伦威尔在一定程度上同情霍布斯，参见 *History of the Commonwealth and Protectorate*(1897). Vol. II，第 174 页。在历史学家看来，霍布斯的保护者们让他不至于因"其反清教的苦心之作"受到打扰，这恰恰体现出时代的某一症状，即在复辟之前，针对清教的反抗运动就已经如火如荼地展开了（同上书，Vol. III，第 233 页）。保护者们也怀着善意的期许看待霍布斯，我可以在此援引一份文件，即诗人瓦勒在 1657 年写给霍布斯的一封信，我自己手头也有这封信的副本。瓦勒是克伦威尔的拥护者，他在很长的一段时间里都兴致勃勃地想把《论公民》翻译成英文，但最后还是打消了这一念头，因为他觉得没有人比作者本人更适合做这件事。

（40）塞尔登本人也对此做过报道,参见罗伯逊《霍布斯》,第187页。塞尔登的遗嘱收录在他公开发表的作品集里,但我没有从中发现这项报道,我猜测这只是一个误传的消息。塞尔登去世于1654年,哈维去世于1657年。

（41）考利的颂诗称一种新哲学超越了亚里士多德的哲学,霍布斯便是新哲学的伟大代表。参见波洛克(Sir F. Pollock):《霍布斯》(Hobbes),《国家评论》(*The National Review*),1894年9月,第33页。我从此文里摘引了上述说法。

（42）霍尼希(Fritz August Hoenig)在《克伦威尔》(第3卷,第359页)里声称诗人考利和霍布斯皆为首先被捕、之后被释放的人士,但他并没为这一不太有可能的说法提供依据。我们只知道,考利是霍布斯的崇拜者和朋友,前文已经谈及他们的关系。

（43）几年前,斯塔贝致霍布斯的信就被发现藏于大英博物馆。它们主要涉及同沃利斯的争论。从霍布斯这一方看来,他显然明确地支持对立于长老派的独立派,信里一处说道:以后大学里的长老会势力将无以为继。

（44）教皇统治下的一切皆如此;教士讲授"空虚的哲学",其中充斥着难以捉摸的、烦琐的上帝观念,充斥着空洞的话语和永恒的争执。参见戈德温(William Godwin),《共和国的历史》第4卷(*History of the Commonwealth IV*),第96页。但霍布斯在赞助人的庇护下,于1657年出版了一部论战著作,他在其中颂扬上帝为彻底改造大学的神学精神,将再次降临。参见E. VII,400。

（45）*Geometriae Hobbianae Elenchus*.

（46）In *T. H. philosophiam Exercitatio epistolica*.

（47）致索比埃尔，伦敦，1656 年 1 月 8 日，1. c. 第 209 页。

（48）在伦敦，后来皇家学会就是在此基础上建立起来的。

（49）我没有再进一步地讨论霍布斯同沃利斯之间的不愉快的数学争论，许多著作和驳论都在延续这场争执。罗伯逊对此做了细致的、批判性的报道，参见《霍布斯》，第 167—185 页。我并无评判谁对谁错的资格，但我相信在这件事情上，罗伯逊对霍布斯的判断太过苛刻，我的这位已故的朋友没有公正地看待这场争论的历史意义。最近注意到这个问题的几位德国数学家曾向我保证说，霍布斯批评将代数方法运用于几何学的做法，乃是十分奇特且亟须引起重视的，甚至有必要专门撰写一篇书面的研究来考察这个问题。不过到目前，我还没看到相关的讨论。许多材料证明作为数学家的霍布斯彻底失败了，惠更斯和奥登堡（也即波义耳）通信里的几处地方就很好地说明了这一点，参见布罗克道夫的文章的第 15 页。另外，布罗克道夫在此处也强调了，霍布斯的数学和物理学深刻地影响了斯宾诺莎与莱布尼茨这两位伟大的哲学家。参考本书注释第 83 条与第 120 条。

（50）参见哈德威克文献（*Hardwick Papers*），得益于此前德文郡公爵的善意，以及我们大名鼎鼎的同胞学者马克斯·穆勒先生的斡旋，我在 1878 年曾阅览过这批文献。关于霍布斯的答复，迄今我们掌握的仅仅是我在巴黎发现的他写给索比埃尔的信。他的巴黎通信人大多是医生。

（51）几个月前，伽桑狄通过这位杜·普拉特收到了《论物体》一书，据说他亲吻着这本书并呼喊道："真的，其中蕴藏着最甜蜜的智慧的内核。"

（52）1660 年 1 月 23 日，l. c. 第 213 页。

（53）*Voyage en Angleterre*. 科隆，1664 年，第 96 页。

（54）*Somers Tracts VII*，第 370 页及以下诸页。我在此只想捎带地谈谈这个奇特的故事，即人们首先如何试着在文学史上窜改它的。安东尼·伍德在其宏大文选《牛津大学的历史与古物》里曾撰写过一篇对霍布斯极其友好的文章。此后，该书的拉丁文版经过了费尔（Dr. Fell）博士的修改，费尔抓住这个机会，删去了这篇文章里的赞美言论，突出诽谤言论。对此，霍布斯恰当地做了讽刺性的辩护（1674）。

（55）《答复布兰哈尔主教》写作于 1668 年，然而直到哲学家去世后才发表出来，上述言辞就引自该文。十年前，尚居留于法国的布兰哈尔主教写了《捕捉利维坦这条大鲸鱼》这部著作，但霍布斯后来才知道这本书，似乎他生前并未把答复文公诸于世，因为就在他撰写答复文时，主教已去世了。至于霍布斯对喜剧作家的评论，收录在一部很罕见的对开本文集里，这部文集藏于大英博物馆，标题是《由几位尊贵而博学的人士撰写的信件和诗歌集，作为讲述已故的纽卡斯尔公爵和公爵夫人生活的重要题材》（*A Collection of Leiters and Poems Written by Several Persons of Honour and Learning*，*upon Divers Important Subjects to the Late Duke and Dutchess of Newcastle*，London，printed for Langly Curtis in Great Yard or Ludgate Hill MDCLXXVIII）。霍布斯的信在第 67 页。乔治·罗伯逊也正确地强调说：经历了内战，英国人的心灵（他的说法是"显要人士的心灵"[the minds of the main body]，这自然首先指贵族）产生了根深蒂固的信念，即如果一个人不能对教会忠诚(a true churchman)，那么他就不能成为真正的王党人士。"然而霍布斯是持宗教自由论的思想家，至于宗教仪式采取何种形式，他并不关心，因此他显然对教会不忠。"布罗克道夫恰当地指出(上述文献，第20页)："霍布斯就是要告诫他人，让他人不要把他看作某个党派谋取利益的思想家。相反，他为自己能独立思考而感到骄傲。"

(56) 我曾对这个问题做过细致的讨论，参见 A. G. Ph. XVII，第35、316页。事实上，霍布斯受到皇家学院的高度重视，有一些事实可以证明：比如在其有生之年里，皇家学院都悬挂着他的两幅肖像；比如学会秘书在他生命的最后几年里仍尽力争取他的思想成果。

(57) 这篇文献是匿名出版的，参见上文。

(58) *Calendar of State Papers*，1666年，第209页。怀特的作品多为拥护肯尼姆·迪格比先生的哲学之作，肯尼姆于1630年成为新教徒，此后又在1635年重归圣公会的怀抱。他的父亲曾参与火药阴谋案(1603)。弗赖登塔尔(Jocob Freudenthal)撰文讨论过肯尼姆的祖叔父、天主教哲学家埃弗拉·迪格比先生(Sir Everard Digby)，参见 A. G. Ph. IV，450 ff. 反对霍布斯与怀特的提案已上达贵族院。至于当时的贵族院与平民院的关系怎样，我们可以这么说：贵族院里有自由的思想家，但更多的是天主教徒或同情传统教会的人；平民院里的人则站在两方之间，或者说，对两方皆充满敌意。

(59)《塞缪尔·佩皮斯回忆录》(*Memoirs of Sam. Pepys*)，1668年9月3日，"因为主教不希望这本书重版"。

（60）奥布里《名人小传》，第357页。斯宾诺莎的作品出版后不久，诗人埃德蒙·瓦勒就将它寄给德文郡勋爵，请求他询问霍布斯的看法。霍布斯是这样答复伯爵的："莫评判，以免自己受评判。"①（出自《马太福音》7：1）很显然，他想说的其实是，即便书里讲述的不是他公开传播的学说，但他自己的观点无疑包含在书里。霍布斯对奥布里说过，斯宾诺莎刺进他心里一横杠的长度（he had cut through him a barre's length），因为他本人没有那么大的胆量，写下这样的文字。我觉得自己并不能确实无疑地解释霍布斯这句英文的意思，但它似乎包含着这样的含义：斯宾诺莎就像一把剑那样穿进他的心灵。他甚至亲历了和斯宾诺莎等同对待的命运，1671年春季，荷兰的主教会议向各省提交了一份郑重的控诉声明，把矛头指向各种"索齐尼派的渎神著作"，其中，"被称作《利维坦》的霍布斯的名作"以及"所谓神学政治论"被等量齐观。三年后，禁令正式生效。参见波洛克（Pollock）《斯宾诺莎》（Spinoza）第二版，附录。

（61）《比希莫特》由我编订，可见上文的叙述。

（62）第一部且唯一一部完整的、准确的《比希莫特》本子是由我编订出版的，同时，我复原了本书的副标题（"长期议会"），用它来解释主标题（伦敦，1889年版）。

（63）我曾在1878年得到这篇献辞的一份副本，不过很可惜，我当时没有记录下在何处发现原稿的。如果没记错的话，原稿应该收藏于哈德威克城堡的霍布斯档案馆。献辞开头写道："测圆法难道不是整个几何学中最美丽的部分、最适宜于自由的天赋？

---

①   原文为拉丁文：Ne judicate ne judicemini.

我想无论是你（高贵的先生啊），还是其他任何人都不能怀疑的。"①测圆法不仅包含着整个几何学的原则，而且包含着全部自然哲学的原则。无论圆形的范围有多大，它都完全取决于周长同半径的这一唯一确定的关系。这就是 π 的价值，霍布斯以及在他之前的韦达（françois viète）和鲁道夫（Ludolph van Ceulen）都尝试探求 π 的价值。这篇献辞也指出，霍布斯在其《十日谈》的附录（E. VII, 178-180）里已尝试考察直线同象限半弧之间的关系。

（64）朱瑟朗（J. J. Jusserand）《一位法国公使在查理二世宫廷的见闻》(*A French Ambassador at the Court of Charles II.*, London 1892)。科瓦勒夫斯基教授（Hr. Prof. M. Kovalevsky）使我注意到这篇文献。

（65）事实上，我们可以肯定地说，霍布斯没有领取像这样的年金。参见奥布里《名人小传》，第 384 页。

（66）霍布斯致奥布里的未发表的信，藏于博德利图书馆（Bodleian Library）。同时参见他写给国王的（未标明时间的）请愿书，E. VII, 471。

（67）参见保留在哈德威克文献里的账簿。

（68）布罗克道夫教授提醒我注意，这个问题以及解答这个问题也是法国启蒙主义者的特殊兴趣所在，他们对此做了大量考察。布罗克道夫提到卢梭写给德·奥弗维勒（M. d'Offreville）的信，1761 年。

---

①　原文为拉丁文：Quin Cyclometria totius Geometriae pars pulcherrina sit et ingenio liberali dignissima, neque te (nobilissime Domine) neque alium quenquam dubitara posse puto.

(69) S. Gardiner，*History of the Commonwealth II*，6.

(70) *A Brief Survey*，第 3 页。

(71) 参见狄尔泰 1904 年在普鲁士皇家科学院的报告；同时参见他的《哲学通史》第 13 卷，第 446 页及以下诸页。

(72)《霍布斯》，第 23 页。

(73) 布罗克道夫《霍布斯》，第 71 页。他准确地指出，自己在此发现的霍布斯的宗教心理学线索是十分有趣的，其中就包含着感激（Dankbarkeit）的情感成分。假如布罗克道夫认识到，霍布斯文本的若干处已预先呈现了共同体概念与社会概念之间的对立，那么他应该对此有更深刻的体会。我能提供证据证明，霍布斯推进其理论的进程中，越来越意识到社会和国家源于人为的抽象构造。

(74) 在整个中世纪晚期，所谓"教皇在教义事务上的判断无过错"乃是正确的信仰，尽管教皇的判断本身不是教义。"因为在中世纪，教皇无过错并非一个教义，它也很少被视作一个合理的观念。"参见波洛克（Sir. F. Pollock）《自然法的历史》（The History of the Law of Nature），《比较法协会期刊》（*Journal of the Society of Comporative Legislation*），London，1900。我之所以注意到了这一点，是因为我的善意的批评者保尔·亨泽尔（*Paul Hensel*）教授对此提出了怀疑，A. G. Ph. X. N. F. HI，p. 303。

(75) 歌德（Goethe）《颜色学历史材料》（*Mater，z. Gesch. der Farbenlehre*）第 3 部，中间考察。

(76) 拜利（Jean Sylvian Bailly）《现代天文学史》（*Hist，de l'astronomie moderne*），第 76 页。

　　(77) 阿佩尔特(Ernst Apelt)《天文学变革》(*Reformation der Sternkunde*)，第 160 页。

　　(78) 施普伦格尔(Kurt Sprengel)《药理学史》(*Historie der Arzneikunde*) 第 4 卷，第 27 页。

　　(79) 普涉(Félix Archimède Pouchet)《中世纪自然科学史》(*Histoire des Sciences naturelles au moyen âge*)，巴黎，1853 年，第 263 页。

　　(80) *Paralipomena ad Vitellionem sive Astronomiae pars optica* (1603).

　　(81) *Il Saggiatore*，第 25 页；Opere ed. Alberi VII，第 354 页。

　　(82) 参见纳托普 (Paul　Natorp)《笛卡尔的认识论》[288] (*Descartes' Erkenntnistheorie*)，第 123 页。

　　(83) 关于霍布斯与培根的关系，有必要参见布罗克道夫，第 3 页；同时可进一步参见布兰德特的著作，比如第 381、386 页以及注释 72。

　　(84) 唯名论学派捍卫这样的学说：普遍者不存在于事物之内，而仅仅存在于名称之内。

　　(85) 参见纳托普，同上书，第 135 页及以下诸页。

　　(86) 我在大英博物馆的哈德威克第 6796 号文献(Harl. 6796)里发现了它，并将它收录到我所编定的《法的要素》一书里，作为此书的第一篇附录。我给这篇手稿取名为《第一原理短论》，福里塞森-科勒教授首先对此文做了一番深入的研究。结合我所确定的霍布斯写作的年代顺序，科勒孜孜不倦地尝试证明：霍布斯写作这篇手稿之时，尚未接受新的机械论观念，这篇手稿的内容也是由培根的自然观决定的。科勒的解释的内核在于：他假设霍布斯接受了培根的动物灵魂（spiritus animales）的学说，并更清楚地指明对感觉与意志行动的分析完全基于对动物精神的运动的分析。正如培根所说，任何关于物质条件的片面考察，只有从万物有灵论的自然观出发才是可理解的。和科勒的判断一致，阿伯特（Edwin Abbott）认为应当承认培根可能，甚至极有可能影响了霍布斯的观点，这篇手稿就佐证了这一事实。我不否认上述看法本身包含了一些假象（Schein），尽管它根本不能证明霍布斯的哲学源于培根的哲学。哲学史大多能不断地更新，恰恰仅由于这些惯性因素。不止如此，因材料证据不足，这些假象无法被有效地澄清。培根与霍布斯的思想创造，无疑有某些共同的源流（比如意大利文艺复兴时期的自然哲学）。他们那个时代的国族意识的重要性，根本无法同我们这个时代相比。用拉丁文写作的书籍在当时乃是学者共和国（Gelehrtenrepublik）的共同财富。霍布斯写这篇论文，完全有可能不受培根的自然哲学影响，而是受到了康帕内拉的启迪。布兰德特更深入地解读了这篇短文①的内容，并且探究它的原创性。他得出的结论是：对今日的读者而言，这篇文献的无论哪个方面，想必都会令人感到失望，它的特征明确基于一种特殊的理论尝试，即只用运动（位移运动）来解释知觉过程以及更高等的心理机能。我们还可以看到，霍布斯如何以批判

289

---

①　布兰德特准确地推测说，这篇论文的第3节的结论5（我编定的版本，第207页）应读作"它不能被更新"（it cannot be renewed）或"如果它被更新的话"（if it be renewed），这两句话都不能用"排除"（removed），而得用"更新"（renewed），参见布兰德特的书，第36,396页及下页的注释。——作者原注

的态度摆脱了经院哲学的预设。就像他否定感觉质的客观性,他拒绝用所谓"灵魂"或"形式"的"自由能动者"来考虑因果性,剩下的便只有必然的因果关联与运动。我推测这篇短文写于1630年,而布兰德特通过结合霍布斯的自传,对其思想发展历程做更精确的分析,似乎进一步地佐证了我的推测。因为《短论》探讨的主要对象乃是长久以来沉睡在霍布斯心中的问题,如今他的哲学兴趣却被再度唤醒,这个问题就是:什么是感觉?[①] 这位丹麦学者还考察了当时最受尊敬的作者们如何看待这个问题,以此来检验霍布斯是否依赖前人,以至于不具备思想的原创力。他令人信服地驳斥了科勒的判断,即霍布斯依附于培根(培根将感觉质理解为无形之物,而且在媒介的作用下才发挥效果;相反,霍布斯认为感觉质与媒介不能共存;对培根而言,感觉质是寓于人之中的属性)。同时,他在这一点上还强调霍布斯不可能受伽利略或苏亚雷斯的决定性影响,尽管像苏亚雷斯这位中世纪晚期的经院哲学家在当时的英国极负盛名。在他们的学说之间做比较既重要又有趣。科勒的另一个说法也不正确(见科勒的著作,第398页),即霍布斯更多地遵循了"笛卡尔的榜样"而非伽利略的科学道路(比如他说"霍布斯在笛卡尔的体系里发现了科学的典范"等)。实际上,笛卡尔的哲学体系问世时(1644),霍布斯自己的物理学与心理学的全部实质要素已经形成了,并且已为他的朋友们知晓。至于政治学,我们无须质疑霍布斯的原创力。在折光学的问题上,没有人对他的影响能超过伽利略。假如霍布斯的确受到培根哲学的影响,他却对此沉默,那么这真是一件奇怪的事。事实

---

① 原文为拉丁文:quid esset sensus?

上，他根本没有理由保持沉默，相反，他一定会在诸多知名的人士面前公开推崇培根。但他认识到、感知到了培根与伽利略之间的巨大差异，对他而言，伽利略才是一位真正的自然哲学家。直到今天，我依然抱持着自己在1886年表达的看法，即霍布斯的《论物体》的"作者献辞"里对哥白尼、伽利略与哈维的称赞。"此前，在物理学里，除了每个人做的实验对他自己有某种确定性外，没有任何更确定的东西，要是自然史也要被称作确定的学科的话，那它并不比政治史有更多的确定性。"这里提到的自然史指的正是培根的《木林集或自然史》一书，它由10个世纪的实验（Experimentorum）组成，霍布斯之前（1648）在《论物体》拉丁文版的第一版简要提及了培根的这本书，参见我的文章，*S. Philos. Monatshefte*，XXIII，5 u. 6. S. 295。与此相对，大法官的名言警句一定令霍布斯印象深刻；我们随处都可以找到证据，比如霍布斯在《论公民》第16章第1节里谈到几乎不可能避开的两块岩石，即无神论与迷信。

（87）这篇论文首次被收录到由我编订的《法的要素》里（附录2）。

（88）在后一处地方（sub 13），霍布斯再次处理了笛卡尔的倾向（Inklination）概念：1）它要么意味着运动的可能性（潜力[potentia]），因而它不是运动，但也不是运动的驱动或开端，不是运动随之而来的效果；2）它要么意味着朝向一个确定方向的运动的可能性，故而它是一种驱动和效果，是真正的运动，即便它的运动程度更小，因为它仅是运动的开端或运动的第一部分；不过运动的任何部分即运动本身。

(89) 布兰德特提供了极有价值的证据(第 2 章),证明被认为已丢失了的霍布斯写给梅森的第二封信(信中内容涉及笛卡尔)的第二部分,同 1644 年梅森编订的霍布斯《光学论文》一致(Opp. lat. V,217 bis 248)。我赞成布兰德特的看法,因此收藏于大英博物馆的论文(我出版了这篇论文的摘要)的写作时间要晚一些。我至今相信,这篇论文是在霍布斯了解了笛卡尔的折光学之后立即撰写的。但正像布兰德特强调的那样,只要还没深入研究霍布斯未发表的光学论文,那么真实的情形毋宁说仍晦暗不明。我必须节制自己下判断,而要去进一步地考察它。尽管在当时,霍布斯的光学研究的片段已广为人知,但奇怪的是,我们无论在传统的光学史还是新近的光学史里,都看不到霍布斯的名字。布兰德特对此也感到震惊,震惊指引他发现了一个令人瞩目的事实,即普里斯特利(Joseph Priestley)从萨瓦里安(Alexandre Saverien)的《通用词典》(*Dictionnaire universel*,1753)里抄写了牛顿前人论折射问题的章节。他们两人都将德绍尔神父(Pater *Deschalles*)和随后的巴罗(Isaac Barrow)(《光学教程》[*Lectiones opticas*,1674])称作笛卡尔和费马之后的折射假说的发起人。但折射假说是由霍布斯在《光学论文》(1644)里提出的。布兰德特指明,巴罗直接将霍布斯的论述和相应的图形拿过来放进自己书里。至于巴罗和法国耶稣会士的关系,巴罗本人既认为耶稣会士的思想可疑(然而他应当比较了解梅森),但又将此看得无足轻重。无论如何,霍布斯在这个问题上的优先权是确定的。

(90) 出自霍布斯未出版的英文光学论文,这篇论文的献辞此前就已完成了,P. II,Ch. 1。赫尔曼·施瓦泽(Hermann

Schwarz)更深入、更细致地比较了霍布斯与先前的经院哲学家的作品,指出霍布斯用"机械论的方法根除了经院哲学的知觉假设"(莱比锡,1895年)。而我在撰写本书第一版时,尚未看到施瓦泽的著作。我在此必须指明,施瓦泽的书乃是对我的著作的有力补充。这本书不仅带有史学研究的特征,而且是一部体系性的作品(所谓"批判实在论"之作),但在我看来,它的贡献更多体现在史学研究方面:它的第一部分的第一节探讨经院哲学里的直接认识的问题;第二节从唯名论的角度,探讨霍布斯与笛卡尔那里的直接认识的问题,他尤其谈到比尔(Gabriel Biel)对唯名论的转化如何影响了霍布斯与笛卡尔。作者正确地注意到,在霍布斯学说里,理性主义思维方式和经验主义思维方式是交汇在一起的:他的经验主义体现为,将有形的实体设定为认识的对象;他的理性主义则体现为,仅将对外部事物诸性质的感性认识看作实在者,而思维本身只是运动的回响(Nachklingen)。由于他的理性主义立足于经验主义,故而在他看来,所谓独立自主的认识不可能存在。在这本书的第二部分,施瓦泽考察了诸感觉性质的问题,他分别论述了:A)霍布斯的现象论;B)笛卡尔的二元论;C)霍布斯的唯物主义。过去因对霍布斯的各种片面解释导致的难题,如今都已完美地解决了。近来福里特约夫·布兰德特彻底地研究了这个问题,他特别着眼于从霍布斯在1636年写给纽卡斯尔伯爵的信来理解其思想的发展,信里的内容涵盖了霍布斯关于诸感觉性质,尤其光和颜色的看法,事实上,这都发生在霍布斯知晓笛卡尔的折光学之前。布兰德特在他的书的第399页批评了施瓦泽,在他看来,当施瓦泽将《短论》追溯到原子论者,而且认为霍布斯写作《短论》时还不了解伽利略的机械理论，而只从唯名论出发，那么施瓦泽便误解了《短论》。施瓦泽恰恰没有看到《短论》里最重要的内容乃是诸感觉性质的主观性。

(91) 索比埃尔在《伽桑狄的生平》(*Vita Gassendi*) 一文里证实了霍布斯的说法。根据奥布里的讲述（《名人小传》，第 367 页），霍布斯对笛卡尔很尊敬。"霍布斯先生常说，笛卡尔要是专心致力于几何学，就会成为世界上最优秀的几何学家。但他不能宽恕笛卡尔为变体论(Transsubstantiation)辩护，这样做既有悖于霍布斯的信念，也只是为了阿谀奉承耶稣会而已。"奥布里在另一处（同一页）同样称笛卡尔为"几何学家"，并补充说："但他的头脑不能从事哲学思考了。"参见本书第 18 条注释。同理，笛卡尔会认为霍布斯是一位道德学家和政治学家，但完全做不了数学家和物理学家。

(92) 福里特约夫·布兰德特非常出色地澄清了这一点（见其书第 139 页）。霍布斯讲到的精细物质(materia subtilis)和他坚称的内在灵魂(spiritus internus)是同一个东西，在他看来，所谓内在灵魂，即一种细微的、流动的物体。由此出发，霍布斯早在 1630 年便向纽卡斯尔伯爵兄弟解释了光的过程，而光的过程和声音以及其他感觉或感觉对象的过程的原理一样。当笛卡尔自我辩护，指责霍布斯盗用了他的思想，这是没有骑士风度的行为，因为没有迹象表明这是事实。参见布兰德特，第 138 页。毫无疑问，笛卡尔有一种病态的敏感，这同时是一种令人惊异的自负感。

(93) 我之前遗憾地忽视了《论公民》的"致读者的前言"，这篇前言写作于 1646 年，霍布斯在其中展现了他的完整计划，更值得

重视和提及的乃是他的物理学体系，同时还有他的感觉（Sensio）
学说。因此第一部分包含着第一哲学以及物理学的部分原理
（Philosophiam primam et Physicae elementa aliquot），对时间、空
间、起因、力、关系、比例、数量、形状（这些都是第一哲学要考察的
内容）和运动做理性的探讨（紧随着第一哲学的一开始的两章讨
论运动，接着是论几何学的章节，它们都在物理学的内容之前）。
第二部分应当涉及想象、记忆、理解、推理、欲望、意志、善、恶、道
德、不道德以及诸如此类的题目。于是我们就理解了，他在几年
后如何评论一再拖延①出版的《论物体》一书："并非探求真理的工
作，而是解释和证明真理的工作推迟了出版。"②（1649 年 1 月 14
日，见我编辑的 17 封信中的第 6 封，Archiv f. Gesch. d. Ph. III，
S. 208。）于是对他而言，要完全放弃对知觉的演证，就变得极其困
难了，比如他在一处地方解释声音传播现象，指出声音通过通风
管道传播时比通过敞开的空气传播时更响亮，他认为不仅可能而
且肯定且明白的原因（causa possibilis sed etiam certa et manifes-
ta）是前者运动时的空气速度几乎不会减弱（《论物体》第 29 章，第
2 节）。然而在这之后，一旦普遍的可演证性（Demonstrier-
barkeit）不存在，原初序列（对诸感觉性质的知觉的序列）的根据
也就不存在了；如果该序列的根据存在的话，那么我们只可能说，
对事物"内在的与不可见的"部分的运动的演证，唯独基于对"明
显的"运动（如推和拉）之根据的解释（《论物体》第 6 章结尾；第 17

---

① 这里的德文词 hinausgeschohen 似有误，应为 hinausgeschoben（延迟、
推迟）。

② 原文为拉丁文：Non enim jam quaerendae，sed explicandae demonstrandae-
que veritatis labor editionem moratur.

章第 3 节),知觉就基于这样的运动。因此明确的序列的根据出现了,在所有的现象中,最可惊叹的是显现本身(τὸ φαίνεδθαν)(第25 章第 1 节和第 3 节);另一方面,我认为在此需要强调,感性知觉只是一般动物具备的(第 3 节与第 5 节);不过霍布斯在更早时期的计划里就已制定好了这些内容。

(94) 霍布斯认识论的最重要进展在于指出,真理单纯取决于名称的结合,而名称的结合又只基于人的任意以及彼此的协定,进而产生了知识。可演证的真理仅关乎我们自己构建或制造出的对象,定义名称的过程必然就是知识诞生的过程,我最初在我的论文《霍布斯哲学注释》里详细阐明了这个过程,参见 1. und 2. Artikel, *Vierteljahrsschrift für wissenschaftliche Philosophie* III, 4 und IV, 1。最近汉斯·莫泽尔(Hans Moser)的一篇论文深入讨论了霍布斯的逻辑问题及其认识论预设(《托马斯·霍布斯》,柏林,黑勒堡博士出版社,1923 年,第 61 页)。在这个问题上,我们尤其要感谢福里特约夫·布兰德特,他的孜孜不倦的研究带来了新曙光。虽然他没参考我的“注释”一文,但是他在其著作的第 7 章、第 8 章、第 9 章和第 10 章分别详细解释了哲学的概念与逻辑学、“基本概念”、运动间的关系与运动量、“物理学”论题,这些问题同《论物体》的四个部分紧密相合。同时,他还准确地强调,霍布斯在可演证的学科(逻辑学、几何学与力学)同物理学之间做了深刻区分,进而证明霍布斯忠于自己早期的认识论立场。然而如果我没理解错的话,布兰德特并没明白认识到,霍布斯在写完《论物体》之后,采纳了新的确定观点,即无论几何图形的可演证性,还是国家的可演证性都基于我们构建或制造了事物

294　本身,因而认识到它们的原因。布兰德特想当然地认为(第 248
页),正是体系性的、形而上学的动机促使霍布斯把一切知识视作
运动学说,但这不过是霍布斯加入的一种纯粹方法论原则;如此
一来,似乎到了其思想发展的最后阶段,该方法论原则便掌握了
主导权。对此,布兰德特援引了我从《给数学教授上的六堂课》
(Anm. IV, 1, S. 69)摘录的内容,它们也再次出现在《论人》一书
里(第 10 章第 5 节)。我认为,霍布斯的方法论观点从一开始就
发挥了决定性的作用。

　　(95)"伽利略与笛卡尔坚信传统的理论,即实体与偶性、原因
与结果的范畴皆是存在于意识里的先天条件,当我们将它们运用
于既定的事物,我们的经验和认识就产生出来了。因此对他们来
说,自然知识的基本概念依赖于上述普遍的形而上学范畴。霍布
斯完全扭转了这种占统治地位的形而上学的思维方式,他希望推
行一门新的范畴学说(Kategorienlehre),而这种范畴学说源于其
严格的感觉主义的立场,即从外部知觉推导范畴。但他为自己设
定的理论任务,要比所谓范畴学说丰富得多。数学的自然科学的
推理过程要经历从抽象到具体、从简单和普遍的概念(即他所说
的普遍事物[Universalien])到具体事实的转化,抽象者就包含在
具体者之中,这对数学的自然科学而言乃是必然的过程。所以他
从感觉主义出发,为建构一套立足于理念主义理论的哲学方法开
辟道路。这也许是他的一切事业里最艰辛、最漫长的探索。就此
而言,他塑造了法国 18、19 世纪的数学与自然哲学领军人物的头
脑,从达朗贝尔到孔德都如此。他的哲学将经验的认识理论同一
套知识体系结合到一起,这套知识体系基于尽可能简单的原则,

从抽象的事物一直推到具体的事物。"参见狄尔泰《哲学通史》第5卷,第459页及下页。

(96) 卡西尔(《认识论问题》第2卷,第22页及以下诸页)似乎认识到霍布斯的学说对斯宾诺莎的认识论产生了极其深远的影响。但当他在文中宣称我限制了霍布斯国家学说对斯宾诺莎的意义,他就说错了。卡西尔教授明显只阅读了他本人所引用的论文(Vierteljahrsschrift für wissensch. Philos. VII),而这篇论文对他而言,并没成功地提供证据,证明霍布斯根本上影响斯宾诺莎的时间点(Zeitpunkt)。他并没反驳我此前提出的理由,在我看来,斯宾诺莎写作于1665年的信里曾展望了《伦理学》一书的前景,他指出将在其中考察正义学说,但这个主题实际上并没在这本大作里出现,尽管特伦德伦堡(Trendelenburg)、西格瓦尔特(Sigwart)以及费舍尔(Fischer)都声明在《伦理学》里发现了斯宾诺莎的正义学说。所谓《神学政治论》探讨了正义学说,也不是事实。相反,我的看法是合理的,即霍布斯的逻辑学说,尤其他在1660年撰写的论战文章《对今日数学的考察与改进》完全为斯宾诺莎知晓,甚至影响了后者的《知性改进论》的创作。我认为在此有必要提醒卡西尔注意上述霍布斯与斯宾诺莎的理论关联。至于斯宾诺莎受到笛卡尔怎样的影响,参见 Mind XXXII, S. 4, (1923); L. Roth, *Spinoza and Cartesianism*. I, II。

(97) 果不出所料,我的这个说法招致了许多攻击。狄尔泰对霍布斯所做的渊博且精深的评论(《哲学通史》第13卷,第452页及以下诸页),最终总要回到所谓"唯物主义形而上学"。在那里,他详细地考察了霍布斯所"明确道出其现象论观点"的句子(第

469 页)。据此,霍布斯的整个哲学体系致力于将物体的客观的、外部的关联(它们仅仅是存在于意识中的现象)当作哲学思考的出发点。与此同时,狄尔泰承认霍布斯的另一条思想进路,即心理学的和内观的思维方式也是正当的,只不过他没成功地、无矛盾地重构霍布斯的概念,因为重构本身即不可能之事。如果说他一再强调,霍布斯有别于达朗贝尔和杜尔哥(Turgot),在理解空间和运动物体上给出的思想起点,也就是唯物主义形而上学,比任何一位实证主义者的想法更丰富(在新哲学的开端处,实证主义的最高原则,即正确[recte]已经形成了)。那么我在此只能承认通常的、传统的认识,即所有拒斥心理实体的做法都被冠名为唯物主义,因为流俗的唯灵论预设诸分离的本质,并非出于科学的理由,毋宁说出于传统的、宗教的根据。托卡(Felice Tocco)指出(*La Cultura* 15. V. 1897):对霍布斯而言的既定存在者(Gegebene)并非感觉,而是运动,要是以此把他视作现象论者,未免走得太远。"将霍布斯打造成贝克莱的先驱,就意味着要将他看成消解了唯物主义与唯心主义之间一切对立的人,迄今为止,唯物主义与唯心主义仍被视作对立双方。"在我看来,消解唯物主义与唯心主义之间对立的工作是由斯宾诺莎主义者完成的,实际上,19 世纪的所有伟大的哲学都致力于实现这个目标,正如实证主义的心理学观点同经验主义的心理学观点在此汇聚。福里特约夫·布兰德特亦详细地考察了霍布斯的唯物主义的问题,只不过他没谈我们在此提到的观点。相反,他论述了纳托普(Paul Natorp)如何看待拉尔森(Johannes Anker Larsen)和卡西尔的想法,以及霍夫丁(Harald Höffding)的见解。纳托普认为霍布斯秉

296

持的是方法上的唯物主义，而非形而上学层面的唯物主义。纳托普仅仅道出了我希望表达的原则。相反，布兰德特坚持，霍布斯在许多地方都从"形而上学"的高度谈论运动，比如他的诗体自传。我认为霍布斯的唯物主义更独特之处在于，他以排除了心理实体的方式谈论实体。由此一来，完全现代的"无灵魂的心理学"诞生了。我再次强调，说霍布斯是唯物主义者，是因为他眼中的世界就是这样，或者越来越变成这样。他动摇了过去的思想世界，正如斯宾诺莎的"形而上学"震撼并颠覆了以往的思想世界，以至于直到莱辛的时代，"斯宾诺莎主义者"仍然是一个危险的身份。霍布斯的同代人像逃避恶魔一般抗拒所谓霍布斯主义，但内心里又尊敬霍布斯，抵抗针对他的诸多怀疑和揣测，从洛克到贝克莱皆抱定如此见解（就其根本而言，贝克莱的思想和霍布斯一致，尽管霍布斯将世界上的所有事物都称作物体，贝克莱则称存在、受动或被感知的状态为灵魂）。他们所做的乃是从鬼神信仰那里拯救出事物的独立存在，因为"上帝只是一个心灵"，那么除了上帝，哪里还会有什么不死的灵魂呢？即便如此，霍布斯同时代有位名叫格兰维尔（Joseph Glanvil）的声名卓著的哲学家，仍然把否认幽灵存在的观念称为无神论。可以说，无神论构成了那个时代的精神的重要组成部分，布兰德特对此却鲜有考虑。至于霍布斯的无神论，费尔巴哈（Ludwig Feuerbach）曾评论说："霍布斯并非无神论者，至少他不比现代世界本身更多地是位无神论者。"（布罗克道夫注意到了这句话，第 67 页。）我对霍布斯的唯物主义的看法，完全可以照搬费尔巴哈的评论。1879 年时，我已撰文《注释》第一篇）明确强调，霍布斯的现象论全然有别于我们所说的纯粹的唯物主义,我在文中还暗示说,现象论这个提法带有伦理的批判意味,即它明显反对神学和精灵崇拜的意识。这样的想法同布兰德特提出并阐释的霍夫丁的想法一致,布兰德特之所以这样做,是为了将霍布斯诠释成一位反神学的形而上学家,尽管霍布斯本人完全不希望充当如此角色。布兰德特没有注意到我最早时期对霍布斯的阐释工作。福里塞森-科勒确切地回答了何谓霍布斯"唯物主义"的基础的问题(《阿洛伊斯·里尔纪念文集》[Festschrift für A. Riehl,第 251—310 页]),他在文章的结尾处做了解答(第 308 页),关于霍布斯的驱动(Conatus)概念,他指出:"霍布斯尽可能地用完全非唯物主义的方式解释唯物主义。"此外,霍尼希斯瓦尔德(Richard Hönigswald)也准确地评论了我们这位哲学家的"唯物主义"。参见 Z. B. S. 90/92。

　　(98)《第一原理短论》与《光学论文》L. V. p. 217 ss。

　　(99) 狄尔泰称霍布斯为 17 世纪狭义上的"实证主义"的担当者。这种实证主义承认外部世界只是现象,从现象里要么能发现严格科学的唯一认识对象,要么能找到严格科学的首要的乃至进一步的认识对象。狄尔泰在其精神饱满的论文里证明了这一点。"霍布斯在 17 世纪系统地发展了机械论的自然知识,在发展进程中,认识活动与现实世界之间的关系问题占据着极其重要的位置。当哲学意识到研究外部世界乃是它的出发点,这种类型的世界观就产生出来了。"(《哲学通史》第 462 页)实证主义的最高原则孕育而生,此后达朗贝尔(第 474 页及以下诸页)和孔德(第 479页)的实证主义既同它一致,又完全贯彻了它。尽管如此,狄尔泰对传统的却错误丛生的哲学史叙事抱持坚定的信仰,他认为霍布斯"深刻地受到了培根的影响"(第465页),霍布斯是现代唯物主义的奠基人(第479页)。卡西尔则正确地指出(上述文献,第160页),在霍布斯的知觉理论里存在着两条彼此相异、相互斗争的线索。他称霍布斯的"唯物主义"乃是独特的、充满悖论的尝试,试图用纯粹思维和逻辑的手段来构建一个关于物体的超验的(tran-szendental)现实性。我已经在我最早的霍布斯研究论文(Vjschr. f. wiss. Philos. IV,1,见上文)里提到,《论物体》将运动状态(Bewegtsein)解释成一种偶性,在此之前,运动已被规定为唯一的实在者。故而除了我们的表象,现实存在着的无非关于一个物体或实体的空洞概念,因为唯独概念才能表现自在而自为存在的事物,也即表现不依赖于我们的思想的事物,或如霍布斯后期爱用的说法,不依赖于我们的幻觉的事物。我曾在1883年的文章(Vjschr. f. wiss. Philos. VII,3,第361页)里指出这样一个命题:一切都是空间的运动(换言之,存在于空间中的无非物体的相互对抗)。除此之外,还有一个命题是:一切都是现象、幻象或知觉。出于质朴而高贵的真诚心理,霍布斯将上述两个命题并列起来一道思考。"霍布斯不具有统一它们的理论工具。斯宾诺莎的属性学说才是这样的理论工具。"狄尔泰赞同我的看法,他在当前的这部著作(《哲学通史》第一版)里注意到,霍布斯如何开辟了"进入斯宾诺莎问题的道路"(第481页)。布罗克道夫(第32页)也比较了霍布斯与斯宾诺莎的实在理论(Wirklichkeitslehre):在斯宾诺莎那里,实在等同于完美的全体;但对霍布斯来说,实在存乎真相之中,关于现实,我们只能得到间接知识,即从最普遍者,也就是运动出发,推导出具体的图形结构,再从图形演绎出抽象

298

力学,不过他并不认为现象的实在原因能够被推论出来。我们可以说:霍布斯本该嘲讽那些妄图超越"第二类知识"[1](secundum cognitionis genus)的做法,因为这一做法超出了科学的界限。

(100) 布罗克道夫教授提醒我注意,伽利略的推理过程也适用于此,《论碰撞体的运动》[2]定理三(De motu corporum ex percuasione, prop. III)指出:"无论多大的物体,被多小的以及多细微的物体,以怎样的速度推动。"[3]布兰德特(第 298 页及下页)和霍尼希斯瓦尔德(第 79 页及以下诸页)准确阐明了驱动(Conatus)概念以及相应的冲力(impetus)概念的关键意涵。不过霍尼希斯瓦尔德并不知晓布兰德特这位丹麦学者的作品。

(101) "我理解的宇宙就是所有事物的集合,任何事物在自身之中有其存在(Sein),所有其他人也是这么看的。因为上帝有他的存在,所以我们可以推知,上帝要么是整个宇宙,要么是宇宙的一个部分。"85 岁高龄的霍布斯如此写到(《答复布兰哈尔主教的一部作品》,E. IV, p. 349),在同一处地方,他还称上帝是一个"无穷精细的、有形体的心灵";因而霍布斯认为借此以及他的"人格"学说,终结了神学的论辩。

(102) 拉斯维茨(Laßwitz)《原子论的历史》(Gesch. d. Atomistik)第 1 卷,第 224 页。

(103) 对此,霍布斯还引用了当时最新的显微镜观察成果:参

---

① 即上文的间接知识。

② 《论碰撞体的运动》是荷兰物理学家克里斯蒂安·惠更斯(Christiaan Huygens)写于 1656 年的著作。

③ 原文为拉丁文:Corpus quamlibet magnum ex quamlibet exiguo corpore et qualicunque celeritate impaeto movetur.

见《论物体》第 27 章,第 1 节。

(104) 参见我编辑的《比希莫特》,第 62 页。

(105) 参见路德维希·哈拉尔德·舒茨(Ludwig Harald Schütz)《霍布斯与笛卡尔的激情学说》(*Die Lehre von den Leidenschaften bei Hobbes und Descarte*),哈根,第二章"霍布斯"与第三章"霍布斯学说批判"。

这是一部极有价值的研究著作。尽管我不赞同作者对我(本书第一版)的批评,但我从中(包括翻译方面的问题)获得了一些启发,对此我心怀感激之情。作者在比较霍布斯与笛卡尔之时,还应当参考霍布斯后期的论述,参见本书的下一条注释。蒙多佛(Rodolfo Mondolfo)相信霍布斯人类学的两条路径明显矛盾:一方面,对人类而言并没有什么目标和幸福存在,除了寻求通往新的、更遥远的目标的最少阻碍之路;另一方面,根据自然法,自我保存即维持生命,它是最高的善。蒙多佛认为,如果这是真的,那么根据霍布斯自己的说法,自然法就意味着一切努力追求的行动结束了,因而所有感觉消失了,甚至人本身变成了一具尸体。出于节约篇幅的考虑(见本书第三版前言),我在此就不细致考察蒙多佛的敏锐见解了,同样我也无法详细评论拉维奥萨(Giacomo Laviosa)、塔兰提诺(Giuseppe Tarantino)等人的观点,但无论如何,我必须保留一个特别的机会来澄清这些问题。可惜蒙多佛犯了一个严重的错误(第 73 页及以下诸页),他误解了我的《注释》里的一处地方(《注释》,第 448 页),那里讨论的是持久的孤独,而非达成一致。

(106) 在《利维坦》里,价值概念在权力和荣誉之间起调和作

用。"一般说来,一个人的权力意味着他取得某种未来的可能利
益的现有手段。"原始的、自然的权力同获得的、工具性的权力截
然不同。一个人的价值因而就是他的市场价格,也就是使用他的
权力(力量)时,通常将付与他多少。人的价值可被估量。对他人
的价值估量超过了对自己的价值估量,这种情形被称为颂扬
(Auszeichnung),反之则是侮辱(Kränkung)。在此,心理的快乐
和厌恶都源于对结果的期望和预见。那些不直接地同荣辱相关
的激情,无非以下七种基础激情的变体:欲望、爱好、爱情、嫌恶、
憎恨、愉快和悲伤。我认为霍布斯这样讲激情,很可能受到笛卡
尔《灵魂的激情》(*Les passion de l'âme*)一书的促动。在《论人》
里,霍布斯对激情做了总体的讨论,在他看来,激情的差异仅仅源
于人所追求或逃避的对象及其环境的差异,基础激情在此只是欲
望和反感。狄尔泰在他的一部论述 16—17 世纪思想史的杰作中
尝试指明,霍布斯的激情学说受到特勒西乌斯[①]的影响,此外还直
接受到罗马的斯多亚派哲学家的影响。所谓特勒西乌斯的影响,
我对此表示怀疑,但尚未验证。狄尔泰并没尝试考察霍布斯多大
程度上了解特勒西乌斯。(布罗克道夫男爵写信提醒我,特勒西
乌斯研究过物质的流动性问题,因而可能影响了霍布斯的学说;
而且培根可能向霍布斯介绍了特勒西乌斯。当然,像这样的可能
情形太多太多了。)至于斯多亚学派的影响,狄尔泰首先引用了
《论人》第 12 章第 1 节,他的引证是有道理的。但这似乎表明,霍
布斯更早的两部英文著作是在不受上述影响的前提下诞生的,除

---

　　① 特勒西乌斯(Bernadino Telesius, 1509—1588):意大利文艺复兴时期的自
然哲学家,代表作为《依照物体自身的原则论物体的本性》(1565)。

此之外，狄尔泰引用的其他章句出自《论人》或者拉丁文版的《利维坦》，拉丁文版的《利维坦》后来又经过了修订。

（107）参见我编辑的《法的要素》，第 47 页。

（108）参见席勒的诗歌《生命的游戏》：

"每个人都在碰运气，

但竞赛的跑道又如此狭窄；

车辆翻滚，车轴燃烧；

强者勇敢迈步，弱者停滞不前。

骄傲者陷入可笑的境地，

聪明者超越了所有的人。"

（109）参见《论人》和《利维坦》，以及蒙多佛的著作，第 38 页。

（110）下文根据《利维坦》第 6 章和第 13 章。

（111）屈内（Bernhard Gühne）对这个问题做过精彩的概述，参见《论霍布斯的自然科学观》（*Über Hobbes' naturwissenschaftliche Ansichten*. Dresd. 1886. S. 62-72）。

（112）在此处，霍布斯认为反作用仅在头脑里产生，后来他认为反作用在心脏里产生。关于其思想的修正及理由，参见阿伯特（第 48—59 页）和福里塞森-科勒（第 73 页）的论述，他们都确信，由我编辑出版的、作为《法的要素》附录 2 的拉丁文作品《光学论文》的写作时间，晚于梅森在 1644 年编写的霍布斯光学梗概，因为后者尚未认识到反作用在心脏里产生，而前者已经这样论述了（我们必须理解科勒的观点，参见其书第 86 页："霍布斯如今认为表象活动的产生地点是心脏。")布兰德特(第86页及以下诸页)经过一番细致的考察,最终得出结论说,梅森收录在其光学著作里的第7册,即霍布斯的《光学论文》(Opp. latt. V,215—248)的创作时间,最晚不会超过1641年2月(见其书第73条注释),因为此文仍宣称反作用的器官是头脑,而非后来所说的心脏。布兰德特还校正了我在本书第二版提出的观点,即这篇由我摘录出版而此前未公开发表的论文,所说的是反作用还未传到心脏。我当时忽视了第12节和第13节的讨论。同样的学说出现在霍布斯的《梅森的弹道学前言》①(L. V,309-318)一文里,梅森在同一年(1644)出版了这篇文章。我对它也像对上述《光学论文》那般,做了摘要版本,公开出版(《法的要素》附录2),只是本文的写作时间晚于《光学论文》。

(113)参见我编辑的《法的要素》,第7页。

(114)阿伯特正确地注意到(见其书第32页注解1,另见第127页):"在詹姆斯·密尔之前,霍布斯并没有得到应有的承认,密尔认识到,首先创建心理学学说的并非洛克,而是霍布斯,霍布斯奠定了联想心理学。在密尔之前,普里斯特利在一定程度上承认了霍布斯的地位和价值。"

布兰德特的强调也是有道理的,他说《法的要素》意味着近代经验心理学的开端。这一观点如今已被普遍认同。此外,意大利学者费里(Luigi Ferri)在1883年撰写了《从霍布斯到当今的联想心理学的历史》一书,这本书后来也被翻译成了法文。卡西尔通过考察文艺复兴时期的自然哲学思想,对霍布斯的贡献做了有限

---

① 标题为拉丁文:Praefatio in Mersenni Ballisticam.

的评价(《认识论问题》第2卷,第161页),其他人则认为亚里士多德是霍布斯的先驱。卡西尔恰切地指出(同页),霍布斯的逻辑学塑造并支配着他的感觉主义心理学,其心理学的缺陷必须从其逻辑学的缺陷推导出来,因为他看到思维仅仅是针对特征总和的聚合与分解。

(115) 在此处,霍布斯对《创世记》做了批判性的考察。他狡黠地指出,亚当不可能天然地理解上帝的命令甚或蛇关于死亡的言论。

(116) 布罗克道夫(参见其书前言)同样把握了霍布斯学说的教育学意涵,而且揭示出霍布斯如何解释教学活动。他看到的关键点在于,霍布斯将教学和发现的活动(Finden)视作一回事,故而认为教师应循着启发创造(Nacherfindung)的轨迹引导学生。布罗克道夫也指明了由霍布斯首先创建的联想心理学的教育学意义,还有他第一次为决定论做的哲学奠基的教育学意义。除此之外,布罗克道夫注意到,霍布斯(至少他的数学研究)相信实践里的学习比按照规章来学习更有价值,他在《论物体》里两次强调了这一点(第4章和第5章的结尾)。这就像孩子学走路并不靠某位明智的教师,而是靠他自己去走。值得重视的是,我们的哲学家还认为,那些钻研数学家们实际如何演证的人,要比那些花费时间阅读逻辑学家制定的规则的人"更快地"掌握真正的逻辑学(《论物体》第4章第13节)。不过我认为布罗克道夫有些过高地评价了霍布斯的教育学价值。他说(第 XI 页),霍布斯为教师们提供了许多建议,"这些建议堪比夸美纽斯的贡献,甚至与这位大教育论的作者的观点相合"。我对夸美纽斯的了解不够,故而

无法在此反驳布罗克道夫的言论。尽管如此,他正确指明了霍布
斯长期从事教育学经验探索的事实(第 56 页)。但这些看法对一
般的教育学家而言并不友好,它们常常为好挑剔的、带憎恨感的
心灵持有,因为他们知道自己是要为孩子塑造新的伦理(Sitte),
为此他们少不了要去审查父辈的伦理,更不用说同代人的伦理
(《论人》第 13 章第 6 节)。那如此一来,难道霍布斯不是在把批
判的矛头指向自身吗?

(117) 梅泽尔(Wilhelm August Messer)的论文准确地指明
了这点,参见《托马斯・霍布斯论伦理法与国家法的关系》(*Das
Verhältnis von Sittengesetz und Staatsgesetz bei Thomas
Hobbes*, Mainz, 1893),第 25 页。

(118) 这句话出自霍布斯写给佩劳(Péleau)的一封信,佩劳
乃霍布斯的一位巴黎的仰慕者,他后来收到霍布斯写于 1657 年 1
月 4 日的回信(收于哈德威克文献里)。通过具体的答复,霍布斯
让自己的观点变得更清楚了,他足够明白地指出自己想要说的,
是我们每时每刻都能在日常生活里观察到自然状态(status natu-
rae)。

(119) "法律与权利(英文的 right,也即主观权利)之别,正如
义务与自由之别。"(L. I, 14,第 3 部分)然而在此所说的自然法,
到了另一处地方被用来指实定法(公民法),参见《利维坦》第 2 部
分第 26 章的结尾处。

(120)《霍布斯哲学注释》(Anmerkungen über die Philoso-
phie des Hobbes),《科学哲学季刊》(*Vierteljahrsschrift für wis-
senschaftliche Philosopie*)第 III—V 卷,1879—1880 年。

302

(121) 我们应当指出，既然每个人同每个人订立的契约合乎自然法的规定，那么在它的基础上的从事建构活动的集会也具有自然法的效力，通过集会的决定，国家产生了。但国家必须有一个形式，也就是说，必须有一个主权者，故而经过任命主权者，国家被创造出来了。随着任命行动的完成，集会的授权也告结束；如果集会建立的是民主政体，那么一个定期举行的人民会议（Volksversammlung）就从集会那里分离出来了。当然，集会本身可以转化成人民会议，从而自我延续。总之，集会完结后，就不可能同由它的决定产生的主权者订立任何契约；契约预设了集会的时效和合法继任者，集会于是不再存在下去，它的继任者即主权者本身。此外，主权者不会与任何个体订立契约，因为主权者的本质即包含所有人的意志于自身之内，他所做的一切都是以所有人的名义做的。国家并非直接诞生于一个契约或一批契约，事实上，它的生命仅由从事建构活动的集会赋予，而集会做决定就意味着一场建构活动、一次创造行动。这是霍布斯整个政治学演绎的要害。因此，《利维坦》删除了所有人同所有人之间所订契约的完整内容，尤其是不抵抗的承诺，而这条内容在《论公民》里仍是一项基本的要素。对他而言，这一构想似乎有很多困难，尤其还和他之前的表述冲突，比如他曾在《论公民》（第 6 章第 5 节）谈到契约的内容时说，人们希望任何该受惩罚的人"获得不了任何帮助"。雷姆（Hermann Rehm）的书里（《国家学通论》，第 219 页及以下诸页；《国家法科学的历史》，243 页及以下诸页）有个误解，即霍布斯的两种不同的契约（社会的契约与统治的或服从的契约）都以国家为基础，这一误解源于雷姆只使用了《论公民》和拉丁文版《利维坦》的本子。实际上,《论公民》一直在谈权利(原初每个人相对于所有人都有的权利)转让给了掌握主权权力的人(即拉丁文 translatio juris,所谓的"转让法"),雷姆在一处地方以充分的理由强调,从转让行动中产生了反抗主权者的义务,因而霍布斯谈到的是双重义务,其中任何人反抗其他所有同胞公民的义务乃首要义务。不过正像我的文章所澄清的,这是霍布斯更早先时候的想法。在《法的要素》里,它仍然占据主导的地位,此书的第一部分的结尾处首先讲到,服从意味着屈膝于某一意志,由此达成一致。到了《论公民》里,此想法不再处于突出地位,这就是为什么雷姆注意到,霍布斯不强调它了,而是强调普遍协议(pactum universale)。但霍布斯绝没想设计两个不同的契约,无论对谁而言,仅有一个契约存在,即他和所有同伴订立的契约。关于这个契约,霍布斯写道(正如雷姆标识的那样):"我将我的权利转让给这人,同时你也将你的权利转让给这人。"这样的说法也被《利维坦》采纳了,但以一个经过修正的形态出现。在引入代表(Vertretung)概念后,霍布斯指出,统一源自每个人同每个人签订契约,其方式就好像是人人都向每一个其他的人说:"我承认这个人或这个集体,并放弃我管理自己的权利,把它授予这人或这个集体,但条件是你也把自己的权利拿出来授予他,并以同样的方式承认他的一切行为。"这句不合语法(ungrammatisch)的话表明,霍布斯想让代表思想占据主导,但尚未完全实现,因为代表思想明确处在一切契约概念之外:一群人的代表不可能通过这群人同代表本人签订契约产生,原因是这群人还不是一个具有行动能力的人格;同时,它也不可能通过每个个体同代表签订诸多契约产生,因为代表尚不存在;只有经所有人同所有人签订契约,代表才能被创造出来。《利维坦》的后文就再没论述权利的"转让"了(在拉丁文的译本里,这个说法在后文再度出现;耶利内克正确指出,对霍布斯而言,相互的权利转让才能建立一个契约。参见《国家学通论》,第185页)。霍布斯最想构建的关系,莫过于每个人简单地放弃自己的原初权利,而主权者直接地凭借着其不受限制的原初权利成长壮大,因为只有他保留了该权利。同《论公民》里的表述相反,霍布斯在《利维坦》里实际构建的主权的本质权利,乃是实施惩罚:第2部分第28章明确说到,任何人都不能认为受到了契约的束缚,不得抵抗暴力,因此不能认为他赋予了别人以使用暴力伤害自己的权利。惩罚的权利毋宁存在于原初权利之内。"因为臣民并没有将这一权利赋予主权者,只是由于他们放弃了自己的这种权利之后,就加强了他的力量,根据他认为适合于保全全体臣民的方式来运用自己的这一权利。"这样一来就留下了一个难题,即自然状态里压根没有主权者存在,尤其没有以集会形式存在的主权者。然而上述第17章结尾的说法完全被纠正了,第18章的开头取消了这一说法,在此,国家通过一个从事建构活动的集会里的多数人的决定产生出来,随后集会授予拥有主权的某个人或某些人的一切"权利和职能",因而主权者的权利和职能来源于国家"制度"(Institution)。于是,相比第17章,第18章的想法已改变并具备了更高的理论格局。权利不再转让给某个已经存在的人格(从这个意义上说,君主制原本只被看作自然存在的政体),而要转让给一个经创造出来的、彻底人为制成的主权人格,继而我们有待解决的问题变成:为了让主权人格持续存在以及行使相关的权力,必须为他配备怎样的手段? 基尔克(《阿尔图修斯》第二版补充内容,第 342 页)指出,统治者根据有利于第三方的契约的预设效力,掌握了有条件的权利;耶利内克(《国家学通论》,第 185 页)特别强调《利维坦》第 18 章的设计(E.Ⅲ,161),其中从国家制度发展而来的第二种主权权利(即上文所说的主权者的职能)恰恰证明了服从性契约(Unterwerfungsvertrag)的否定意涵。耶利内克的说法是有道理的,但这种否定意涵已在霍布斯更早期的文献里足够清楚地呈现出来了。《利维坦》反倒要最大限度地消解它,因为根据第 18 章先前的安排,所有人同所有人订立的契约仅仅产生出从事建构活动的集会,而不再是国家本身;国家诞生于集会的决定,主权者经集会授权获得其权利;主权者被给予无限的全权,这一思想彻底主宰着《利维坦》,集会赋予主权者全权,因此主权者并不会因为某个简单的、关键的理由受到契约的限制,因为集会给主权者全权之时就不再存在了,它的授权也告结束。就我看到的来说,唯有伽达弗正确强调了《利维坦》的独特特征,至少部分地做到了这点(例如他关于代表的论述),参见他的《一位十七世纪的英国公法理论家:托马斯·霍布斯及其社会契约与主权理论》,图卢兹,1907 年,第 3 章第 2 节。

尽管如此,伽达弗似乎并没重视《利维坦》第 18 章开头的意义。我在此逐字逐句地翻译了霍布斯的这段文字(着重处也遵循原稿):

"当一群人确实达成协议,并且每一个人都与每一个其他人订立契约,不论大多数人把代表全体的人格的权利授予任何个人,或一群人组成的集体(即使之成为其代表者)时,赞成和反对的人中的每一个，都将以同一方式对这人或集体的一切行动和裁断授权。这些行动和裁断以人们之间和平共存、共同抵御外人为目的，从此，被授权人的行动和裁断同授权人本人的行动和裁断无异，一个政治体就建立起来了。"但凡敏锐的读者，都不会错过这里所要表达的，乃是原始契约创造出一个从事建构活动的集会，进而集会孕育出具有一套确定政制的国家。这才是霍布斯的普遍国家法理论的真谛。

雷姆还宣称(《国家学通论》，第 219 页)，霍布斯因厌恶 1640年革命而离开祖国，并在巴黎成为未来国王的"教师"。这两种说法都错了。更糟糕的是，这位作者(《国家学通论》，第 210 页)认为霍布斯"经常"引用他的同时代人胡克的话。霍布斯根本没有提到过胡克。雷姆显然混淆了胡克和洛克，这再次证明，即便专业的历史学家也不甚了解霍布斯。

(122) 基尔克在其第三版《阿尔图修斯》(对 1913 年版的补充内容)以及其合作社法著作的第 4 卷(也即最后一卷，《近代的国家和团体学说》)里，多次返回此处提及的自然法和霍布斯问题。在国家构建的议题上，基尔克同我针锋相对，他总结了我的立场，即"《利维坦》的整体规划，同更高的代表理念以及持续推进的契约理论结合到了一起"，还有我的论述依据的是英文版本的《利维坦》第 18 章的开篇。对此，基尔克提出了两方面的批评：第一，考察霍布斯学说的普遍含义，只应立足于他的拉丁文版本；第二，即使在英文版本里，创造国家的力量也仅由每个人同每个人订立的原初契约来保证，因为原初契约已经包含着对无限的代表权力的承认，也就是对由多数人决定产生的作为个体或集体的统治者的承认。基尔克的两个反对意见都没有力量。第一，无论从哪方面来看，《利维坦》的更早期的文本(即英文版)皆真实有效(authentisch)，尽管拉丁文版更自然地为学者共和国(Gelehrtenrepublik)所知。但在学界里，《论公民》这本小册子享有更高的声誉，《利维坦》与《论公民》之间的差异并未受到重视。如果我没弄错的话，我是第一个注意到这一差别的人。实际上，拉丁文版《利维坦》只不过是英文版的缩减了的拉丁文译本，并从中去除掉了一些太过尖锐的言论。(因为霍布斯撰写《利维坦》的初衷是要归顺新成立的革命国家，拉丁文译本则面世于复辟的全盛时期。)除此之外，英文版关于国家创建的论述，也重现于拉丁文版，只不过后者没有做着重强调，故而没给读者留下深刻印象。第二，霍布斯本人并没谈起过所谓创造国家的力量。基尔克在此误解了我的意思，我只不过想提醒人们注意霍布斯学说的一个变化，在《论公民》第5章第7节里，服从于某个人或某个集会，这件事是直接发生的，因此"原初契约"使得当前承诺的内容不会对总体意志造成任何阻碍。相对地，《利维坦》里的"原初契约"所指的对象意味着：我们希望通过我们中的多数人达成一项决议，决定未来的主权权力的占有者，也就是说，决定我们所创造的国家应当采取怎样的形式。就算国家的形式是民主制，即一个集会被赋予了主权权力，那么就其体制而言，此集会也明显有别于原初集会，也就是我所称的从事建构活动的集会。这条规则已然成为现代国家构建的原则。

(123)霍布斯的国家理论源于对人类本性的推导，至于他的意识如何从该理论的根基处发展出来，我曾做过深入的讨论。可参见我发表于《科学哲学季刊》的论文，Vierteljahrschrift für wissensch. Philos. IV, 4, S. 428 ff.

（124）重要的且有指引意义的事实是，霍布斯在《论公民》里已经否定了对绝对权力提出异议的做法；所谓在基督教世界中没有绝对的统治，乃是极端错误的言论。"因为所有的君主国和所有其他类型的国家（status civitatum）都被如此创造出来。"（第 6 章第 14 节注释）《利维坦》悄然省去了这样的讲法。

307

（125）同样的比喻见于第 1 部分第 15 节：坚硬难平的砖石（指不合群的人）必然会被人扔掉或丢弃。

（126）我们还可以提及以下的论述，佐证霍布斯对"社会病理学"（sozialpathologie）的进一步贡献：大城市和过于冗杂的团体就像国家身体肠道里的虫子。扩张统治的欲望无异于贪婪的食欲；经常与之相伴的还有从敌人那里遭受的不治之伤，加上许多未并为一体的征服领土，它们如同"坚硬的肿瘤"，给国家造成沉重的负担，去之无损，留之有害（E. III, 321）。

（127）还值得注意的是，《法的要素》将君主制同贵族制做比较，《论公民》将君主制同民主制做比较，而到了《利维坦》，只剩下一个人的统治与一个集会的统治之间的比较。

（128）罗雪尔对恺撒主义特征的解释（《政治学》第 140 节第 1 条）再现了霍布斯的思想，比如将一头狮子同一百头豺狼做比较，同时，所有人与所有人战争的情形也没被排除在外。

（129）杰出的历史学家格林（John Richard Green）正确指出（《英国人民的历史》第 3 卷，第 334 页）："尽管遭受严厉的抨击，霍布斯仍然坚定地秉持一种理性主义的政治思维方式，它蓬勃发展起来,最终覆盖了种种古老的宗教和传统政治理论的教条。"萨缪尔·罗森·伽迪纳也确切地强调说,霍布斯走出了同过去时代决裂的关键性的一步,进而打开了立足新的基础从事思想论辩的大门(《共和国与摄政国的历史》第2卷,第3—4页,1897年)。

(130)参见基尔克《德意志合作社法》第3卷,第547页及以下诸页。耶利内克在第二版《主观公法体系》里(第33页,注解2)批评了下述观念,即"基于霍布斯作品里的一些偶然的印象,就将他视作一位有机体理论的代表"。另外参见基斯提亚科夫斯基(Theodor Kistiakowski)《社会与个体》(*Gesellschaft und Einzelwesen*),第10页。无论如何,霍布斯首先必然从机械论来把握有机体。

(131)特别要提到配第,他是霍布斯的一位朋友和仰慕者,在巴黎时,他同霍布斯一起研读了维塞利乌斯的解剖学,还为霍布斯的光学著作绘制了图表。参见奥布里《名人小传》第1卷,第286页;第2卷,第140页。最近出版的著作有埃德蒙·菲茨莫里斯勋爵(Lord Edmund Fitzmaurice)的《威廉·配第先生传》(Life of Sir William Petty)。曼德维尔也属于霍布斯学派。我从萨克曼(Paul Sakmann)的著作《伯纳德·德·曼德维尔》(弗莱堡,1897年,第286页)里了解到,莱斯利·斯蒂芬曾将《蜜蜂的寓言》称作霍布斯延迟发表的啤酒桌版(pothouse edition)作品。与其说这句话中肯,不如说它诙谐幽默。萨克曼本人并没充分讲述霍布斯对曼德维尔的影响。

　　(132)参见我编辑的《比希莫特》,第128页。

(133)布莱德威尔是当时刚刚建立的一座教养院(在此沿用

Zuchthause 这个词的旧意）。

（134）乔治·格罗特《短论》(*Minor Works*)，第 65、69 页。

（135）布罗克道夫发现(其书第 XI 页)从政治学向社会学的
转变是霍布斯思想的顶点，而且霍布斯的学说胚芽里包含着由我
创造的共同体与社会的概念。他还提出了这样的思想(第 73—75
页)：霍布斯的社会学的意涵，需要通过发展的自然法思想来诠
释，政治学和法权的理性内容都体现为这一发展的时间链条里的
一个特定环节。参考上文注释 73。

（136）《实证哲学教程》(*Cours de philos. positive*)第 5 卷，
第 499 页。

（137）《沃伯顿主教作品集》(*Bishop Warburton Works*)第 2
卷，第 294 页。

（138）杰出的法学家弗里德里克·波洛克先生在《比较法协
会期刊》(*The Journal of the Society of Comparative Legisla-
tion*)上发表了一篇简短却精深的论文，从英国政治哲学里的契约
论传统出发，评论了霍布斯与洛克的思想。众所周知，波洛克曾
在 1907 年出版了一部研究斯宾诺莎的杰作，扬名学界。他在论
文里正确地指出，霍布斯的学说是革命性的，洛克在主要的问题
上则沿袭了传统的看法。这也许就解释了，为何洛克对下个世纪
的政治哲学的影响比霍布斯的影响更大。但事实真是这样吗？
看上去是的。因为没有多少人敢公开为霍布斯辩护。不过照我
看来，霍布斯实际上的影响比洛克更大更深远。波洛克先生还曾
反观霍布斯来论述洛克的国家学说(《英国国家学术院院刊》
[*Proceedings of the British Academy*]第 1 卷，1904 年)。

（139）即我编辑的《法的要素》第1—13章。

（140）《狄德罗作品集》（*Diderot Oeuvres*），巴黎，1875年，第3卷，第429页及以下诸页；阿扎编辑的《狄德罗全集》（*Oeuvres ed Assézat*）第15卷，第124页；《古代和现代的哲学方法百科全书》（*Encyclop. method. Philos. anc. et moderne*），巴黎，1792年，第704页。狄德罗在另一处地方还说道（《著作集》，伦敦，1769年，第2卷，第147页）："那些未经抱怨就不曾听闻霍布斯大名者中的大多数，根本就没读过他的作品，也就没有资格来咒骂他。"这句话直到今天仍然适用。只有当还未定型的其他声音取代抱怨之声，局面才能改变，而新的声音从一开始往往伴随着沉默。

（141）弗里德里克·波洛克先生《国家评论》（*The National Review*），1894年9月，第29页。

（142）参见斐迪南·滕尼斯，《莱布尼茨与霍布斯》（Leibniz und Hobbes），《哲学月刊》（*Philosophische Monatshefte*）第23期，第557页及以下诸页；拉斯维茨《原子论的历史》第2卷，第449页及以下诸页。杰出的学者路易·孔图拉（Louis Conturat）在《莱布尼茨的逻辑学》（*La logique de Leibniz*）里深入而细致地讨论了莱布尼茨与霍布斯的思想。众所周知，孔图拉本人曾为数理逻辑领域做出贡献，但不幸的是，他成了世界大战的牺牲者。他指出（见上书附录2，第451、471页）：我曾提到莱布尼茨的逻辑学受霍布斯影响的观点不正确。关于这个问题，我自己没有再回过头深究。对这个问题的探讨，可参见卡比茨（Willy Kabitz）《青年莱布尼茨的哲学》（*Die Philosophie des jungen Leibniz*），海德堡，1909年，第12页；施马伦巴赫（Herman Schmalenbach）《莱布尼茨》(*Leibniz*)，慕尼黑，1921 年，第 1、171、195 页。

(143)"我们真的应当将像霍布斯这样的一位可疑人物引入德意志吗?"这部译本以此句开篇，预先唤起读者的注意。它是根据拉丁文版《利维坦》的一部伦敦重印本译出的，因而失去了价值。译者提到自己曾花费大量精力寻找《利维坦》的其他英文或拉丁文的版本，却无果而终，最后他推论说《利维坦》乃极其稀有之书。

人名索引 *

---

* 表中页码为德文原书页码，见本书页边码。德文版索引页码标注不全或有误，或音序排列有误，中文版在德文版基础上进行了重新标注与排序。

内容索引 *

A

---

* 表中页码为德文原书页码，见本书页边码。德文版索引页码标注不全或有
误，或音序排列有误，中文版在德文版基础上对部分词条进行了重新标注与排序。
为意义连贯、行文流畅考虑，同一词条内容索引的对译词与正文的对译词可能存在
不一致，请读者谨慎区别。

译后记

　　本书是德国社会学家、哲学史家斐迪南·滕尼斯（Ferdinand Tönnies，1855—1936）的代表作。众所周知，滕尼斯是欧洲社会学的重要奠基人，他的《共同体与社会》《社会学引论》等作品持久而深刻地影响着西方学术的进展。但鲜为人知的是，滕尼斯也是近代霍布斯研究的开创者。他从霍布斯研究开启自己的学术道路，并且终身都在发掘、研读、阐发进而创造性地转化霍布斯的思想，为德国社会学确立坚实的思想史基础。

　　本书即滕尼斯在这一领域的集大成之作。在他生前，本书共出了三版，第一版于 1896 年面世，书名为《托马斯·霍布斯：生平与学说》（*Thomas Hobbes: Leben und Lehre*）；第二版问世于 1910 年，书名改为《托马斯·霍布斯：这个人与这位思想家》（*Thomas Hobbes: Der Mann und der Denker*）；第三版在 1925 年出版，改回了第一版的书名。三版之间差别较大，除了材料和内容有异，滕尼斯根据自己所处时代的处境和精神状况，不断在修正过去的见解，提供新的诠释方向，可以说，霍布斯一直陪伴在他的身边，是他活生生的思想榜样。

　　第三版无论就材料的完整度还是解释的成熟度而言，都臻于极致。中译本根据德国斯图加特弗里德里希·弗罗曼出版社

1971 年版译出。德文版以滕尼斯生前的第三版为底本，是西方学界的通行版本，出版社还延请德国著名的黑格尔学者伊尔廷（Karl-Heinz Ilting）撰写前言。由于伊尔廷的前言聚焦于霍布斯的政治哲学影响，离开了滕尼斯的解释语境，中译本最终没有翻译这篇前言，而希望呈现一个简洁干净的译本，供读者研读、批评。

译者

图书在版编目(CIP)数据

霍布斯的生平与学说 / (德) 斐迪南·滕尼斯著；
张魏卓译. — 北京：商务印书馆，2022
ISBN 978-7-100-21600-5

Ⅰ.①霍… Ⅱ.①斐… ②张… Ⅲ.①霍布斯
(Hobbes, Thomas 1588-1679)—人物研究 Ⅳ.①B561.22

中国版本图书馆CIP数据核字（2022）第152370号

霍布斯的生平与学说
〔德〕斐迪南·滕尼斯　著
张魏卓　译

商　务　印　书　馆　出　版
（北京王府井大街36号　邮政编码 100710）
商　务　印　书　馆　发　行
南京鸿图印务有限公司印刷
ISBN　978-7-100-21600-5

2022年11月第1版　　　开本　889×1194　1/32
2022年11月第1次印刷　　印张　12⅞

定价：79.00元